邮轮文化

YOULUN WENHUA

李　霞◎编著

经济管理出版社
ECONOMY & MANAGEMENT PUBLISHING HOUSE

图书在版编目（CIP）数据

邮轮文化/李霞编著 . —北京：经济管理出版社，2021.6（2022.8 重印）
ISBN 978 - 7 - 5096 - 8100 - 8

Ⅰ.①邮…　Ⅱ.①李…　Ⅲ.①旅游船—旅游文化—中国　Ⅳ.①F592 - 05

中国版本图书馆 CIP 数据核字（2021）第 131134 号

组稿编辑：高　娅
责任编辑：高　娅
责任印制：张馨予
责任校对：王淑卿

出版发行：经济管理出版社
　　　　　（北京市海淀区北蜂窝 8 号中雅大厦 A 座 11 层　100038）
网　　　址：www. E - mp. com. cn
电　　　话：（010）51915602
印　　　刷：唐山玺诚印务有限公司
经　　　销：新华书店
开　　　本：720mm×1000mm/16
印　　　张：14. 75
字　　　数：256 千字
版　　　次：2021 年 8 月第 1 版　　2022 年 8 月第 2 次印刷
书　　　号：ISBN 978 - 7 - 5096 - 8100 - 8
定　　　价：49. 00 元

前　言

　　19 世纪初的美洲大陆，在经历了上百年的殖民统治后，被欧洲殖民者建设成一片"新的乐土"，呈现一派欣欣向荣的景象。在大西洋两岸的欧美地区，人员交流和物资往来愈加频繁，跨越大西洋的远洋航运也随之越来越繁忙，此时大西洋两岸正在见证着"货船—邮船—客轮—邮轮"的海上客流运输发展演变，邮轮船舶的海上功能也正在经历着"邮政船舶—海上酒店—海上度假村—海上移动城市"的发展历程，邮轮活动和邮轮文化由此产生和发展起来。

　　20 世纪 60 年代后期，现代邮轮业在北美地区诞生。20 世纪 70 年代，全球邮轮度假旅游者达到了 50 万人次。到世纪之交的 2000 年，全球邮轮度假旅游者增至 1000 万人次。根据国际邮轮协会 CLIA 最新统计数据，截至 2018 年底，全球邮轮度假旅游者超过 2800 万人次。自 1980 年以来，邮轮旅游一直以年均 8.6% 的速度增长，其中 1996～2006 年的年均增长速度为 9.3%，远远高于国际旅游业年均 4% 的整体增长速度。同样，我国邮轮市场自 2006 年起步，在过去的"黄金十年"里，增幅年均超过 30%。虽然，2020 年"新冠"疫情让全球邮轮旅游业遭受重创，但是我们仍然坚信，在疫情过后的旅游业中，邮轮旅游依然会是一个发展迅猛、经济效益显著的新业态。

　　邮轮旅游作为众多旅游方式的一种，本质上属于文化活动，无论是在消费方面还是在经营方面，都具有强烈的文化色彩。对大多数邮轮消费者来说，邮轮消费的目的就是体验邮轮文化，邮轮旅游的过程就是寻求邮轮文化、购买邮轮文化和体验邮轮文化的过程。对邮轮经营者来说，要想让邮轮旅游更上一个新台阶，就不仅要挖掘、经营并销售邮轮文化，同时也要创新和弘扬邮轮文化。一方面，邮轮文化品位越高、独特性越强、多样性越丰富，邮轮旅游就越会得到邮轮旅游者的认同；另一方面，邮轮旅游者越能认识和认同邮轮文化，对邮轮文化的体验就越深刻，对购买和体验邮轮文化的积极性就越高，邮轮旅游业的发展前景就会越广阔。总而言之，对于邮轮旅游业来说，只有形成并突出其文化特色才能获得持续发展的可能性；对于邮轮旅游者来说，只有深刻认识邮轮文化特性才能更好地感受邮轮的魅力，形成积极的心理体验，提升邮轮旅游的幸福感。

李　霞

2021 年 3 月

目　录

第一章　邮轮文化导论

导入案例：

人类永远的记忆——泰坦尼克号

20多年前，一部浪漫的《泰坦尼克号》电影让普通老百姓一睹来自邮轮旅游的奢华盛况。15年后《泰坦尼克号》的再次上映以及同期举行的泰坦尼克号沉没周年纪念活动将全球的目光又吸引到邮轮上来。

一、泰坦尼克号的建造背景

为了与冠达邮轮旗下的豪华客轮卢西塔尼亚号以及毛里塔尼亚号竞争，白星航运公司于北爱尔兰最大城市贝尔法斯特的哈兰德与沃尔夫造船厂兴建泰坦尼克号以及它的两艘姐妹船——与泰坦尼克号同级的奥林匹克号以及济甘提克号，济甘提克号是历史上最大也是最豪华的客轮（计划中的名称"济甘提克号"，意思为巨大的 Gigantic，在泰坦尼克号沉没后改为不列颠号）。泰坦尼克号由哈兰德与沃尔夫造船厂厂长威廉·皮列里（William Pirrie）、总设计师托马斯·安德鲁斯（Thomas Andrews）以及总经理亚历山大·卡利斯勒（Alexander Carlisle）设计。

白星航运公司常务董事布鲁斯·伊斯梅（Bruce Ismay）在设计过程中提供了很多意见。泰坦尼克号的建设资金来自 J·P·摩根及其国际商业海运公司（International Mercantile Marine Co.），于1909年3月31日于工。泰坦尼克号于1911

1

年5月31日下水，同时它也是白星航运公司在同一造船厂建造的奥林匹克级汽船的第二艘船。全部工程于次年的3月31日完成。

泰坦尼克号全长为269.06米（882.75英尺），宽为28.19米（92.5英尺），标准排水量为46328吨，吃水线到甲板的高度为18.3米（60英尺），动力50000匹马力（37MW），航速每小时可达23~24里。动力装置包括两台往复式四缸三胀倒缸蒸汽机以及一台低压蒸汽轮机，可驱动三个螺旋桨。船上的25台双端以及四台单端锅炉的动力来自159台煤炭熔炉，强大的动力使泰坦尼克号的最大速度达到23节（43千米/小时）。四个19米（63英尺）高的烟囱中只有前3个用来排烟，剩下的一个属于陪衬，唯一的实际用途是作为主厨房的烟囱。全船分为16个水密舱，连接各舱的水密门均可通过电开关统一关闭。泰坦尼克号良好的防水措施，使它在任何4个水密舱进水的情况下都不会沉没。但实际上防水壁并没有穿过整个甲板，仅仅达到了E层甲板。

泰坦尼克号总共可搭载3547名乘客和船员，由于它也运送邮件，船名加上了"皇家邮轮"（Royal Mail Steamer，RMS）的前缀。

二、泰坦尼克号的内部设施

在当时，泰坦尼克号的奢华和精致堪称空前。船上配有室内游泳池、健身房、土耳其浴室、图书馆、升降机和一个壁球室。头等舱的公共休息室由精细的木质镶板装饰，配有高级家具以及其他各种高级装饰，并竭尽全力提供了以前从未见过的服务水平。阳光充裕的巴黎咖啡馆为头等舱乘客提供各种高级点心。泰坦尼克号上有三台升降机专门为头等舱乘客服务，作为革新，二等舱乘客也有一台升降机使用。实际上，二等舱甚至是三等舱的居住环境和休息室都同样高档，甚至可以和当时许多普通客轮的头等舱相比。詹姆士·卡梅伦在他的电影中翔实地再现了这台升降机。

船上最为奢华之处是头等舱的大楼梯，位于第一和第二烟囱之间。配有橡木镶板以及镀金栏杆的大楼梯一直延伸到E层甲板，顶部是由熟铁支架支撑的玻璃穹顶，使自然光洒满大楼梯。楼梯顶部的墙上镶有一盏钟，钟两侧雕刻着象征高贵和荣誉的寓言人物。

三、首次航行

泰坦尼克号于1912年4月10日正午从英国英格兰南部港口城市南安普顿出

发，计划渡过北大西洋，开往美国纽约，船长是爱德华·约翰·史密斯。但当它即将起航时，巨大的船体造成水流大量回填的吸引力，使另一艘停泊在附近的定期航船纽约号几乎撞上了泰坦尼克号的船体，导致了一小时的误点。启程后，泰坦尼克号先穿过英吉利海峡停泊在法国瑟堡，接纳了更多旅客，之后又停泊在了爱尔兰昆士敦，最终它载着 1324 名乘客和 892 名甲板工作人员驶向纽约。

泰坦尼克号将乘客分为三个等级。三等舱位在船身较下层也最便宜，这一类的乘客身份多为计划在大西洋对岸营造新生活的移民；二等舱与一般客房的装潢摆设，具备和当时其他一般船只的头等舱一样的等级，许多二等舱乘客原先是在其他船只上订位头等舱，却因为泰坦尼克号的航行而作罢；一等舱是整艘船只最为昂贵奢华的部分，当时世界最富有的几位名人就在此等舱位。较为有名的是当时的百万富翁（理论上是以英镑或是以美元计算）约翰·雅各布及其妻子、美国丹佛女富翁马格列·布朗（Margaret Brown）、1906 年奥林匹克击剑奖牌得主 Sir Cosmo Duff-Gordon 及其妻子、企业家 Benjamin Guggenheim。并且白星邮轮的主管级人物 J. Bruce Ismay 以及总设计师托马斯·安德鲁斯也在这艘船的头等舱旅行。

在 1912 年 4 月 14 日晚上，泰坦尼克号以 21.5 节的速度行驶，由于当晚天气寒冷，瞭望台人员的脸暴露在寒风中，影响了他们的视力，寻致过晚报知前方有冰山，泰坦尼克号因而撞上了冰山。在与冰山碰撞的过程中，由于判断失误在高速航行下进行紧急转弯，结果变成转弯的同时加上前进，使冰山撞击了船体，导致船底的铆钉承受不了撞击而毁坏。虽然当初制造时也考虑了铆钉的材质强度偏低，而在铆钉制造过程中加入了矿渣，但矿渣分布过密，使铆钉变得更为脆弱而无法承受撞击。铆钉断裂后，海水涌进水密舱，泰坦尼克号水密舱最大承受极限为五个，而当时六个进水超过承受极限，加上第六个舱门发生火灾。最后由于进水量太多，造成船身 40 度倾斜，1912 年 4 月 15 日凌晨 2 时 18 分，船的第三和第四烟囱部分折断，船尾部分下坠。不久，断裂了的船头部分又拽住船尾一起下沉，将船尾拽成 90 度，之后船头和船尾才完全分离。船头先沉入大海，船尾垂直于水面漂浮，然后缓缓下沉，伴随着 1522 人沉入海底。

在船的左舷，二副 Lightoller 命令救生船只载妇女和儿童，这种死板做法使很多救生艇没装够人就放下。在右舷，一副 Murdoch 则在妇女优先逃生之后允许男性登艇。所以，在右舷获救的人数比在左舷获救的多。据统计，头等、二等和三等舱内成年男性的获救率分别为 33%、8% 和 16%。

1912 年 4 月 15 日凌晨 4 时 0 分，泰坦尼克号上生还的 705 名乘客被前往救援的卡帕西亚号（RMS Carpathia）接上船，并驶往纽约港。

思考题：（1）观看相关影片，找出镜头中的邮轮文化符号？

（2）如何看待泰坦尼克号在邮轮文化史上的影响力？

第一节　邮轮文化概念

一、文化

"文"与"化"二字由来已久，出自我国古代典籍。《论语·雍也》中提到："质胜文则野，文胜质则史。文质彬彬，然后君子。"这里的"质"是质朴，指人的自然状态或自然本性，即人的自然生命。"文"指文采、华饰，实质上就是文德教化作用于人身而特有的光彩和气质。最早将"文"与"化"二字联系起来使用的是《周易》中的"贲"卦。《象传》中提到："观乎天文，以察时变，观乎人文，以化成天下。"意为观察天象是为了掌握时令节气的变化，而观察人类行为是为了化育天下百姓。"文化"作为一个词语，是在西汉以后才开始使用的，如刘向《说苑·指武》中就有"圣人之治天下也，先文德而后武力。凡武之兴，为不服也；文化不改，然后加诛"。句意为：圣人治理天下，会先用文德教化天下再用武力征服天下。但凡动用武力征服天下的，并不会被人信服，先用文德治理但是却也改变不了的，就可以诛罚他了。总的来说，古人对文化的理解，重在强调人的内在修养、教育、德行，以及与之相关的一些东西。我国古代的"文化"一词，与现代所说的"文化"一词，内涵有所相同。

英文、法文中的"文化"一词均为"culture"，来源于拉丁文"cultura"，它最初的意思为种植、耕种、驯化。后来，"文化"一词逐渐由耕作转为对树木、禾苗等植物的培养，进而引申为对人类的心灵、肉体和精神的培养与化育。"文化"一词在中西方的用法殊途同归，现在都用来指人类社会的精神现象，抑或泛指人类所创造的一切物质产品和非物质产品的总和。文化是一个非常广泛的概念，其语意非常丰富。多年来，哲学家、社会学家、人类学家、历史学家、语言学家、文化学者、考古学家等都试图从各自学科的角度来界定文化的概念。据美国学者克罗伯和克拉克洪在《文化：概念和定义的批判回顾》中统计，1871～1951 年欧美对文化的定义达 160 多种。在诸多的文化定义中，1871 年英国文化人类学家爱德华·泰勒（E. B. Tylor，1832～1917）对文化这一概念的界定影响最为深远。他率先把文化作为一个中心概念提出来，并将它的含义系统地表达为："文化是一种复杂体（或称为'复合体'），它包括知识、信仰、艺术、道德、法律、风俗，以及其余从社会上学得的能力和习惯。"后来，一些美国的社会学家对这一定义进行了修正，将其修订为："文化是复合体，包括实物、知识、信仰、艺术、道德、法律、风俗，以及其余从社会上学得的能力与习惯。"之后，又有不少社会学家、人类学家、民族学家、心理学家等又重新给文化下了定义。这些定义有历史性的、遗传性的和描述性的，但都没有超出泰勒把文化看成是一个复杂的、整体的基本范畴。虽然由于文化的内涵的不确定性和涵盖面太广导致人们很难给文化下一个比较确切的定义，但是我们还是可以从广义与狭义这两个角度来界定文化这一概念的内涵和外延。

（一）广义的文化

广义的文化，泛指人类在长期的历史进程中，不断创造、积累而逐步形成的物质和精神、制度与行为财富的总和。物质文化是指人类所创造的一切物质文明，包括交通工具、服饰、日常用品等，是一种可见的显性文化；精神文化是指生活制度、家庭制度、社会制度以及思维方式、宗教信仰、审美情趣，属于不可见的隐性文化。广义的文化包括物质文化、行为文化、制度文化、精神文化四个层次。其中物质文化是基础，行为文化是制度文化和精神文化的直接体现，制度文化是保障，精神文化决定了价值观念。

（二）狭义的文化

狭义的文化是指人们普遍的社会习惯，是指在一定物质资料生产方式的基础上发生发展的社会精神生活形式的总和，大致相当于广义文化中的精神财富这一部分，意识形态、价值观念是狭义文化的核心，如衣食住行、风俗习惯、生活方式、行为规范等。狭义的文化又称"小文化"。本教材涉及的文化基本上属于广义的文化。

二、旅游与文化

（一）西方的旅游文化定义

"旅游文化"一词最早出现于美国学者罗伯特·麦金托什和夏希肯特·格波

特合著的《旅游学——要素·实践·基本原理》一书中。在西方,"旅游文化"一般不作为一个单独的研究学科(领域),找不到关于"旅游文化"的明确定义。英语国家用来指称"旅游文化"的词,一般是"Tourist Culture",而极少使用"Tourism Culture"一词。不难看出,西方对"旅游文化"概念的表述明显偏重于"旅游者的文化"。在西方的旅游文化研究中,旅游文化多指旅游过程中主客"碰撞"而产生的各种文化现象,突出这个概念的动态特征。

(二)我国的旅游文化定义

我国最早使用"旅游文化"一词是在1984年出版的《中国大百科全书·人文地理学卷》中。经过几十年的研究,我国学者在旅游文化研究领域已取得了一些重要成果,并从多个角度提出了旅游文化的概念。影响较大的有"相关文化总和"说、"特殊生活方式"说、"旅游主体文化"说、"旅游介体文化"说、"旅游客体文化"说、"旅游主、客体文化"说、"旅游主、介体文化"说、"三体碰撞"说、"文化交流与对话"说、"体验与介入文化"说。其中,"体验与介入文化"说较为晚出,也最有说服力。该说认为,旅游文化不同于旅游,也不同于一般文化,更不同于旅游资源,它是"人们对旅游的体验与介入过程及其精神产品的总和",旅游体验文化和旅游介入文化是旅游文化的两大主干。

(三)旅游文化的定义和内涵

依据界定旅游文化的原则,综合诸说之长,旅游文化大致可定义为:是人们对旅游的体验与介入过程及其精神产品的总和。

这个定义主要有四层含义:

(1)旅游文化既包括其创造过程——"旅游体验与介入",也包括这个过程的结果——"精神产品"。旅游体验是旅游者特有的旅游认识与经历,旅游介入是非旅游者对旅游活动的有目的的直接干预(介入不同于参与,参与是对与自己目标相同的行动的参加),精神产品则是以观念形态为主的产品。文化是主体与客体在人类社会实践中的对立统一物,有过程、有结果,旅游文化也是如此。

(2)旅游文化是一种精神现象,定义中的"体验"与"介入"虽包含行为因素,但按精神物质两分法,行为仍属精神范畴。"体验"与"介入"的结果固然也会产生物质产品,但这些产品大多以观念为核心、物质为载体,基本属于精神文化。旅游体验来自旅游活动之中,旅游介入来自旅游活动之外,由此形成的精神文化构成旅游文化的主要部分。这是旅游文化与非旅游文化的重要区别之一。

(3)旅游文化的主体——"人",除旅游者外,还包括旅游从业人员、旅游地居民、旅游研究者等，凡参与旅游文化创造的人，都是旅游文化的主体。这是旅游文化与非旅游文化的又一重要区别。

（4）旅游文化的客体——"旅游"，既包括旅游要素，也包括整体旅游体验，是旅游者对旅游的体验。旅游介入是旅游介入者对旅游的介入，没有"旅游"这个体验对象，人们不可能创造出旅游体验文化，没有"旅游"这个介入对象，自然也无所谓旅游介入文化。人们对旅游要素的体验或介入，形成单项性旅游文化，如旅游景观体验文化、旅游景观开发文化；人们对旅游整体（食、住、行、游、购、娱综合体）的体验或介入，形成综合性旅游文化，如旅游体验文化、旅游介入文化。

（四）旅游文化结构

从文化学的角度解析旅游文化的结构，可以发现它是由旅游体验文化和旅游介入文化构成的。因此，从文化主体的角度看，旅游文化由两大部分构成：①旅游体验文化，如旅游审美体验、旅游求知体验、旅游交往体验、旅游情感体验；②旅游介入文化，如旅游服务文化、景观开发文化、旅游宣传文化、旅游规范文化、旅游研究文化。旅游体验文化是旅游文化的核心，是"旅游参与者对旅游的体验过程及其精神成果的总和"，包括现实旅游体验、虚拟旅游体验及相关的体验规范，具有广泛性、享受性、自由性、情感性和个体性等特点。旅游介入文化是旅游文化的外围，是旅游干预者对旅游的介入过程及其精神成果的总和，包括现实旅游介入文化和虚拟旅游介入文化，其特点突出地表现在导向性、功利性、地域性、民族性和规范性等方面。

旅游文化的含义、结构与特征对旅游体验文化有指导作用，但从根本上说旅游介入文化是服务于旅游体验文化的需要。旅游景观开发文化要以旅游者的旅游需求为指向，旅游宣传文化要符合旅游者的体验、心理，旅游规范文化要保障旅游体验文化的健康发展，旅游服务文化要满足旅游者的旅游需要。旅游体验文化不但决定了旅游介入文化的产生，也决定了旅游介入文化的发展。因此，在旅游文化结构中，旅游体验文化处于核心地位，旅游介入文化处于边缘地位。不管是旅游体验文化，还是旅游介入文化，用文化解构的方法，它们又可以分解为旅游者或旅游介入者相应的心理、行为与成果诸层面。这样一来，从文化层面的角度看，旅游文化由三个层面构成：①心理层面：旅游者的旅游体验心理、旅游介入者的旅游介入心理。②行为层面：旅游者的旅游体验行为、旅游介入者的旅游介入行为。③产品层面：旅游者的旅游体验产品、旅游介入者的旅游介入产品。

心理层面包括旅游者旅游体验的需要与动机、旅游体验的心理过程、旅游体验的心理感受和旅游介入者的介入动机、介入理念、介入期望等。旅游文化的心理层面是旅游文化的核心，它决定旅游文化行为层面的发生和面貌。一般情况下，有什么样的旅游文化心理，就有什么样的旅游文化行为。毕竟，心理是行为的内因，而内因是事物变化的主要依据。

行为层面包括旅游者的食、住、行、游、购、娱等体验行为和旅游介入者的旅游服务、景观开发、旅游宣传、旅游规范、旅游研究等文化行为。旅游文化的行为层面是旅游文化心理层面的外化，属于旅游文化的中层结构。旅游文化行为除了取决于旅游文化心理外，还深受外部环境的影响，有时外部环境对旅游行为也有决定作用。

产品层面包括旅游者旅游体验和旅游介入者旅游介入的文化产品。前者包括照片、音像、槛联、画卷、游记、诗赋、词曲等；后者包括旅游服务（既是行为又是产品）、旅游景观艺术、旅游行为准则、旅游宣传品、旅游研究论著、旅游传说等。旅游文化的产品层虽然大都以物化形态表现出来，但它们是旅游心态文化和旅游行为文化的凝结，在本质上仍属精神文化。旅游文化的产品层面是旅游文化心理层面和行为层面的结晶，属于旅游文化的表层结构。

从文化层面的角度分析旅游文化结构，虽然简洁明了，但容易歪曲旅游文化结构固有的状态，使生动的旅游文化变成单调的切片组合。关于旅游体验文化：依据体验对象划分，可以分为自然体验文化（如对自然景观的体验）和社会体验文化（如对人文景观的体验、对旅游服务的体验）；依据文化时代划分，可以分为古代旅游体验文化、近代旅游体验文化、现代旅游体验文化；依据文化地域划分，可以分为中国旅游体验文化、外国旅游体验文化；依据文化主体的层次划分，可以分为上层旅游体验文化、中层旅游体验文化、下层旅游体验文化；依据文化地位划分，可以分为主流旅游体验文化、非主流旅游体验文化。关于旅游介入文化：按介入主体划分，可分为企业介入型（如企业的旅游服务、景观开发、旅游宣传等文化）、行政介入型（如政府的旅游法规、旅游政策、旅游规划等文化）、学界介入型（如学者旅游研究、旅游评论等文化）、旅游地居民介入型（如旅游地居民的旅游服务、旅游传说、旅游观念、旅游思想等文化）、社会介入型（如社会的旅游观念、旅游思想、旅游道德、旅游宣传等文化）。虽然旅游体验文化和旅游介入文化同为旅游文化不可或缺的组成部分，但两者在旅游文化中的地位作用却是不尽相同的。从两者的形成时间上看，旅游体验文化出现最早。最早的旅游体验无疑是旅游者对旅游景观的体验。但旅游者对旅游景观的体验起源于何时，至今未有定论，但至少在原始社会末期就已出现。那时旅游现象刚刚萌芽，不足以引起社会的关注，自然谈不上什么旅游介入文化，而社会、政府、企业介入旅游形成旅游介入文化，那已经是进入阶级社会以后的事了。从两者的相互作用看，旅游体验文化决定旅游介入文化。

三、邮轮文化

"Cruise"起源于西方，传统邮轮的主要功能是传送洲际间或长距离信件。现代邮轮主要用于游客在船上、停靠港口进行观光游览，兼具交通工具与旅游目的地的双重属性。由于邮轮的功能不仅是传统的运输功能，更重要的是旅游目的地，因此邮轮文化聚集了邮轮运输文化、邮轮旅游文化和目的地文化。这种文化主体是欧美邮轮文化，是在欧美邮轮兴起、发展并不断成熟的过程中逐步形成的物质和精神的总和。邮轮作为文化的载体，像一座漂浮的城市，在一定意义上也承载着一个国家和民族的文化尊严和自信。

根据文化的定义以及邮轮自身的特点，邮轮文化的定义可以描述为：在邮轮运输与邮轮旅游发展的历史过程中，逐步形成的相关的物质文化和精神文化的总和。邮轮文化包含着众多文化内容，所以从宏观角度来看，邮轮文化是一种综合性的文化。邮轮文化其实是多种文化的集合体形态。邮轮文化本身包含了经济、旅游、港口、城市等一系列文化，它的综合性和复杂性远超过目前其他的旅游行业。通俗来讲，邮轮文化是以精神需要、文化需求和物质享受为基础的综合性大众活动。

第二节　邮轮文化的相关概念

一、邮轮文化的特征

（一）邮轮文化的经济特征

首先，邮轮文化是一种经济文化。经济效益是邮轮业发展的必然追求，但不是最终追求目标。邮轮业的运行与发展本身是一项经济活动，也是一种文化活动，但不是一种简单的结合，而是以精神需要、文化需求和物质享受为基础的综合性大众活动。在现代邮轮经济发展过程中，经济与文化的相互聚合表现在邮轮文化的每一个环节和过程中。所以邮轮文化是一种文化与经济密切结合的最为典型的经济文化。

其次，邮轮文化是一种产业文化。它伴随着产业链形成，并能够带动这一产业链上游造船业和下游旅游业的发展。从广义上讲，邮轮业的产业结构主要由邮轮设计建造、邮轮码头建造、邮轮公司、海陆旅游、邮轮码头区域的配套产业等组成。从狭义上讲，邮轮业是由邮轮抵达之前、抵达、停靠、离开邮轮码头所引发的产品与服务的相关产业组成，如餐饮业、商业、旅游观光、陆空交通以及邮轮在港添加燃料、港口服务、食品供应、邮轮维修等。

最后，邮轮文化还是一种旅游文化。随着经济的发展，越来越多不同生活方式、不同兴趣和爱好的人加入到邮轮旅游的行列。旅游是娱乐性的文化活动，旅游产生于人类对远方的崇拜，邮轮文化能够满足人类的这种崇拜。从此意义上理解，邮轮文化具有旅游文化的特征。旅游文化是一个大系统，我们可以把邮轮文化看作旅游文化中的一个子系统。

（二）邮轮文化的集散特征

首先，邮轮文化是一种城市文化，邮轮文化依托于港口城市文化的发展而发展。港口是港口城市文明的窗口，也是港口城市对外交通的主要通道，港口城市的交通具有明显的外向性特点。而邮轮业的发展更是离不开港口，邮轮文化是城市文化发展的又一明显特征。

其次，邮轮文化也是一种交通文化。交通文化是人们在社会活动中依赖于交通（交通设施、交通资源、交通技术）而创造的物质财富和精神财富的总和，是人们长期创造的有关交通的物质财富和精神财富的积累。邮轮经济的发展需要这些方面的优化，也需要更好的城市交通文化"硬件"与"软件"条件。

最后，邮轮文化也是一种区域文化，它具有区域文化特征。邮轮文化通常有核心区域和边缘区域。邮轮经济和邮轮文化的核心区域是欧美地区，而边缘区域则是多种区域文化的交汇。区域性决定了邮轮文化的漂移和扩散，例如，邮轮经济和邮轮文化后期发展起来的东南亚地区。只有当人们对他们所居住的环境以外的事物产生广泛兴趣时，只有出于他们本身的意愿去注重与陌生而新鲜的事物建立联系时，只有他们能对新鲜的事物进行充分估价并享受它们时，才有可能形成具有特定区域的邮轮文化。

（三）邮轮文化的人文内涵

邮轮文化是一种国际交往及国际礼仪文化。不仅邮轮经济具有跨国经营的特点，邮轮上的旅客一般也来自不同的国家，说不同的语言，使用不同的货币。又由于邮轮业起源于贵族的休闲传统文化，其所有相关的服务、休闲娱乐、消费等都体现出奢华的特点，所以说邮轮文化发展承袭了皇家传统文化的特征，这就需要陆上相关从业人员、邮轮船员、邮轮上的旅客学习和掌握相关国际交往知识、国际礼仪知识。随着人们经济水平的提高，越来越多的人有条件选择邮轮旅游。在这个经济层次，普通百姓乘船出游也将成为时尚，所以邮轮文化的发展将越来越大众化。

（四）邮轮文化的集聚特征

邮轮业是高技术的综合体。一艘大型邮轮的高技术含量比飞机还要多。一艘大型现代邮轮上拥有卫星导航系统、环保系统、海水淡化系统、电子控制系统等，它们均代表着当今世界科技的前沿技术，所以从技术层面上说邮轮文化是先进技术的集聚文化。邮轮文化还具有集聚经济的特征，主要表现为邮轮及为邮轮乘客服务的各类机构、相关产业（如酒店、餐饮、陆空交通、风景区）要集聚在邮轮码头附近。优质的邮轮港口服务可以吸引更多的邮轮集聚，而多艘邮轮的集聚亦可大大促进港口所在地的经济发展。

二、邮轮文化的结构

（一）邮轮文化的结构

邮轮文化是文化大系统的一个子系统，邮轮文化的产生和发展必须建立在一般文化的基础之上。由于文化的结构模式包含物质文化、制度文化和精神文化，因此邮轮文化结构是由邮轮物质文化、邮轮制度文化和邮轮精神文化组成的。

邮轮物质文化，也称邮轮文化的物质层面。是指蕴含着丰富文化意义的邮轮与邮轮旅游目的地的有形文化综合体。包含邮轮上的设备设施、服务人员以及邮轮旅游目的地与邮轮相关产品的文化内容。

邮轮制度文化，也称邮轮文化的制度层面。是指与邮轮文化主体所在国家的管理部门或有影响的协会及公司所制定的各种法规、制度及相关管理规则条例等。

邮轮精神文化，也称邮轮文化的精神层面。是指邮轮与邮轮旅游目的地人类活动以及行业经营管理中反映出来的特定文化心理、价值观念和思维方式等观念形态。

邮轮文化的物质、制度、精神三大层面要素，不是各自孤立的，往往相互交织渗透并连在一起，共同组成邮轮文化这个不同形态特质的复合体。

本书结合邮轮旅游自身的特点，从核心层、中介层、交流层和展示层这四个层次构建了邮轮文化成分模型（见图 1 - 1）。

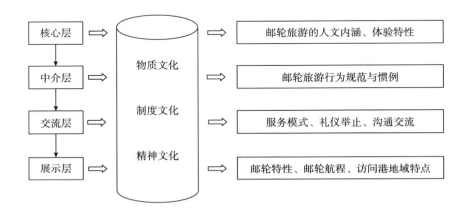

图 1 - 1 邮轮文化的构成

（二）邮轮文化的地域结构

邮轮文化虽已成系统，但有较强的地域差异性。这是因为邮轮是流动的旅游目的地，它的文化外延扩展到邮轮停靠港口的诸多目的地国家及区域，因此地域文化差异显著。按照地理区域划分可分为加勒比海邮轮文化、地中海邮轮文化、亚太地区邮轮文化等。

（三）邮轮文化的要素结构

按照产业经济理论，邮轮产业可以分为上游产业、中游产业和下游产业。其上游产业涉及邮轮设计、建造、修理及设施设备的中间产品供应等行业；中游产业涉及邮轮、港口运营以及邮轮的抵离、停靠及其相关补给提供产品和服务的供应商组成；下游产业主要是由为邮轮运营提供专业技术服务（包括法律服务、广告服务、管理咨询服务、人力资源服务、工程和建筑服务、计算机咨询服务等）、耐用品制造、易耗品制造、旅行服务（包括旅行社、地面交通服务和邮轮停靠期间的短途旅行）、金融服务（包括银行、投资、保险、房地产等服务）、航空交通、批发与仓储等行业组成的。

邮轮文化的构成要素可以按邮轮上游、中游、下游进行划分，邮轮上游文化指邮轮制造及生产企业与邮轮相关的文化内容。邮轮中游文化指邮轮公司、邮轮港口、邮轮旅游相关企业在邮轮产品生产、营销及提供相关支持服务的过程中长期形成的文化集合体。邮轮下游文化指邮轮旅游主体及客体的文化综合体，包含邮轮旅游者及邮轮旅游目的地——邮轮与邮轮停靠港口区域的文化。

（四）邮轮文化的内容结构

由于邮轮文化包含上、中、下游文化，邮轮文化又具有显著的地域性，所以邮轮文化的内容非常丰富。以旅游的六要素等内容为标准，可将邮轮文化分为邮轮饮食文化、邮轮住宿文化、邮轮出行文化、邮轮旅游文化、邮轮购物文化、邮轮娱乐文化等。除此之外，还有邮轮港口文化、邮轮企业文化等。按照旅游的内涵，可将邮轮文化分为邮轮旅游体验文化与邮轮旅游介入文化。邮轮旅游体验文化是指邮轮旅游参与者以体验为核心的邮轮旅游实践与意识过程及其精神成果的总和，以及邮轮旅游体验心理、行为与产品。邮轮旅游介入文化是指因邮轮旅游者的邮轮旅游活动而产生并直接介入其间施加影响的精神文化，邮轮旅游介入文化包含邮轮旅游介入的心理、行为与产品。

三、邮轮文化的研究

一是对邮轮旅游主体文化的研究，内容包括邮轮旅游主体的文化属性、邮轮旅游动机的文化分析、邮轮旅游审美行为的文化分析、邮轮旅游消费行为的文化分析、邮轮旅游行为层次、邮轮旅游活动对邮轮旅游主体文化人格的塑造等方面的研究。

二是对邮轮旅游客体文化的研究，内容包括对自然旅游景观、人文旅游景观以及邮轮旅游活动对邮轮旅游接待地文化影响的研究。比如民俗文化、饮食文化、宗教文化等。

三是对邮轮旅游介体文化的研究，内容包括邮轮旅游企业文化、邮轮旅游服务文化、旅游管理文化、邮轮旅游餐饮文化、邮轮旅游商品文化以及邮轮旅游管理方针、政策和法规、行业规范、经营思想等。

四是对跨文化交流的研究，内容包括邮轮旅游与文化交流、中西邮轮旅游文化（包括主体文化、客体文化、介体文化）比较、中西邮轮旅游文化差异原因分析、邮轮旅游文化的冲突与整合、跨文化与邮轮旅游活动及邮轮旅游经营等方面的研究。

四、邮轮文化的功能

功能即功用与效能。文化功能是指文化整体或文化因素对自然、人类发展所发挥的效能与作用。邮轮文化既有内功能，即文化内部诸要素间有一定的相互作用，也有一定的外功能，即邮轮文化在文化发展、社会推动、经济繁荣、人格陶冶方面所发挥的效能和作用。

（一）对人的引导与教育功能

文化本身具有教育功能。它能使人对一事物的内涵本质要素有较为深入的理解。邮轮在国外发展比较成熟，已经形成了一定的文化与氛围，而我国正处于邮轮旅游发展的起步阶段，邮轮文化尚未形成，因此通过了解国外邮轮文化，能够对我国及其他国家的邮轮旅游者的行为有一定的引导作用，教育大家去适应最初的邮轮文化，去感受与体验邮轮上独有的文化气息。通过这种引导，把大家的观念整合为和谐的一体，减少由于文化差异导致的文化冲突与分歧。

（二）陶冶人格，增长见识

人具有追求真、善、美完美人格的理想，邮轮文化既是人们追求完美人格的结果，也是实现完美人格的途径。邮轮文化主体可以通过邮轮旅游体验和邮轮旅游介入及邮轮相关活动来增加各个方面的知识，增强自己的审美素质，提升自己的道德境界，非邮轮活动文化主体也可以通过分享邮轮文化达到同样的目的。种种事实证明，邮轮文化具有增长人们的文化知识、提高人们的审美修养和道德层次的功能。邮轮及邮轮目的地具有极强的异域性和文化融合性，因此很多文化在邮轮中碰撞，而旅游者在邮轮旅游过程中，能开阔眼界，领略其他国家的文化风情，尤其对于中国人，能够在此过程中品尝异域美食，体验别样的娱乐活动，感受到强烈的国外饮食、建筑设计、娱乐文化。由于邮轮停靠的港口都是国外典型城市码头，是区域文化的聚集中心，因此在邮轮旅游目的地游玩与体验过程中，能够增强自身的审美品位，增加地理历史民俗等人文方面的知识，激发自身的审美情趣。由于很多景点都具备教育功能，并且有助于陶冶情操，因此游客在享受美景的同时，眼界会变得更加开阔，心态会变得更加平和，胸怀会变得更加宽广，也使整个旅程变得更加意义非凡。

（三）发展文化，增进交流

邮轮文化具有文化交流功能，它能够消除由于长期隔绝而造成的偏见和误解，加强各国人民的相互了解、友好往来，有力地促进各国之间的文化交流。同时，邮轮文化本身就是一个文化熔炉，它不断地融合各种文化，壮大自己，促进不同文化间的融合。文化的交融过程，实际上是不同文化的交流过程。在文化的交流过程中，邮轮文化因其特有的"公共性"，比较容易发挥桥梁和调节作用，减少文化的冲撞和对抗，使不同文化和谐共处。再加上邮轮本身聚集了来自不同国度的旅游者与员工，邮轮上又组织了较为正式的交际活动，创造了非常便利的交际空间与平台，非常有利于游客之间以及邮轮服务人员之间、邮轮服务人员与旅游者之间的沟通与交流，这些承载不同文化的个体活动最终会促进文化交流与融合。

（四）繁荣市场，发展经济

从总体上看，邮轮文化是一种非功利性文化，但邮轮文化的非功利性并不能否定其有功利性和实用性的一面，其在发展经济方面的作用突出，特别是随着旅游业的广泛开展，邮轮文化对经济增长的贡献率越来越高，邮轮文化促进经济递增也渐成共识。正因如此，邮轮文化往往被认定为是实用性、功利性的文化，具有经济功能。相关资料表明，邮轮旅游可以 1：10～14 的高比例带动许多相关产业共同发展。很多港口城市竞相发展邮轮产业，就是看重了其经济带动系数大。旅游者在邮轮文化的刺激下，会产生较强的旅游动机与需求，随之会进行一系列的旅游决策并产生购买行为，这同时也促进了当地旅游经济的发展。此外，由于旅游具有巨大的乘数效应，再加上邮轮旅游者平均消费能力比较高，会导致大量的旅游收入漏损，从而促进了当地相关的旅游企业收益的增加，最终带动当地的经济发展，这种经济带动作用非常可观。

第三节　世界邮轮文化历史与演化

就全球范围而言，邮轮已经有100多年的发展历史，邮轮文化也伴随邮轮的演变而不断演化，从单纯的旅客海上交通活动文化发展演变为游客乘坐邮轮体验海上休闲度假，感受不同目的地自然风光、人文风情和进行广泛、温馨的人际互动的"邮轮文化"。

一、19 世纪中晚期——"普通大众越洋客运"文化期

19 世纪，横越大洋的旅行只能以船舶为交通工具。人们乘船最主要的目的是事务性旅行，大多数人到达彼岸的目的是发展人生的事业、职业等，乘船是旅行，不是旅游。这一时期，是海上定期运输客轮的跨洋客运鼎盛时期。

（一）P&O 船队，开启"邮轮文化"历史

P&O CRUISES 英国 P&O 船队，创立于 1837 年，以纯粹英伦风格提供中低价位水准收费为品牌诉求，是一支航线遍及世界各海域的豪华型老牌船队，也是全世界现存历史最悠久的邮轮公司。"邮轮"一词源于 P&O 航运公司创办海上客运初期，载客的同时也兼营运送国际邮件业务。

1815 年，维尔科特（Brodie McGhie Willcox）在伦敦开办了轮船买卖公司，参与海洋运输业；并在 1822 年，与来自苏格兰北部离岛的亚瑟·安德森（Arthur Anderson）合资成立了船运公司，连接不列颠与伊比利亚半岛的葡萄牙和西班牙。1835 年，两人的公司加入了第三个投资人，来自都柏林的轮船拥有者理查德·波恩船长（Captain Richard Bourne）入股维尔科特与安德森公司。因为葡萄牙和西班牙都在伊比利亚半岛上，三人开始使用半岛蒸汽船航海公司（Peninsular Steam Navigation Company）的名称提供定期的蒸汽船服务，而公司的旗帜采用当时葡萄牙和西班牙的国旗颜色，半岛四色旗帜中白色和蓝色源自葡萄牙，红色和黄色来自西班牙。1837 年，三人创办的公司得到了运输邮件到伊比利亚的合同，宣告公司正式进入实质运行阶段，开创了半岛东方的百年历史。三年后，他们再次获得运输邮件到埃及的亚历山大港口的合同，使用新修建的 1787 吨的东方号进行运输，为了庆祝他们的商业触及东方，公司最终定名为半岛东方蒸汽船航海公司（Peninsular and Oriental Steam Navigation Company），P&O 的名称就来自公司名字半岛和东方的缩写。直到"二战"之前，P&O 的业务主要是邮件运输。历史上的大事件有：1914 年，P&O 购买了拥有131 艘蒸汽船的当时英国最大的运营商——不列颠印度蒸汽船航海公司（British India Steam Navigation Company）。四年之后，1918 年 12 月，公司收购了经营澳洲线路的合作伙伴东方线（Orient Line）51% 的股份。经过数年的扩

张，到 1920 年，公司一度拥有多达 500 艘轮船，甚至在 1920～1927 年经营着一家同名银行。

在"一战"和"二战"中，P&O 分别损失 85 艘和 179 艘船只。"二战"之后的 P&O 迅速发展，找准旅客货运运输的契机，修建了一系列客轮，利用澳大利亚移民热潮，给欧洲移民提供服务，而此时的印度市场开始衰退。1945～1961年，P&O 修建了 15 艘客轮，最出名的要数在 1961 年修建的最大也是最后的客轮堪培拉（Canberra）。到 1968 年，澳大利亚政府停止了 10 英镑移民计划，P&O的业务受到影响，加之喷气式飞机时代的来临，P&O 开始转向专攻邮轮市场。20世纪 60 年代末，P&O 的主营业务是远洋运输，集装箱运输逐渐成为主流。而 20世纪 70 年代末到 80 年代，P&O 也开始在欧洲各地布局渡轮服务。2005 年，P&O被迪拜世界收购。

业界公认邮轮业的开创年份应该定在 1844 年。1843 年 3 月 14 日，P&O 在 Times 报纸发布广告，鼓励旅行者参与他们从南安普敦乘坐 Tagus 号前往直布罗陀、马其他和雅典的航行。之后，往返旅行也将触角伸到了埃及。可以说，P&O是邮轮业的创始者。19 世纪末期，轮船建造业飞速发展，到 1880 年，拉文纳（Ravenna）成为第一艘全钢铁构造船只，而瓦勒他（Valetta）成为第一艘有电灯的船只。

P&O 客运的发展还体现在 1904 年，公司开始出售正规的邮轮产品，可以搭乘 150 个头等舱乘客的 6000 吨的经过改造的维克提斯（Vectis），成为历史上第一艘具有真正意义邮轮度假的船只，维克提斯提供邮轮服务直到 1912 年。

1940 年后，从英国到澳大利亚的航行时间从 5 个星期缩短为 4 个星期；而飞机旅行开始成为上层社会的时尚。到 1955 年，P&O 的最后两艘客船订单——堪培拉和奥丽安娜，将英国到澳大利亚的旅行时间进一步缩短到三个星期。

时间进入 1961 年，P&O 购买余下的东方线的股份，并且将旗下的所有客运部门重新命名为 P&O Orient（P&O 东方）。随后 20 世纪 60 年代到 70 年代远洋客运业萎靡，市场前景一片黯淡，P&O 只能利用客船在定期航线之余从事邮轮度假活动。1971 年，集团内部再次大整合，客运部门到此时只有 13 艘客轮。1970年，还发生了 P&O 与公主邮轮的联姻。1974 年，P&O 收购了总部位于美国加利福尼亚州的公主邮轮，公主邮轮保持着独立的邮轮运作。

1977 年，P&O 决定将集团内部客运部门改为 P&O 邮轮，也成为今天 P&O 邮轮的模型。同年，历史宣告全面进入现代邮轮业。2000 年 2 月，P&O 邮轮再次经过整合，与公主邮轮合并，成为 P&O 公主邮轮，从此与 P&O 集团摆脱了关系。重新整合的 P&O 公主邮轮，后又成为嘉年华集团的一部分，而在嘉年华的领导下，两家公司再次资产分离。P&O 邮轮立足英国市场，并且开发了澳大利亚的附属品牌 P&O Australia，公主邮轮则专注于美国市场。

（二）冠达船队，开创"RMS"历史

冠达邮轮船队，始创于 1839 年，也以纯粹英伦风格提供高水准服务为品牌诉求，与 P&O 同属历史最悠久的老牌船队之一。1922 年，冠达海运拉可尼亚号（Laconia）客货两用邮轮率先完成环游世界一周的壮举。

Cunard Line，中文可译作"冠达邮轮"，也有人译成"库纳德邮轮"，"Cunard"这个词常被华人朋友念错，它是源自冠达邮轮创始人——来自加拿大哈里法克斯（Halifax）的撒母耳·库纳德（Samuel Cunard）。冠达邮轮的前身为英国和北美皇家邮政蒸汽船运公司（North American Royal Mail Steam Packet Company），在 1838 年，由 Samuel Cunard、Robert Napier、James Donaldson、Sir George Burns 和 David Maclver 共同创立。该公司成功取得英国和美国大西洋航运邮件之间的合同，授权可以使用英国皇家邮政船（Royal Mail Ship，RMS）作为其船只名字的前缀，如"RMS Queen Elizabeth 和 RMS Queen Mary"。

1840 年 5 月，一艘 648 总吨位的蒸汽轮船——SS 独角兽（Paddle Steamer SS Unicorn）为该公司的第一艘轮船，开启了首次跨大西洋之旅。首航船长为道格拉斯（Douglas），搭载了 24 名乘客，整趟行程共花了 14 天，平均时速为 8 海里，符合合同中两个星期期限内送达邮件的要求。1840 年 7 月 4 日，冠达邮轮以不列颠号（Britannia）蒸汽轮船首航，花了 12 天的时间，从英国利物浦到达加拿大的哈利法克斯港，然后又花了 2 天又 8 个小时的时间前往波士顿。从此，冠达邮轮开始定期跨大西洋的客运和货运航班服务。

过去一个半世纪以来，冠达邮轮公司主导了跨大西洋的客运服务，并成为当时世界上最重要的大企业之一，其船队中大部分的船舶都是在苏格兰的约翰布朗造船厂（John Brown's Shipyard，Clydebank，Scotland）建造的。冠达邮轮公司的船舶不见得是最大或是最快的，但它们赢得了声誉，被认为是最可靠和最安全的邮轮公司。并且，冠达邮轮公司的船队在世界经济的发展中发挥了重要的作用，也参与了英国大大小小的海外战役，从克里米亚（Crimea）战争到马尔维纳斯群岛（Falklands）战争都担负起补给的重要任务。冠达邮轮还第一次在历史上真正开启了邮轮的环球航行。1923 年，冠达旗下的 Laconia，第一次真正实现环游，停靠了 22 个港口，创造了游客全程无须换船的环游纪录。而在此之前，环球航行需要中途下船，换其他船继续航行来完成。

然而，从 20 世纪 50 年代开始，快捷的航空旅行逐渐盛行，取代了船舶运输乘客和邮件横渡大西洋的主要业务。受到航空公司的冲击，冠达邮轮公司的生意开始明显衰退，冠达邮轮公司开始进行多方面的尝试，以期解决此困境。其中一个方案是 1962 年与英国海外航空公司（British Overseas Airways Corporation）合组 BOAC - Cunard 公司，经营北美、加勒比海和南美地区的定期航班服务。很可惜，这家公司在 1966 年被解散。在 1971 年，冠达邮轮公司被英国航运及特拉法工业集团（British Shipping and Industrial Conglomerate Trafalgar House）收购，冠达邮轮公司在 1996 年被挪威克瓦纳（Kvaerner）集团公司接手。最后，在 1998年并入嘉年华邮轮集团。

（三）荷美邮轮，开始邮轮品质服务

荷美邮轮公司，建立于 1837 年，最早的名称为"荷兰美洲蒸气轮船公司"（NASM），以运送荷兰—美洲之间的客运为主。由于荷美邮轮专门提供到美洲的航行服务，所以渐渐地便以"荷美航运"（Holland America Line）闻名于世。第一艘海上邮轮便是以鹿特丹号命名，邮轮内装古典豪华，融合了传统与现代风格，于 1872 年 10 月 15 日从荷兰出发航行到纽约，历时 15 天。最早荷美邮轮搭载了许许多多想要移民到美洲新大陆的欧洲游客，总人数竟有 85 万之多，一圆人们的美洲新大陆之梦。

荷美邮轮在所有邮轮公司中最注重"服务品质的维持"，其在印度尼西亚甚至有专属的培训基地，用来培训从全球筛选出的各类专业人才。荷美邮轮的服务生仿佛在与人的相处方面有着更高的天赋，相比其他多数邮轮的过于积极，荷美邮轮的服务则恰到好处，不会让宾客有拘谨的感受。荷美邮轮的全体员工，无论是机组人员还是服务人员，最令人难以忘怀的便是他们亲切的服务态度。高效率的荷兰籍工作人员，以及友善的印度尼西亚籍、菲律宾籍服务人员是绝佳的组合。无微不至的服务、亲切的笑容和体贴的关怀都是荷美邮轮能吸引众多忠实乘客的主要原因。

（四）"普通客运"邮轮文化特点：以大众客轮为主的客轮服务产品和形式

在 19 世纪，这种以邮轮作为运输货物和载客漂洋过海的交通工具的货客轮时期，其产业链结构大致如下：上游产业链主要由建造运输货物的货轮以及客轮的造船厂构成，那时期主要是制造中小型的货轮以及客轮；中游产业链主要是货物、邮件以及旅客运输的相关船公司；而下游产业链则只有早期的港口，没有旅行社、中介等服务商，餐饮业和酒店业也不是特别发达。

二、20 世纪早期——"奢华客人越洋客运"文化期

20 世纪前 50 年的海上交通越来越频繁，横越大洋的人员，除了谋求生存的普通大众以外，更多的是上层有钱有闲阶层，使大西洋两岸的交往、商务、事务越来越繁忙，邮轮船舶越来越奢华。人们乘船旅行最主要的目的有事务性、商务性、公务性等，以及会见亲朋等，大多数人到达彼岸是旅行，但极少数人是旅游。这一时期，是海上定期运输客轮的奢华发展期。

（一）白星航运公司，悲壮的泰坦尼克号

英国白星航运公司（White Star Line）是一家总部位于英国利物浦的航运公司，主要贸易是英国与澳大利亚之间的海运。由于过度仰赖贷款扩张和经营不善，公司在 19 世纪 60 年代不得不宣布破产。1868 年，汤玛斯埃斯米以 1000 英镑的价格买下了破产的白星公司商标和船标。改头换面的白星公司将市场定位在大西洋航的邮轮上，在 19 世纪末 20 世纪初成为拥有相当规模和船队的豪华邮轮海运公司。1934 年，由于大萧条，在英国政府干预下，白星公司和它最大的竞争对手卡纳德航运公司合并，公司更名为卡纳德—白星航运公司。1947 年，白星公司剩余的股份也被卡纳德全部买下，公司也彻底将白星两字去掉而只称为卡纳德航运公司。

泰坦尼克号由位于爱尔兰贝尔法斯特的哈兰德·沃尔夫造船厂兴建，是当时最大的客运轮船。1912 年 4 月 14 日深夜，号称"永不沉没"的泰坦尼克号，首航第四天即误撞冰山沉没，由于该轮船配备救生设备不足，造成 1500 人丧生的史上最大海难惨剧。如今，邮轮产业为吸取泰坦尼克号惨剧之教训，并为了确保海上航行之安全，邮轮在精确导航、海上避碰、海上救生以及减免晕船等均有一套严格配备规范。

（二）"奢华客运"邮轮文化特点：以奢华客轮为主的客轮服务产品和形式

20世纪早期，经过了19世纪的酝酿，上游产业链开始制造以旅游为主、货物为辅的奢华型客轮，较之前的交通型客轮慢慢向休闲娱乐型的奢华客轮过渡。此时的中游产业链，船公司正在慢慢孕育而生，并且把客运看得越来越重要，在船上的服务较之前一时间开始多了起来。下游产业链港口开始兴建并区分客运港和货物港，旅行社这一行业开始兴起，餐饮酒店等旅游产业开始越来越发达。

三、20世纪晚期——"休闲度假环球邮轮游"文化期

20世纪60年代初期，每年往返于美欧大陆横跨大西洋客运班轮的客运量超过了100万人次，70年代初期一度下降到每年25万人次左右。原有的客运班轮公司迫于经营上的压力，不得不寻找新的经营方式。客观上，邮轮客运量的下降催生了海上客运向海上旅游的转型。

在这一阶段，喷气式飞机的出现使邮轮作为一种交通工具成为历史，班轮公司的角色正尝试由交通服务向休闲旅游服务转变。但当时的客运船舶本身并不适合开展旅游休闲服务，其过渡过程还面临着很多障碍，如没有空调、三等舱生活不够舒适，以及甲板上下缺乏公共空间等。这一阶段人们对邮轮知之甚少，甚至出现了由于文化的差异而对邮轮产生误解。这一阶段的邮轮目标市场大都以本国游客为主，出行航线也多是以本国观光地为基本港和挂靠港，人们对邮轮的认识还只是局限于其华丽的外观、奢侈的内部设施以及高昂的旅游费用上。这一时期，歌诗达邮轮公司、皇家加勒比邮轮公司、公主邮轮公司等相继正式组建了各自的邮轮船队。

（一）歌诗达邮轮船队，开创清新邮轮风格

Costa意大利歌诗达邮轮船队创立于1959年，以"意大利风情"（Cruising Italian Style）为品牌定位，是欧洲地区最大的邮轮公司。1997年起隶属于嘉年华邮轮公司旗下，每艘邮轮都是按照意大利的风格与传统设计完成的，极具欧式浪漫风格。

（二）公主邮轮船队，塑造欧美贵族风范

公主邮轮船队创立于1965年。以"爱之船"（Love Boat）为品牌诉求而享誉全球，被2001年《Conde Nast旅游月刊》甄选为"收费最低廉""最优

秀船队""游程节目最丰富"的邮轮船队。2004 年公主邮轮被嘉年华邮轮船队公司并购，一直以创新的船舶设计、多样化的船上体验和卓越的客户服务而闻名。

（三）皇家加勒比邮轮船队，开创科技动感邮轮

皇家加勒比海国际邮轮船队创立于 1969 年，以新型船舶、较大吨位、平实价位、设施多样为品牌诉求，极具现代化风格且以每艘船均配备攀岩场设施而深感自豪。旗下共有量子、绿洲、自由、航行者、灿烂、梦幻、君主七个船系，已成为一个全球性邮轮品牌。

（四）"度假环游"邮轮文化特点：风格多样的邮轮服务产品和形式

20 世纪 60 年代后，出于各种原因，人们开始越来越注重邮轮的休闲娱乐性，邮轮完全脱离了仅仅是一个交通工具的固有概念，变成了兼具旅游目的地的休闲娱乐的好去处。此时上游产业链的造船厂们开始制造越来越集中和需求越来越大的定制邮轮；中游产业链中邮轮线路、目的地和邮轮上的服务与产品越来越丰富；而下游产业链中港口目的地的观光游开始兴起，其旅游产品品种越来越丰富，此时旅行社、餐饮业和酒店业开始变得发达起来。

四、21 世纪——"邮轮需求日益多元化"文化期

这一时期，全球性邮轮公司不断投入新船，邮轮服务种类繁多，市场分割加剧，竞争趋于激烈。邮轮航线的平均航程达到 6~8 天，停靠目的港不断增多，航线安排灵活多样，游客消费价格逐年下降，行业集中度增高，行业经营的规模效益明显，进而开辟了邮轮旅游向游客大众化和年轻化方向发展的通道，越来越多中等收入的游客成为邮轮产品消费的主力军。

（一）世界号邮轮，首创世界海上住宅

世界号邮轮自 2002 年从奥斯陆起航开始环游地球，首创海上豪宅式邮轮概念，是世界上第一艘，也是目前正在运营中的唯一一艘此类邮轮。特点是设备极端豪奢，客舱与硬体设施非常宽敞高级。此外，该公司豪宅式阳台舱，并不采取传统销售旅游体验方式贩卖，而是以每间客舱在 200 万~750 万美元不等的价格，以拥有 50 年使用权的方式，贩售给各国富商巨贾，这座漂浮在海上的社区由每套价值数百万美元的公寓所组成，称得上是世界上最独特的房地产之一。世界号海上豪宅式邮轮与传统邮轮最大的区别在于，其客房面积与容积的革命性变化，43500 吨的船体平均只载不足 200 人，确保住户有足够空间

及隐私。

（二）丽星邮轮，开创老少咸宜邮轮风尚

丽星邮轮，号称"亚太区的领导船队"，于1993年成立，以推动亚太区的国际邮轮旅游发展为目标。当丽星邮轮最初成立时，邮轮旅游仍然未成为亚洲旅游的选择，丽星邮轮特别为亚洲旅游人士设计了一个旅游产品。丽星邮轮并没有引进美国或欧洲式的邮轮，邮轮的设计配合了亚洲人的需要——饮食口味及习惯、娱乐及生活方式。

丽星邮轮以崭新的概念，不但刺激亚太地区的邮轮旅游市场，更带动了东南亚一带的观光事业。亚洲的度假人士视邮轮旅游为既刺激又经济的度假方式。同时，亦吸引了来自北美、欧洲及大洋洲的旅游人士，通过参加丽星邮轮假期，可一览亚洲不同区域文化地点。

因此，丽星邮轮介绍了一个全新的邮轮旅游概念：船上设有丰富的饮食及娱乐设施、国际级的服务、短程的邮轮航线，包括充裕的观光时间、购物及饱尝地道美食。丽星邮轮的邮轮假期亦成功建立了其老少咸宜的形象，改变了一般人认为邮轮旅游只适合年老人士的错误观念，是家庭度假的新选择。

（三）海娜号邮轮，开启中国本土邮轮先河

我国国内邮轮旅游市场此前一直被歌诗达、皇家加勒比、丽星等境外公司占据。2013年1月26日，由海航旅业旗下的邮轮游艇管理有限公司负责管理运营的海娜号邮轮在三亚凤凰岛国际邮轮港正式首航，由此开始了首艘"中式邮轮"为期三个月的三亚—越南航线的运营。

海娜号邮轮是中国内地首艘豪华邮轮，全长为223米，船身宽为28米，最大宽度为31米，容积总吨为4.7万吨，最大航行速度为19海里/小时。船上设有客舱739间，最大可载客1965名。海娜号的首航标志着中国民族品牌正式进军邮轮旅游市场，打破了境外邮轮公司在中国市场的垄断局面，为中国游客邮轮旅游产品提供了全新的选择。到2015年，由于船龄已满30年，已到强制报废年限，结束了对外运营。

（四）"邮轮多元化"的邮轮文化特点：风格多样、形式多元、消费分层邮轮服务产品和形式

进入21世纪，单一形式的邮轮产品已经无法满足消费者的多样化需求，于是上游产业链的造船厂正在制作越来越复杂和越来越多样化的邮轮定制，并有大型化、奢侈化、主题化的发展趋势；此时的中游产业链，邮轮公司不再是策划单一的邮轮线路，度假线路、环游线路开始向多目的地以及越来越细分的邮轮服务与产品而发展；而下游产业链的邮轮港口开始大肆兴建邮轮配套设施以及开发邮轮岸上观光线路，开始向邮轮创意产业链进发。

从19世纪中期开始，一直延续到21世纪的邮轮海上航游的历程，其实质就是邮轮公司、邮轮旅游目的地与邮轮游客互动的结果，是邮轮船舶不断满足邮轮游客的需要，创造邮轮游客的需要，开创新的邮轮服务内容和新的服务方式，形成新的邮轮航游路线和新的航游生活的结果，同时也是邮轮游客不断体验邮轮海上生活新方式的过程（见表1-1）。

表1-1　邮轮文化的发展演变

时期	邮轮公司代表	邮轮功能	邮轮风格	邮轮活动	邮轮文化特点
19世纪	P&O邮轮 冠达邮轮	国际客运兼国际邮件	简单质朴	基本生存	客运管理与客运交流
20世纪早期	荷美邮轮 泰坦尼克号 歌诗达邮轮	跨洋豪华交通客运	古典奢华 欧式浪漫	社交休闲	奢华客轮与大众客运管理
20世纪晚期	公主邮轮 皇家加勒比邮轮	著名旅游地休闲娱乐游	爱之船 现代化	游历游憩	休闲度假与诗意生活
21世纪	地中海邮轮 海上居邮轮	海上奢华度假旅行	舒适随意 极端豪奢	游历游憩	海上度假与多元体验

邮轮文化需要邮轮船舶、邮轮游客与邮轮目的地三大体系的参与。邮轮船舶提供最主要的邮轮活动和邮轮生活空间与邮轮生活方式，邮轮旅游目的地提供丰富多彩的海上邮轮文化体验内容和形式，邮轮游客形成邮轮生活体验的主体。

从严格意义上来讲，现代"邮轮"实际上已经变成名副其实的"游轮"，以旅游休闲度假为目的，成为搭载人们进行旅游活动的载体。不过，绝大多数人还是习惯称之为"邮轮"，英文名称"Cruise Ship"。邮轮文化不只是运输文化，更重要的是邮轮旅游文化、邮轮航线目的地文化等。

本章阅读案例：

2020 年最大的邮轮趋势：主题邮轮、
探险、私人岛屿、环保轮船[①]

邮轮旅游世界之所以如此有趣，是因为邮轮公司在不断地创新，寻找新的目的地，紧跟最新潮流。我们喜欢在《邮轮评论家》看这一切并会推测接下来会发生什么。每年，《邮轮评论家》的编辑都会回顾前一年的事件，看看有什么趋势正在出现，并会预测在未来一年的邮轮旅游趋势，在我们的 2020 年邮轮趋势指南中，你可以查看我们对船上餐饮、娱乐、海滨娱乐和更多内容的看法。

一、邮轮公司在降低环境影响方面取得了长足的进步

随着全球变暖成为一个热门话题，人们越来越意识到旅游业对当地社区和整个地球的影响越来越大，我们已经看到邮轮公司开始采取认真的行动来减少对环境的影响，并计划将这些努力扩展到 2020 年及以后。

Hurtigruten 公司已经取消了所有不必要的一次性塑料制品，而且大多数生产线已经宣布禁止使用塑料制品，这项措施是从取消塑料吸管和水瓶开始的。当我们接近 2019 年底时，有十多艘液化石油气船在订购，Hurtigruten 公司的 Roald Amundsen 远征船成为第一艘使用电池动力航行的邮轮，邮轮理科硕士表示，其船队将在新的一年开始前实现碳中和。与此同时，许多航运公司都采用了洗涤器技术，以减少排放污染物，或者是利用岸上的电力，这样船舶在停靠码头时就不必启动发动机。我们期待看到邮轮旅游更多以环境为中心的改变，无论是大的还是小的，让邮轮旅行变得更环保。

二、私人岛屿和海滩正在兴起

私人岛屿一直是邮轮旅行的标志，但几十年后，由邮轮赞助的海滩需要更

[①]　资料来源：知乎（https://zhuanlan.zhihu.com/p/101024804）。

新，再加上失去了古巴作为新的邮轮目的地，以及邮轮公司希望在加勒比海地区提供新的服务，结果得到了一个新的发展重点，那就是扩大和升级私人海滩体验。皇家加勒比海凭借其完美的一天计划领跑群雄，在2019年春天用激动人心的水上公园重塑了可可西，随后宣布2021年皇家加勒比海巡洋舰将会前往安提瓜的私人海滩俱乐部，2022年在瓦努阿图附近的莱拉帕南太平洋体验完美的一天。2020年，维珍航海公司将在比米尼岛开设自己的海滩俱乐部，作为一个新的邮轮公司首次亮相，MSC不久将公布一个原始的海洋保护区海洋礁，这里曾是一个采砂场。

嘉年华已宣布扩建半月湾及兴建码头的计划，挪威刚刚公布了一个专属的海滨泻湖地区在大马镫礁与私人海滩、豪华别墅、水疗中心、新的餐厅和酒吧。除了改善和增加海滩，游船在这些岛屿的游乐场停留的时间更长，CocoCay、Ocean Cay和Bimini海滩俱乐部提供晚间娱乐，如现场音乐、海滩篝火、观星、灯光表演，甚至是烟花表演。我们期待更多的设施和节目升级，或者有一个全新的私人海滩区的工程建造。

三、主题邮轮很受欢迎

主题邮轮的出现已经有一段时间了，但随着邮轮公司意识到这些航行对首次航行者的吸引力，特殊主题邮轮的数量现在是前所未有的，为了配合一些最受欢迎的电影、电视节目和音乐表演，新的特别有趣的航行一直在涌现。"第六人"乐队宣布将于2020年在百老汇举办一场新的巡游演出，而电视迷们则为《黄金女郎》和《甲板下》的主题帆船赛而疯狂，一家新的LGBTQ租赁公司Vacaya于2019年首次亮相，计划在2020年及以后向所有"酷儿"群体成员开放邮轮服务。其他的主题游船已经有好几年的历史了，而且非常成功，以至于2021年的票都卖光了，从克里斯·杰里科的摔跤之旅、"星际迷航"之旅、20世纪80年代之旅到"亡命之国"之旅，各种主题帆船都已经售罄，我们在2020年将会宣布几个新的主题航线。

四、更多的邮轮航线让套房生活更甜蜜

某些邮轮公司，比如丘纳德邮轮公司、挪威邮轮公司、皇家加勒比邮轮公司和MSC邮轮公司，长期以来一直引导乘客预订越来越昂贵的套房，因为这些套房有专属的空间和其他一些额外的福利，比如包含的内容、优先事项（登机、招

标、剧院座位等），以及致力于满足各种需求的工作人员，在皇家加勒比邮轮公司，这项服务据说非常神奇，你的管家实际上被称为精灵。

现在，我们第一次看到其他邮轮品牌，尤其是嘉年华的不同邮轮品牌也加入了这一行列，公主套房增加了它的第一个超大套房，里面有巨大的阳台，能提供完美的海景和星空下的电影、露天水疗和餐饮设施，还能用望远镜观星。在 Vista 级船只上，嘉年华最近将哈瓦那专用泳池的开放时间延长至 24/7（全年无休），在 2020 年的狂欢节（Mardi Gras）上，嘉年华将会推出第一套名为"Excel"的套房，还有一个专属区域，那是 VIP 专用的阁楼 19 号，里面有游泳池、酒吧和额外收费的小屋。随着邮轮公司公布最新邮轮的细节，未来还会有更多专为套房乘客提供的额外福利、设施和空间。

五、你可以付费成为 VIP

邮轮公司认识到，并不是所有的邮轮游客都能负担得起套房的生活费用，但许多人都准备好了支付额外的津贴，让他们尝尝那些 VIP 的特权。嘉年华公司是第一家能提供"快到好玩"（FTTF）计划的公司，该计划提供优先登船和招标服务，并提供早或晚登船服务，紧随其后的是荷兰、美国、挪威和皇家加勒比公司，它们增加了一些项目，将优先登船纳入一组特殊待遇中，比如高级餐饮和景点特别通道。我们预计这些节目会越来越多、越来越贵，像《公主与名人》这样的节目很快也会推出自己的付费节目。

六、现代食品和饮料的趋势出现在邮轮上

邮轮公司从来都不是现代饮食潮流的早期适应者，它们长期以来都提供宴会式的餐饮、指定的座位和有着装的要求。然而，邮轮公司现在正在加快步伐，拥抱现代餐饮理念，以此来吸引年轻的邮轮乘客，并跟上进入市场新邮轮公司的步伐。新开的维珍邮轮公司（Virgin Voyages）走在了趋势的前沿，它放弃了传统的主餐厅和自助餐厅模式，选择了一家韩国烧烤餐厅，这是一家提供餐车和快餐的速食店。嘉年华公司的新狂欢节将有一个全球灵感的街头小吃，作为露天小亭子，加上沙克餐厅的一个船上前哨，根据美国人对快餐鸡肉三明治的热爱而设置，这是餐前小吃风格的场所，如挪威的美食共和国和地中海邮轮的 HOLA，都很像小吃店，它们正在拥抱小盘子的潮流。

继大洋洲公司扩大了以植物为基础的菜单车队和场馆范围之后，维珍航海公

司也在船上引入了一个全素食餐厅，还有，对于那些可能想吃肉但不喝酒的人来说，像 Princess 和 Cunard 这样的公司为那些想要特殊鸡尾酒（不带酒水的精致鸡尾酒而不是纯果汁和高热量冰沙）的旅行者提供零风险鸡尾酒。甚至连奢侈品品牌银海（Silversea）也开始效仿安东尼·波登的正宗美食潮流，推出超本地化烹饪之旅的 S. A. L. T. 项目，提供真正的标志食物（比如在马来西亚夜市吃鸡尾巴）。你期待接下来是什么呢？以康普茶和开菲尔酒为特色的 Keto/Paleo 餐厅或排毒酒吧吗？我们所有的数据显示，你可以期待新的邮轮继续带来符合现代潮流的船上美食。

七、随时随地提供餐饮服务

邮轮公司将现代技术与长期以来对客房服务的热爱相结合，随时随地对食物和饮料进行测试，因为有时候你只是不想在饥肠辘辘的时候离开太阳椅。

到 2019 年底，嘉年华公司将为所有船上的乘客提供几乎所有种类的比萨，你只需下载 Line 的 Hub 应用程序并访问 Pizza Anywhere 功能就可以了。公主邮轮公司通过其 OceanMedallion 技术提供饮料和比萨外卖服务，不过服务区域可能有限。现在，皇家加勒比公司正通过一艘船上的应用程序，尝试随时随地提供餐饮服务。Virgin Voyages 公司将在其应用程序中推出"摇一摇香槟"的服务，所以你几乎不需要移动步伐就可以为你的假期祝酒。预计在未来几个月，皇家加勒比公司将推出全船队的按需食品服务，挪威邮轮公司也将跟上这一趋势，如果初步试验成功，我们预计邮轮公司将把这些服务扩展到更多的食品和饮料项目上，以及更多的船上地点导航服务商，以此来增加运费。

八、游戏文化出现在邮轮上

邮轮在户外的娱乐项目已经达到极限，有攀岩、绳索课程、拉链、冲浪、卡丁车跑道、滑水道等，现在他们把娱乐的焦点转向了内部，转向孩子和成年人对游戏文化的热爱。虚拟现实游戏现在几乎是最新式的巨型邮轮上的必备之物，挪威的银河馆有一个模拟的过山车、虚拟现实迷宫，在那里你可以射击虚拟兔子和逃离房间，这个项目融合了高科技和虚拟现实的元素。皇家加勒比邮轮公司拥有"天空之塔"（Sky Pad），你可以戴着 VR 头盔在蹦床上蹦蹦跳跳，该公司还将在 2020 年的《奥德赛海洋》中引入一个虚拟现实游乐场。地中海邮轮公司有一个赛车模拟器，公主号邮轮甚至还首次推出了一个新的高科技音乐节目，以虚拟游戏世界为背景。

任天堂游戏可能是下一个邮轮合作伙伴，或者Fortnite舞蹈挑战赛将取代游泳池？或者，下一个高科技的机载游戏会是我们甚至无法想象的吗？无论未来如何，我们预计这种对游戏文化的关注将继续在邮轮行业发挥作用。

九、由于担心过度旅游问题，邮轮公司变得很有创意

过度旅游是一个新的旅游流行语，邮轮公司正在寻找有创意的方式来分散乘客的注意力，并要在热门港口提供更好的体验，为频繁旅行者提供有吸引力的新目的地。在阿拉斯加、朱诺等受欢迎的港口可以同时容纳七艘船，挪威邮轮公司正在结冰的海峡点（Strait Point）建造一个新码头，该港口还增加了一个新的贡多拉（Gondola）游乐设施，让这个游客较少的目的地成为传统阿拉斯加之旅的一个可行选择，与此同时，美国的荷美邮轮公司也在尝试一些旅行路线，其中包括一些不拥挤和不同的地点。

在欧洲，邮轮公司正在尝试使用附近的塔拉戈纳作为直接停靠在繁忙巴塞罗那的替代品，国际邮轮协会（CLIA）与杜布罗夫尼克签署了一项协议，在2020年实施一项计划，来更好地分配邮轮到达的时间，以避免出现负担过重的游客城市。在世界各地，邮轮公司都在阿拉斯加、波罗的海和地中海等目的地延长航行季节，以提供更多的航行机会，并希望能在几个月内将巡洋舰分散开来。虽然许多目的地，如威尼斯和阿姆斯特丹，还没有找到一个理想的解决过度拥挤的办法，但我们相信，在2020年及以后，我们会听到更多关于邮轮公司将如何与目的地合作的信息，进而为邮轮想去的地方提供令人惊叹的行程，同时保护受欢迎的港口城市。

十、探险邮轮很流行，新船越来越多

邮轮旅行的一个主要趋势是，越来越多的船只在阳光下寻找冒险之旅，去探索遥远的地方，并提供活跃的岸上活动。邮轮行业的探险利基一直在增长，2020年可能正是邮轮冒险之年。诸如Hurtigruten、Lindblad和Quark远征等长期提供崎岖巡航的公司，都将在2020年推出新船型，他们都在寻找以远征为中心的特点，如冰加固船体；环境友好的特点，如混合电池推进。

冒险和奢华现在就像鱼子酱和香槟一样，像Crystal、Ponant和Silversea这样的高端品牌推出了新的高端探险船（Crystal首次进入这个领域），管家、名厨的

美食和豪华套房，如今已牢牢地固定在博物学家、双筒望远镜、结实的派克大衣和靴子的世界里。随着旅行者们继续寻找真实的体验和更加偏僻的地方，无论价格如何，我们预测我们所看到的探险邮轮活动将会继续增加，直到它们所服务的偏远目的地出现阻力为止。

  思考题：如何看待邮轮的主题文化？

第二章　邮轮产品文化

导入案例：

邮轮宴——"下一个贵族生活样本"①

当一种旅行不能满足内心的要求，我们便开始寻找更惬意的旅行方式，或奢或简，但能带给我们快乐是最重要的。世界四大豪华邮轮公司之一的皇家加勒比邮轮公司，已经正式同中商国际旅行社世界旅游中心签订了大陆地区的邮轮一级销售代理合约，这意味着这家世界顶级的邮轮公司正式踏上了北京旅游的舞台，一艘邮轮界的"航空母舰"已经驶入了中国这片广阔的水域。

20多年前，好莱坞大片《泰坦尼克号》赚取了不少国人的眼泪。也是从那个时候开始，不少中国人开始知道世界上原来还有如此奢华精美的旅游方式。随着经济的快速发展，旅游逐渐成为人们日常消费的重要组成部分。那么作为旅游产品中的"贵族"，豪华邮轮离中国民众究竟有多远？

据中商世界旅游中心的总经理孙尼佳先生介绍：如今的旅游市场，不少旅行社的工作重点不是打价格战，而在于新产品推出的速度快慢，无论业界或消费者，都期待着一种高精尖产品带给市场新的活力。从北京、上海和广州的市场调研看，国内顾客对高端旅游的需求越来越大，求新求异的呼声也与日俱增。而豪

---

① 资料来源：http://travel.sina.com.cn/world/2010-04-08/1348132906.shtml。

华邮轮这种在欧美国家长盛不衰的旅游产品正是这样的一种产品，它既可以提供最新形式的奖励旅游，同时也能满足那些追求独特休闲旅游方式，尤其是特立独行人群的品位和需求。

专业人士指出，目前中国人熟知的邮轮产品大多数以东南亚的丽星邮轮为代表，基于市场反馈，它的服务和内容都无法满足更高追求的消费群体。皇家加勒比邮轮公司所提供的豪华邮轮产品恰恰填补了这一空白，它通过个性化的服务设施来实现更人性化的贴身服务，使游客能真正得到尊贵的享受。虽然产品定位较高，但并非只适合有钱有闲一族，因为在国外，工薪阶层也完全有机会接触。也许不少人认为如此奢华的旅游方式在价格上一定不便宜，但有人特别将邮轮和类似等级的陆地旅游进行过价格比较。结果表明，由于邮轮是集食、住、行、游、购、娱于一体的旅游方式，因此与陆地旅游项目相比，它的花费只是陆地旅游的50%左右。

踏上豪华邮轮的九大理由：

一、贵族般的极致享受

邮轮有各种不同类别的豪华舱房可供您选择，从极其奢华的皇家套房，到前所未有的中庭观景舱房，都足以让您尽情享受舒适与华贵的完美结合。24 小时的客房服务，更让您随时体验贵族般生活的乐趣。

二、无与伦比的美食体验

在邮轮上，您可以随时享受来自世界各地的精美食物。无论是享用正宗的法式大餐，还是到意大利式波特芬诺餐厅享受两人独处的亲密时光，或是到岛屿烧烤餐厅，在充满热带风情的气氛中悠闲地享用午餐，都可以让您体验到美食带来的无穷乐趣，米其林三星指南中的知名主厨，更为您精心设计了各种饕餮盛宴。

三、无限惊喜的购物乐趣

豪华巨轮的中庭位于船只的核心部位，被设计成类似豪华购物中心的多层开放空间，足有四层楼高，两个足球场那么大，这里总是生机勃勃、充满朝气，这里有贩卖各种顶级品牌的商店与精品店，从巴黎的珠宝、时装到古巴的雪茄，都让您尽情享受购物的欢乐。

四、前所未有的安全平稳

世间仅有的超大吨位，15 层楼高的巨大船体，加上世界尖端的电脑平衡技术，让您倍感平稳和安全，当巨轮航行于海洋之中时，您可以不受影响地与朋友们切磋中国麻将或是美式桌球的技艺。

五、静谧的空间和品位

当您想安静片刻，也有许多气氛融洽的地方可供选择，比如在行家俱乐部享用一杯上好的白兰地，在香槟吧里品尝一流的开胃酒。您也可以玩扑克牌与各种桌上型的游戏。图书馆是一个相连的双层建筑。在雅巢观景酒廊里可以看到雄伟壮观的海景。帆船咖啡厅是享用自助餐点的好去处，从旦餐到自助餐都有供应。啤酒吧与钢琴吧是大同小异的，但可以观赏海上风光与海景。

六、精彩纷呈的娱乐项目

邮轮上每晚都有种类繁多、精彩纷呈的晚间娱乐节目，美艳绝伦的歌舞表演、专业的水准和一流的音乐会，让您误以为自己是在巴黎的红磨坊或是拉斯维加斯的恺撒宫。皇家赌场的风格介于拉斯维加斯与蒙特卡洛之间，此外还有各种不同规模的娱乐设施，在您享受人生乐趣的同时，豪华巨轮已经悄然驶向了下一个人间天堂。

七、孩子的开心乐园

各种不同的游戏区、各种有趣的活动一直到晚上十点，可以保证让不同年龄的家人尽兴，从早到晚有专业人员督导的休闲活动，并依据孩童的年龄分为五个组别，让您的孩子也能充分享受船上的乐趣。冒险沙滩是非常适合儿童的地方，其中包括游泳池、水道溜滑梯，以及其他有趣的水上活动。

八、充满激情的运动

不用为尽享各种美味而担心体形，有众多运动设施和活动可以帮助您消耗充沛的体力，您可以去挑战世界首创的船上攀岩墙，还可以到运动场打球，或者到溜冰场、慢跑步道上转转。对于高尔夫球迷，则不妨到九洞迷你高尔夫球场去享受挥杆之乐，另外，您还可以充分利用船上的健身中心，那儿有舞蹈教室、伸展课程、举重练习及其他丰富的健身器材。

九、真正专业的个人护理

游览奇妙的世间美景和参加各种精彩刺激的活动都会消耗您的体力，您如果想来一次全身心的放松，就不妨到按摩浴池享受具有镇静作用的按摩或泥浆浴，或是由专业护理人员给您来一次香熏SPA。配套齐全的各式美容美发服务会助您展现出最佳状态，让您在高贵奢华的正装晚宴上，与各国的贵宾觥筹交错、笑语欢颜。

思考题：以上九个踏上邮轮的理由，你更看重哪些？为什么？

第一节　邮轮产品的文化表达

一、邮轮产品的构成

邮轮产品是非实物型生产产品，是指由邮轮专门为满足游客观光游览、休闲度假等需要而特别设计并提供的，被现有的和潜在的游客所认同的产品。它由有形的产品（如邮轮、邮轮服务设施、游乐项目等）和无形的产品（邮轮服务、游客感受等）两部分组成。

邮轮产品的构成要素：①基本要素——邮轮本身；②必备要素——邮轮上的必要设施；③核心要素——邮轮上的优质服务。

（一）邮轮住宿

1. 邮轮客房类型

邮轮常被称为"漂泊在海上的五星级酒店"，两者有一个很大的区别就是：船上的客房通常精致小巧。由于邮轮游客在邮轮上待在客房的时间较多，所以客房的重要性凸显。对于邮轮客房来讲，服务质量的好坏，主要来自两个方面的因素：一方面是物的因素，即客房的"硬件"因素，包括客房的设备设施、房间布局、室内装修、家具用具的设置等；另一方面是人的因素，即客房的"软件"设施，包括员工的工作作风、工作态度、服务技能、文化修养等，这两方面都是保证服务质量的关键因素。

不同星级邮轮的住宿都是按照不同星级标准设置的标准舱或豪华套房。邮轮住宿的设计应根据游客的需求和支付能力来安排。既有价位相对便宜、能满足安全和卫生的基本前提的适合大众消费的客房，也有适合消费能力强、满足游客个性化需求的豪华客房。客房面积大小、房内所提供各项物品是否周全、房间各项设备是否完善、舱内装潢是否雅致、是否附有观海景的阳台等皆为客房等级评断的依据（见表2－1）。

表2－1　皇家加勒比邮轮公司海洋航行者号（Voyager of the Seas）舱房类型

舱房种类	舱房面积	舱房设施简介
露台套房	50平方米左右，阳台6平方米左右	配有特大号床、私人阳台、独立的酒吧、客厅、大号沙发床、步入式衣柜、浴缸、迷你酒吧和礼宾服务、私人浴室、洗漱区域、吹风机、闭路电视、广播和电话
海景露台房	27平方米左右，阳台6平方米左右	配有两张单人床（可转换为大床）、私人阳台、客厅、沙发床、浴缸、迷你酒吧、私人浴室、洗漱区域、吹风机、闭路电视、广播和电话
海景房	21平方米左右	配有两张单人床（可转换为大床）、迷你酒吧、私人浴室、洗漱区域、吹风机、闭路电视、广播和电话
内舱房	16平方米左右	配有两张单人床（可转换为大床）、迷你酒吧、私人浴室、洗漱区域、吹风机、闭路电视、广播和电话

根据不同的市场定位，可将客房划分为：

露台套房（Suite）——拥有个人私密的专属阳台，提供豪华舒适的宽敞空间，适合家庭消费，一般价格最高。

海景露台舱房（Oceanview Stateroom with Balcony，又称阳台房）——拥有个人私密的专属阳台，可以观赏海景，一般价格较高。

海景舱房（Oceanview Stateroom）——配有观景窗可欣赏海上美景，价格适中。

内舱房（Inside Stateroom）——位于甲板内侧的一般舱房，价格最低。

总之，邮轮上各式各样的客房，都是与市场定位密切相关的，是根据游客的需要来设计和布局房间的，价格上也有所不同。

2. 邮轮客房装修风格

邮轮客房设计尤为重要，它是游客在航行阶段最私密的住所所在，像泰坦尼克号的客房设计就是当时流行的维多利亚式装潢，今日航行在各大海域上的豪华邮轮的客房奢华程度与当年的泰坦尼克号相比有过之而无不及，主要差别在于风格的不同。每个邮轮公司都有属于自己的风格和特色。比如丽星邮轮公司旗下邮轮体现的是偏中式化、亚洲式的风情；歌诗达邮轮公司旗下邮轮体现的是欧洲古典典雅风格；皇家加勒比邮轮公司旗下邮轮体现的是美式时尚风格。其具体分类如下：

（1）现代简约风格。现代简约风格，行走在流行时尚前沿。现代风格装饰特点：由曲线和非对称线条构成，如花梗、花蕾、葡萄藤、昆虫翅膀以及自然界各种优美、波状的形体图案等，体现在墙面、栏杆、窗棂和家具等装饰上。线条有的柔美雅致，有的遒劲而富于节奏感，整个立体形式都与有条不紊的、有节奏的曲线融为一体。大量使用铁制构件，将玻璃、瓷砖等新工艺，以及铁艺制品、陶艺制品等综合运用于室内，竭力给室内装饰艺术引入新意。

（2）恬淡田园风格。恬淡田园风格，沉醉在午后花影藤风，重在对自然的表现，但不同的田园有不同的自然，进而也衍生出多种家具风格，中式的、欧式的，甚至还有南亚的田园风情，各有各的特色，各有各的美丽。恬淡田园风格的用料崇尚自然，在装饰上多以碎花、花卉图案为基础，给人以浓郁的扑面而来的温暖温馨的感觉，色调多是黄、粉、白等暖调。在织物质地的选择上多采用棉、麻等天然制品，其质感正好与乡村风格不饰雕琢的追求相契合，有时也在墙面挂一幅毛织壁挂，表现的主题多为乡村风景。

（3）新中式风格。新中式风格装修容易勾起怀旧思绪，中式风格是比较自由的，装饰品可以是绿色植物、布艺、装饰画，以及不同样式的灯具等。这些装饰品可以有多种风格，但空间中的主体装饰物还是中国画、宫灯和紫砂陶等传统饰物。这些装饰物数量不多，在空间中却能起到画龙点睛的作用。

（4）古典欧式风格。古典欧式风格追求华丽、高雅的古典，它以华丽的装饰、浓烈的色彩、精美的造型达到雍容华贵的装饰效果。古典欧式的居室有的不只是豪华大气，更多的是惬意和浪漫。通过完美的曲线、精益求精的细节处理，带给游客无尽的舒服触感，实际上和谐是古典欧式风格的最高境界。

（5）地中海风格。地中海风格是类海洋风格装修的典型代表，设计元素：白灰泥墙、连续的拱廊与拱门、陶砖、海蓝色的屋瓦和门窗。在色彩上，以蓝色、白色、黄色为主色调，看起来明亮悦目。地中海风格在组合设计上注意空间搭配，充分利用每一寸空间，集装饰与应用于一体，在组合搭配上避免琐碎，显得大方、自然，流露出古老的文明气息。

（6）东南亚风格。东南亚风格，演绎旖旎自然的迷情。东南亚风格的装饰中，室内所用的材料多直接取自自然。由于炎热、潮湿的气候带来丰富的植物资源，木材、藤、竹成为室内装饰首选。东南亚家具大多就地取材。

（二）邮轮的餐饮

1. 邮轮餐饮类型

虽然餐饮不是把游客吸引上邮轮的核心要素，但是绝对是让游客念念不忘的重要内容。由于在不同的地区、不同的文化之下，不同的人群的饮食习惯、口味的不同，所以世界各地的餐饮表现出了多样化的特点。那么如何能让世界各地的游客在邮轮上吃得满意呢？邮轮的海上厨房不但需要烹调出千变万化的世界美食与各式美味，而且要提供几千人的早中晚餐、下午茶、宵夜等。根据邮轮餐饮的特殊性，在此总结了"三多"，即餐次多、地点多、时间多。餐次多是指邮轮餐饮服务人员每天要提供固定的六餐，供乘客们根据自己的就餐时间在不同时间段去就餐。地点多是指除了主餐厅以外，邮轮上还有自助餐厅、特色餐厅、咖啡吧、酒吧等提供餐食服务。时间多是指在邮轮上除了固定的六餐供应时间段可以去吃以外，还有 24 小时送餐服务。

邮轮上的餐饮服务提供一系列种类齐全、琳琅满目的饮食，其类型一般都分为以下几种：

- 主餐厅提供精致正餐
- 自助式餐点
- 特色餐厅
- 比萨屋与冰激凌吧
- 咖啡餐厅
- 24 小时舱房送餐服务
- 无限量供应冰水、茶、咖啡与柠檬汁等软性饮料

邮轮餐饮类型可按照饮食文化差异划分为中式和西式。随着邮轮旅游在我国的不断普及，邮轮公司逐渐开始重视我国的饮食文化。不过最重要的一点：船上的烹饪都不使用明火，然而我国的菜肴大都需要大火爆炒，这是条件上最大的限制。

2. 邮轮餐饮文化

每个邮轮品牌都有不同的餐饮文化，这是邮轮品牌识别要素之一。一些英国

的邮轮可能增加一些更加传统的用餐模式，有时在很正式的餐厅提供看起来很高档的食品。一些美国邮轮则采用随意的意大利方式的饮食，来展现一种友好和休闲，比如公主邮轮和歌诗达邮轮。餐饮文化一旦形成，通常会一直保留，以此建立公司品牌形象和识别。歌诗达邮轮以意大利餐饮文化为餐饮特色，他们聘用大量的意大利员工，让他们在歌诗达的培养体系下成长，使邮轮的饮食和菜单的发展遵循着意大利餐饮文化，而后从这批员工内部提拔一批有技术有经验的餐饮经理，巩固了意大利餐饮文化作为品牌识别的战略目标。因此，文化要素在激励和发展餐饮新思维上起着积极的作用。

特别值得注意的是，西方国家，尤其是美国，在餐饮场所，如自助和快餐店，为提供服务的人员支付小费已经成了习俗和惯例，而这种惯例也被带到了邮轮上。因为这是对于服务人员的工作的肯定，如果没有给小费，会被认为是对工作的否定。但是，由于我国没有小费文化，因此邮轮上的小费正式名称为"邮轮服务费"，一般不包含在预订产品的价格中，而是在船上另行支付。与我们通常所理解的小费不同，邮轮服务费是"硬性消费"，凡乘坐邮轮就必须支付，且金额固定，其最主要的用途还是作为工作报酬支付给船上的服务人员（包括舱房服务员、餐厅服务员等）。

（三）邮轮产品的其他部分

由于邮轮是集食、住、行、游、购、娱于一体的旅游方式，因此邮轮还提供船上娱乐活动、岸上旅游观光活动等，这些内容将在接下来的章节中具体介绍。有人特别将邮轮与类似等级的陆地旅游进行过价格比较。结果表明，与陆地旅游项目相比，邮轮花费仅为陆地旅游的 50% 左右，这也是邮轮受到追捧的原因。

二、邮轮产品的分类

（一）邮轮观光旅游产品

邮轮观光旅游产品是以满足旅游者乘坐邮轮观赏海洋、江河、湖泊及其沿岸自然风光、城乡风光、民族风情、名胜古迹等为主要目的的旅游产品。目前，我国邮轮观光旅游产品仍是构成邮轮旅游产品的主要部分，各邮轮旅游公司为了更好地满足市场多元化的需求而竞相开发、设计新的邮轮观光旅游产品，在单纯的观光产品基础上，注入了更为丰富的文化内涵，如主题性观光、参与体验性观光等。

（二）邮轮休闲度假旅游产品

邮轮休闲度假旅游产品是指旅游者利用假期乘坐邮轮休闲和娱乐消遣的旅游产品。在世界上，很多地区或拥有阳光、沙滩、海风的特色，或终年气候温暖、水域不冻，或沿岸拥有丰富多彩的自然风光和文化资源，这些地区便成了理想的邮轮活动区域。当然，还有深受欢迎的内河巡游，如中国的长江三峡、美国的密西西比河及其支流、法国的塞纳河、德国的莱茵河、埃及的尼罗河以及俄罗斯的伏尔加河等。同时，邮轮本身也因乘坐悠闲、舒适并提供各种娱乐活动设施，能满足游客的休闲娱乐度假需求，而成为休闲度假旅游者的首选。

（三）邮轮文化旅游产品

邮轮文化旅游产品是满足旅游者了解邮轮航行区域及其腹地文化需求的邮轮旅游产品。这种旅游产品要求蕴含较为深刻和丰富的文化内涵，其所吸引的对象一般是具有较高文化修养的旅游者。

（四）邮轮会议旅游产品

邮轮会议旅游产品是指人们在邮轮上举行各种会议而购买邮轮旅游产品和服务的综合消费。这类产品形式主要针对大公司、大企业等，是一种比较新型的旅游产品。由于邮轮的独特优势，使其成为商务谈判、会议以及奖励员工等极佳的场所。

（五）邮轮主题旅游产品

为了贴近游客的需求，邮轮会根据市场的需求进行主题产品推广。例如，2012 年北京青年旅行社在暑期携手国内婚庆业，共同推出大型海上邮轮婚礼旅游创意产品——"爱在太平洋"海上邮轮婚旅季活动。据了解，在海洋神话号邮轮的甲板上，举办了此次活动的"重头戏"——大型海上集体婚礼，邮轮船长为新人宣读爱的誓言，婚礼之后新人共赴船上的"罗密欧和朱丽叶餐厅"参加新颖别致的"海上婚宴"。

表 2-2 为邮轮产品类型与特征。

表 2-2　邮轮产品类型与特征

邮轮产品的类型	特　征
邮轮观光旅游产品	以满足旅游者乘坐邮轮观赏自然风光、城乡风光、民族风情、名胜古迹等为主要目的的旅游产品

续表

邮轮产品的类型	特 征
邮轮休闲度假旅游产品	以度假休闲、享受邮轮上的优质服务为主要目的的旅游产品，其针对的消费群体更看重将邮轮作为旅游目的地
邮轮文化旅游产品	以满足旅游者了解邮轮航行区域及其腹地文化需求的邮轮旅游产品；比起自然风光更注重人文艺术
邮轮会议旅游产品	人们利用邮轮举行各种会议而购买邮轮旅游产品和服务的综合消费，是一种比较新型的旅游产品
邮轮主题旅游产品	满足旅游者主题需求，开展一场主题文化之旅

总之，未来的邮轮旅游产品必将成为一个以邮轮观光、休闲娱乐为主，集商务会议、文化交流、运动探险、水上娱乐等项目于一体的多样化邮轮旅游产品系列。

三、邮轮产品的文化特点

（一）地域性

文化的地域性也就是文化的地域差异性，或称文化的地方性。文化的地域差异性，不仅表现在东、西文化之间的极大差异，不同的国家具有不同的文化背景、不同的风土人情与生活习俗，而且就算是在一个国家的内部，也有文化差异存在。

地域性是地理环境在空间上表现出的这一地区和另一地区明显的地域差别。各类旅游资源总是分布在一定的地理环境或区域之内，因此地理环境在空间分布上的差异，必然导致旅游资源空间上的差异，即具有明显的地域性特征。这主要表现在旅游资源的地方性和民族特色上。实际上，不论是自然风光还是人文旅游资源，在空间分布上都存在鲜明的地域性。

（二）民族性

民族是特指具有共同语言、共同地域、共同经济生活以及表现于共同文化上的共同素质的人的共同体。世界上有许许多多的不同民族，每个民族都有自己独具特色的文化传统以区别于其他民族，这就是文化的民族性。每个民族都生活在特定的自然环境和社会环境中，不同的环境造就了不同的生产和生活方式，形成了不同的语言、文字、艺术、道德和风俗习惯以及物质成果等，构成了不同的民族文化。民族文化一经形成，就会成为稳定性的因素沉淀于一个民族之中，为整个民族所拥有，成为该民族强有力的黏合剂和内聚力，如分布在世界各地的华人社区长期保留着炎黄文化的优良传统。文化的民族性影响着人类行为活动的各个方面，也是旅游活动产生的直接诱因。文化本身具有民族性、区域性特点，而且从根本上来说"越是民族的，越是世界的"，只有在文化交流比较中，才能显示出自身文化的独特性。比如，迪士尼邮轮就代表着典型的美国文化。

（三）时代性

邮轮本身就是时代的产物。邮轮文化的积淀具有历史性和时代性。文化既是在特定的空间中产生和发展起来的，也是在特定的时间内创造与生长的。在不同的社会历史发展阶段，文化的内容和功能是不同的。文化具有鲜明的社会时代性，可以说，人类文化时代进化的不同层次是构成世界文明多样性的原因之一。同时，文化的时代性也是旅游活动产生和发展的原因之一。随着时代的变迁，传统文化与现代文化之间的相互碰撞与融合，也会打破旧的文化传统，形成新的文化类型。

比如与所有歌诗达邮轮一样，浪漫号拥有纯正的意大利 DNA。它不仅仅体现在独立而完备的客房、周全而细致的服务、豪华雅致的剧院和餐厅、散发艺术气息的精巧设计等方面，更加体现在浪漫号上的娱乐活动中。在整个邮轮行程中，每天各个娱乐场所的各种秀中，充满了激情浪漫的意大利风情，有意大利男、女演唱家在剧院上演的精彩的演唱会、古典演唱会、舞蹈课程、意大利语课程、厨师表演、怀旧经典派对、热带派对、意大利之夜等。在这里，游客们都能找到属于自己的度假方式，充分体验意式风情，享受"意大利贵族"的礼遇。每位游客都能从丰富多彩的娱乐活动中体验到那种专属意大利的风情，如同置身于意大利。

四、邮轮自身的设计文化

邮轮的设计建造体现了地域和国家的历史传统、文化符号以及技术和艺术的传承，被视为文化成就的海上展品。巨大的邮轮是最昂贵的交通奢侈品，被称为"造船业皇冠上的明珠"。邮轮建造本身就是一个国家和民族交通文化高度发展的物质文明成果。豪华邮轮的建造耗资巨大，对技术的要求格外严格。邮轮根据五星级酒店以上标准设计建造，船上游泳池、健身房、餐厅、影院、酒吧、剧院、迷你高尔夫球场、会议室、SPA、赌场、免税购物商店等设施一应俱全。邮轮的内部装潢、游乐设施和活动也打上了该国的文化和艺术风格烙印。

欧美邮轮由于起初就是皇家贵族的奢侈消费，因而现在还在装饰、布置等方面保留了许多皇家风范，而且发展到现代社会，又往往与高雅艺术相结合，从而融皇家气派与高雅艺术于一体，使乘客在邮轮上享受到高层次的文化熏陶与洗礼。欧美邮轮文化已有近百年的历史传承，其凭借着对艺术的独特理解、设计的创新、先进的技术及奢华装饰的运用一直独占鳌头。不同邮轮公司旗下的邮轮风格受社会文化、时尚潮流、科技水平以及运营地域、服务人群审美情趣的直接影响。例如：①"嘉年华"系列邮轮的风格主题是"炫目和好玩"，嘉年华精神号的公共空间设计混合了各种各样的建筑风格，其通过合成高度分散的装饰营造出了气氛的多样性；②"迪士尼"系列邮轮的风格主题是"为儿童设计"，其将迪士尼主题公园的情景（包括经典人物）移到邮轮上，在细节设计上体现了夸张、风趣和幽默的元素；③"皇家加勒比海洋"系列邮轮是以大取胜的典型代表，其巨大的体量能容纳多种类型的舱室空间和主题活动，并带来基于规模效应的经济性，其风格特点是通过对多种室内风格的融合与微调，显现出混杂的新鲜感和多样性；④"歌诗达"系列邮轮主要面向欧洲游客，整体装饰采用的是激进而夸张的意大利风格，其大量运用数字化技术，营造出了生动、热闹和活泼的环境；⑤"公主"系列邮轮具有较高的空间游客比（船吨位数/游客数），能提供舒适、完善的服务，装饰风格采用的是中性和沉静的色调以及柔和的调和手法，传承了沉稳和安静的英国文化气质。

第二节　船上活动的文化创意

通过营造舒适、多样、具有文化意义的海上航程，以"从起点到起点"的闭环式线路安排和海上航行特有的陆上隔绝性，使邮轮乘客获得原本稀缺的海上体验，形成短期的生存状态隔离，经过提供者与接受者的不断重复和巩固，逐渐形成了邮轮在旅游层面上超越日常生活的目的和意义。相较于大众传统印象中的"舒适海上体验"，"区别于陆上生活的海上航行体验"才是邮轮的海上航行内容所体现出来的旅游属性和文化价值。

一、船上休闲类活动

为了打发游客在邮轮上漫长的旅行时间，邮轮为游客提供了大量休闲类的娱乐活动。比如，游客可以在空余时间去电子阅览室上网冲浪，还可以去图书馆博览外国名著，或者在棋牌室和朋友们共度美好时光，抑或是约上自己的好友去免税商店购物。同样，喜欢手工的游客还可以参与邮轮上提供的系列活动安排，比如手工剪纸、折叠毛巾等活动。

邮轮上的阅览室里面有英文、中文、日文、意大利文等，不同语言的各类书籍，以小说为主。

此外，很多邮轮公司为了迎合中国市场的游客消费特点，特意开辟一块区域用来做棋牌室，这是个极富中国特色的地方。

二、船上运动类活动

邮轮上都有丰富的运动项目可供游客选择，包括室内的健身中心，从随性的健身爱好者到狂热的健身人士，邮轮都为游客提供了一流的健身设施和多种多样的训练活动，包括健身行走、有氧运动、伸展运动和放松运动；室内多功能运动馆则提供击剑、射箭等多种运动项目。室外则有海水泳池、按摩浴池、慢跑道、攀岩、迷你高尔夫等各类运动项目。同时，喜欢舞蹈的游客可以在每天清晨、下午跟着老师学习恰恰、探戈或者热情奔放的 Salsa 等。

另外，每艘邮轮都会根据自身条件设计一些富有特色的、独一无二的运动类项目，比如海洋量子号的冲浪运动项目，诺唯真邮轮的卡丁车项目，海洋光谱号的甲板跳伞项目等。

三、船上演出类活动

（一）舞蹈表演

邮轮上的舞蹈表演种类很多，例如，杂耍表演、歌舞表演等。伴随着游客的阵阵掌声和欢呼，船上所有的游客都沉浸在一种极其兴奋的氛围中，每个剧院都会为游客上演一场精彩的秀。

（二）音乐表演

音乐表演由来自不同国家的优秀歌手和乐队组成，他们被安排在不同时间段不同区域，为船上的游客带来不同风格的音乐。歌手和乐队每天都在自己的岗位上不知疲倦、充满激情地弹奏演唱，他们都非常投入，对自己的职业非常热爱（见表2-3）。

表2-3　歌诗达浪漫号邮轮音乐娱乐节目列表

音乐娱乐节目		
第8层　意式露天大酒吧 18：00~0：30 Trio Fiebre de Mar, Antonio & Maestro Ferenk 为您演奏国际音乐	第9层　探戈歌舞宴会厅 20：45 Maestro Ferenk & Duo Lauray Eduardo 为您带来怀旧音乐	第14层　名伶迪斯科俱乐部 23：00 DJ Raoul 为您打碟

特别值得注意的是，不同区域的音乐表现形式完全不同，比如在甲板播放的音乐较为欢快、充满活力与激情，能够充分调动游客参与甲板活动的积极性；在餐厅播放的音乐相对舒缓温情，为游客提供浪漫惬意的就餐环境。

（三）晚间演出

夜晚游客可以观看各种演出活动（见表2-4），在剧院内观看百老汇风格的演出，在钢琴酒吧中漫步，在赌场中试试运气，或是在甲板乐队的演奏中翩翩起舞，这些活动可以让每位观众都了解欧洲的文艺文化，十分精彩。在钢琴酒吧中，听着悠扬的琴声，喝着香浓的咖啡或是鸡尾酒，几人围坐聊天，除去了平日工作中的压力与烦恼，多的是那份安逸与曼妙。

表2-4　歌诗达浪漫号邮轮晚间娱乐活动安排表

晚间娱乐活动安排表	
建议着装：休闲	建议着装：正装
中文欢迎登船说明会 晚上8：00 第8、第9层　艺术展示厅 邮轮副总监王真 为您介绍船上生活的相关信息、邮轮概况、 游览行程，以及其他一些重要信息	第8、第9层　艺术展示厅 20：00　　21：30 第一场　　第二场 邮轮副总监王真隆重推荐 Cinemania
21：00 第8、第9层　艺术展示厅 来自拉斯维加斯搞笑的杂要演员 "Kip Reynolds"为您带来精彩的杂要表演	有名的电影音乐和舞蹈 歌手 Tudor & Philippa 歌诗达浪漫号舞蹈演员

续表

第8层　意式露天大酒吧 21：15 免费BINGO! 与娱乐的工作人员 第11层　中央游泳池 21：45 有趣的游戏之后…… 怀旧经典派对	2□：45～22：45 第9层　探戈歌舞宴会厅 特别阿根廷音乐 Duo Lauray Eduardo 为您演奏 22：30 第8层　意式露天大酒吧 歌诗达浪漫号完美情侣选举 娱乐工作人员 音乐：Trio Fiebre de Mar
9月29日 福冈 建议着装：休闲	9月30日 济州 建议着装：休闲
第8、第9层　艺术展示厅 20：15　　21：30 第一场　　第二场 邮轮副总监王真隆重推荐 Duo La Musica in "International" Adam Press 及 Lisa Pearson 带给您的歌唱音乐	第8、第9层　艺术展示厅 20　30 古典音乐会 钢琴音乐：Maestro Ferenk 22：30 无上装性感表演 "口红与蕾丝" 歌诗达舞蹈演员和歌□ Tudor & Philippa 22 美元：表演＋酒水
20：00～21：30 第9层　罗密欧比萨屋 一起准备今晚热带派对的饰物 第9层　探戈歌舞宴会厅 22：15 游戏：歌诗达浪漫号小姐选举 之后…… 热带派对 一起感受舞蹈的乐趣 娱乐工作人员和歌诗达浪漫号的舞蹈演员 音乐：Gianfranco	□9：30～21：3 意大利之夜 第9层　朱丽叶酒吧 一起准备意大利之夜的服装 21：45 巡游集合 第8层　意式露天大酒吧 21：00 意大利BINGO 21：45 免税商店礼物包大抽奖 之后……歌诗达淇漫号先生选举 娱乐工作人员，音乐：Trio Fiebre de Mar

（四）派对活动

邮轮为游客们安排了极其丰富、缤纷多彩的娱乐活动，就算有十足的精力也会应接不暇。每晚，随着旋律响起，甲板上顷刻变成一片欢乐的海洋。热情奔放的 Salsa，让人不由自主也随之舞动。

四、船上购物类活动

邮轮上的免税店供应各类免税品的商品，由于价格优惠受到众多游客的喜欢。主要包括香水、工艺品、珠宝、名贵服饰以及香烟和酒类等多种商品。

五、船上参与类活动

每一艘邮轮都有设备完善的赌场。在邮轮公海航行期间，游客可以自由选择游戏一展身手，像扑克牌、轮盘、BLACK 杰克、水果盘或老虎机等。赌场是一个与自己打赌的场所，挑战自己的运气与心态。

外语课，特别是口语课（比如法语、意大利语、希腊语）是比较传统的船上节目，桥牌、国际象棋、黑杰克和棋类课程也很普遍。一些船上也会提供投资和理财课，另一些则提供烹饪和点心制作课。船上其他活动包括诸如品酒、音乐欣赏会、套圈游戏、BINGO 游戏和甲板骑马比赛。

六、船上儿童类活动

对有孩子的家庭来说，邮轮上随处可见的儿童餐椅、小餐具、儿童娱乐室以及托管服务等也减轻了家长的旅行负担。孩子们能够在多项活动和游戏中进行选择，可以与同龄人游戏，尽享欢乐。在船上敬业的青年娱乐员工的悉心看护之下，孩子的父母就可以轻松休息。通过表 2-5 可以看到，邮轮上为孩子们安排的活动丰富多彩，同时这些儿童节目已包含在游客的邮轮旅行价格之中，所有活动都是免费的。

表 2-5　歌诗达浪漫号邮轮儿童节目列表

工艺品	体育比赛
准备主题晚会的服装	排球、篮球、桌上足球
在 T 恤上绘图	乒乓球
与世界野生动物保护组织（WWF）合作的寓教于乐的活动	呼啦圈
快来装点这宏伟的 Squok 吧	在游泳池中举行的游戏和比赛，以及水中"盗旗"
创造力和想象力课程	保龄球

航海课程	沙狐球
大型游戏和日间活动	夜间派对
寻宝	冰淇淋、榛果和巧克力派对
与船长面谈	万圣节派对
航海游戏和 WWF 记忆力游戏	海盗派对
Squolympics（面向 Squok 的年轻运动员和爱好者的奥运会）	马戏团之夜
集体舞课程	在 Squokkotheque（Squok 迪斯高）举行的游戏
船上集会	游乐园和绘面
趣味测验	Squok 的奇妆游行

第三节　岸上旅游的文化展现

一、岸上旅游活动的必要性

岸上旅游活动作为邮轮旅游的主要组成部分，对于游客的吸引力很强。很难想象如果邮轮停靠埃及的塞得港或亚历山大港而不去走访开罗的金字塔，靠在中国天津港而不去走访北京紫禁城、万里长城，由此可见，岸上游是邮轮旅游中必不可少的行程。

通过图 2-1 可以看到，在这个邮轮旅游系统中，邮轮作为中介，在出发地与最终目的地之间扮演着至关重要的角色，连接了出发地和目的地。为了构成一个完整的邮轮假期，邮轮公司会安排各种各样的岸上旅游项目，显而易见，这些活动也会带来收益。对于大多数游客来说，邮轮旅游是一个安全而惬意的高质量的假期过程，岸上游相对来说安全、容易组织，可以了解不同的地域文化。通过陪伴和讲解，这种邮轮岸上旅游经历受到游客的广泛喜爱。

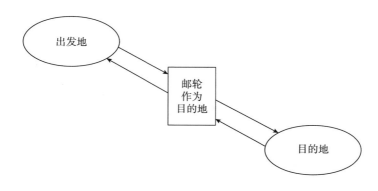

图 2 − 1　邮轮旅游过程

资料来源：Davidson R. Maitland Tourism Destinations ［M］. London：Hodder and Stoughton，1997.

二、岸上旅游活动的安排

邮轮岸上旅游项目涉及邮轮公司、港口代理与旅行社三个组织。其中，港口代理是交流的中间桥梁，当然，许多邮轮公司也可以直接与旅行社之间进行联系。

岸上旅游项目设计需要考虑的因素众多，邮轮公司设计线路要考虑燃油消耗和岸上游的时间限制，综合考虑来决定销售哪条线路。旅行社与主管岸上游的部门一起设计岸上游计划，进行旅游宣传。不仅要考虑船上游客的类型和数量，还有船舶在港时间、大巴客车运输容量、海上小艇、火车或直升机等。能够安排训练有素的导游也是非常重要的。在很多港口，邮轮带来的游览人流会造成一定程度的交通拥挤，同时，一些邮轮可能会同时到港，给旅游景点的接待能力带来很大的困难和挑战，可能造成过度拥挤，影响服务质量。因此，邮轮公司如果出于过度拥挤和服务质量控制的考虑，也很可能不会停靠这类港口。

岸上旅游活动的内容可以涉及旅游景点的观光、当地购物、主题游等。邮轮实现了在短时间内可以经过很多地区，感受各地区域文化。在观光的同时，游客可以购买当地的土特产品等，满足购物的需要。同时，部分邮轮会安排岸上主题游，例如，新西兰的葡萄园游览会吸引那些以享受美食为主题的客人，意大利的歌剧院之游会满足那些音乐爱好者的需要。

本章阅读案例：

为邮轮旅游新增深度文化创意体验①

Azamara 俱乐部邮轮（Azamara Club Cruises，也译作晶钻会邮轮）CEO Larry Pimentel 希望通过自己邮轮公司的实践证明，和正在兴起的内河游船类似，远洋邮轮也可以具有沉浸感和较高的互动性。

Azamara 于 2007 年成立，2011 年开始全面运营之后一直都处于盈利状态。相比整个行业规模，公司只有两艘船，规模较小，每艘船搭载 696 名旅客，但通过有文化内涵的活动，它们让自己的邮轮线路变得与众不同。公司方面表示，正如内河游轮，在大洋邮轮线路上，同样可以变得多姿多彩。

Azamara 邮轮的品牌活动 AzAmazing Evenings，包括一次七日游，主要都是与文化有关的活动安排。比如，不同于平日邮轮靠岸常进行的海岸观光的陆地探索活动，特别适合晚上观览的地标、建筑、艺术等夜晚观光项目（Nights and Cool Places），以及与当地人文化交流、遗产探索进行互动的文化深度探访（Insider Access）等，都是付费项目，但都在邮轮活动中名列前茅，甚至参与率超过了 90%。

"这个产品的本质，就是船是运输工具，我们通过参与度很高的旅行，来让游客探索世界，获得最佳体验。参与性的旅游产品在于'我做了'，而不是'我看见了'，这才是真正的功能参与。"CEO Pimentel 表示。

Azamara 邮轮体验活动，更类似于增加更多互动和参与的 TED 体验。TED 体验，是近年来盛行于欧美的体验活动，它是 Technology, Entertainment and Design 的缩写，原意是科技、娱乐和设计。TED 体验的本质就是简单、原真地讲故事。在旅游场景中，不同于导游介绍景点的现实，TED 体验让游客在有组织的带领下，在更加原真的场景中倾听、感受和与场景互动。

Azamara 邮轮目前现有客户群平均年龄在 56 岁，如果适逢汽车大赛，那么平

---

① 资料来源：品橙旅游（http://www.pinchain.com/article/15289）。

均年龄可以降到 41 岁，如果适逢嘉年华，平均年龄在 45 岁左右。平均每艘邮轮一半用户来自北美地区，用户总共覆盖 40 多个国家，在国际市场份额较高的两个地区是英国和澳大利亚。

而 Azamara 邮轮不同于其他邮轮陆地项目的方面，在于注重陆地项目的参与感和文化融入。Azamara 重视不同地区的文化能让游客产生兴奋、快乐的感受。例如，在巴塞罗那，不仅仅是一个城市观光，在哪里住、在哪里吃、在哪里泡吧，这些元素都被整合进入了陆地游览活动中。

"千禧一代"非常喜欢文化深度探访（Insider Access）的活动安排，尤其是"巡游全球、吃在当地"的活动很受年轻人喜欢。拓展千禧市场参与文化探访活动，最早来自一对千禧夫妇，他们造访一个 30 分钟车程的阿姆斯特丹市郊乡镇，与一位有文化传承的老祖母住在一起。当我们去祖母家探访时，他们讲述了许多关于生活、他们家族来源、不同宗教背景的问题等许多事情。这种类似于 TED 体验，让 Azamara 邮轮的"千禧"客户非常着迷。

当然，发现这样的当地家庭是愿意承担和参与接待非常挑战的。对 Azamara 邮轮而言，在 60 多个国家找到目前这些当地家庭，大概花了 18 个月的时间。通过联系旅游部门、当地入境旅行商和大使馆，跟他们解释 Azamara 的活动概念，询问他们是否有合适的当地人愿意参与。值得庆幸的是，邮轮的客户对这类独一无二在其他地方难寻的项目反馈良好。

可以说，Azamara 邮轮是融合了海洋邮轮和当地文化、地方沉浸体验的一个新形式。目前整个邮轮行业都在发展，对于 Azamara 而言，CEO 表示："我们更像介于内河游轮和传统深水邮轮中间的地位，有些地方内河游轮不能去而请我们去，特别是一些深水区域，我们可以做到。另外我们的市场定位，更偏向于特定的产品细分市场。"

思考题：邮轮产品应该如何调整，从而更适应中国市场？

第三章　邮轮旅游文化

🙍 **导入案例:**

国际邮轮巨头抢滩中国: 仍存在水土不服问题①

邮轮已成热门休闲游项目, 国际巨头纷纷加速争夺中国市场。尽管其处于垄断地位, 但这些"舶来品"也存在一些"水土不服"的问题。

近年来, 全球邮轮旅游人数以年均 8.2% 的速度增长, 邮轮产业已是在世界范围内休闲旅游产业中增长速度最快的领域之一。在国内, 邮轮游已成为炙手可热的休闲观光项目。

一、国际邮轮公司角逐中国市场

中商情报网发布的《2013～2014 年中国邮轮旅游业的机遇分析》显示, 2012 年在中国运营的国际邮轮公司有 8 家共 9 艘邮轮, 总载客量为 14149 人次。常年从事邮轮旅游业务的北京星月山川旅行社总经理曲晓霞表示, 除了在中国市场上几家拥有母港的大型国际邮轮公司, 如皇家加勒比、歌诗达、丽星等公司外, 还有一些在中国市场开展销售远程邮轮产品较为积极的公司, 如地中海邮轮、美国公主邮轮等邮轮公司。此外一些奢华邮轮, 如水晶邮轮等主题邮轮产

---

① 资料来源:《北京商报》2014 年 5 月 8 日。

品，也开始在中国市场发展。《北京商报》记者了解到，2013年，皇家加勒比和歌诗达又各增加了一艘大型邮轮在中国运营。公主邮轮及其他邮轮品牌亦于2014年入驻中国。业内人士表示，各大邮轮公司都想在中国巨大的潜在市场中分一杯羹。

除了短途航线外，一些长线欧洲邮轮公司也非常看重在华市场。地中海邮轮旅行社北方区总经理张雨告诉记者，公司在华业务增长量每年超过40%。2014年也增加了对于旅行社等经销渠道的培训。

二、在华邮轮业务仍以亚洲航线为主

据了解，目前国内邮轮市场以中高端邮轮业务为主，绝大多数是外资邮轮品牌。在中国邮轮市场中，首先以短途亚洲航线为主，这部分业务占到整个中国市场份额的60%～70%；其次是欧洲航线，还有一小部分为美国等其他国家航线。

记者通过目前几家邮轮公司得知，短途亚洲航线主要国家为日本、韩国以及东南亚和国内航线，行程相对来讲时间短，通常为5～6天。考虑到中国旅游市场的消费情况，短途亚洲航线基本为旅行社包船的方式，根据邮轮豪华程度和航线的远近等因素，价格一般在几千元到上万元，市场定位主要为中端、中高端消费人群。目前经营这些短途亚洲航线的国际邮轮公司主要是以中国一些港口作为母港的邮轮公司，即皇家加勒比、歌诗达、丽星等。定位上皇家加勒比旗下国际邮轮品牌，目前在中国邮轮市场中相较于其他邮轮公司算是最豪华的。近年来，歌诗达除了做欧洲航线外，也积极拓展从中国到东亚的一些航线，丽星邮轮则是东南亚市场的主导船队。

欧洲航线近年来在中国市场上发展虽然迅速，但相比亚洲航线略显逊色。业内人士表示，欧洲航线行程通常需要10～15天的较长旅途时间以及较高的旅途费用（一般价格在2.8万～5万元），在一定程度上限定了欧洲航线在中国邮轮市场中的市场份额。

三、国际邮轮尚需融合中国本土文化

尽管国际邮轮在中国市场上处于垄断地位，但这些"舶来品"在中国市场也存在一些"水土不服"的问题。

广州一家旅行社的总经理对记者表示，目前国际邮轮在中国市场上主要面临五个问题：第一，饮食。虽然游客能24小时在邮轮上品尝西式美食，但消费者

的"中国胃"在中长途航线对其能否完全接受尚存疑问。第二，目的地观光。目的地观光是国内消费者极为看重的出游动机，而一些邮轮产品对于目的地观光一带而过。第三，语言服务。目前国际邮轮上大多数船员来自菲律宾、印度等东南亚国家，中国服务员仅出现在以中国为母港的航线上，如果从工作人员数量以及国际远程航线上来看，中文服务是远远不够的。第四，购物。国内消费者喜欢出国购物，但邮轮上所提供的产品，无论是在品种上还是在档次上，都存在一定的滞后性，满足不了中国消费者在购物方面的期望。第五，娱乐。目前大多数国际邮轮公司邮轮上还是采用比较西式的娱乐项目，如脱口秀、拍卖、品酒等，都带有极为浓郁的西方娱乐色彩，一些中国游客会因为文化差异而不能完全理解。因此，如何融入中国本土文化是一些国际邮轮公司未来拓展中国市场需要思考的主要问题，同时也是本土邮轮企业的一个契机。

思考题：国人的邮轮消费行为具体有哪些特征？

第一节　邮轮旅游文化

谈到邮轮文化，不可不提邮轮旅游文化，邮轮旅游文化是邮轮文化中极为重要的组成部分。对邮轮旅游文化的研究，不仅有利于认清邮轮文化与邮轮旅游文化之间的关系，还有利于对邮轮旅游文化进行准确定位，从而更好地发展、建设邮轮文化。所以，本节重点讨论邮轮旅游文化的形成和地位。

一、邮轮旅游文化的形成

（一）邮轮旅游文化的形成基础

所谓邮轮旅游文化形成的基础，即邮轮旅游文化形成的土壤。邮轮旅游文化形成的基础主要有四个方面：文化、地理、民族和哲学。其实，文化、地理、民族和哲学是许多旅游文化形成的共同或一般基础，但是邮轮旅游文化不同于其他文化，其形成除一般基础外还有自己的特殊基础。

1. 邮轮旅游是邮轮旅游文化形成的第一基础

邮轮旅游是邮轮旅游文化形成的第一基础，也是邮轮文化形成的第一基础。邮轮旅游文化的产生以旅游活动为前提，没有邮轮旅游活动，也就没有邮轮旅游文化。

（1）邮轮旅游是邮轮旅游体验文化形成的基础。邮轮旅游是一种邮轮与目的地结合的旅游方式，游客对场所从陌生到熟悉，从拘谨到从容自得。不得不说，邮轮旅游的场所是如此的特别，它连接海洋和陆地、室内和户外，具有全方位和整体性，将视觉、听觉、触觉等完美地结合。不同国家、不同地域、不同人种的人们在这里会合，共同完成了这一场邮轮体验。"实践出真知，旅游成文化。"任何文化的形成都必须有人的参与和人的活动。如果没有人的活动，这种文化必定是空虚的，没有现实的土壤，无法生根发芽，也无法得到发展和延续。邮轮旅游体验文化是邮轮旅游者在旅游过程中形成的，是在邮轮旅游者的食、住、行、游、购、娱等旅游活动中形成的。这种体验文化也和其生活环境、生活社会文化息息相关。如今的邮轮文化实质就是欧美旅游文化，因为邮轮旅游活动主要兴盛于欧美地区，主要是迎合欧美人士的需求，因此体验活动都符合欧美人的风格和标准，是欧美旅游者在旅游和生活的过程中不断形成的结果。完整的旅游体验文化包括旅游前的体验准备、旅游中的体验活动和旅游后的体验感受，不管是旅游前的体验准备、旅游中的体验活动，还是旅游后的体验感受，它们都是指向旅游的，需要旅游为自己提供体验主体和对象。没有邮轮旅游活动，邮轮旅游体验文化既没有体验对象，也没有体验主体，自然不成为邮轮旅游体验文化。

（2）邮轮旅游是邮轮旅游介入文化形成的基础。邮轮旅游介入文化主要形成于邮轮旅游活动之外，并不意味着它的根基与邮轮旅游无关，正好恰恰相反，没有邮轮旅游活动做基础，就没有邮轮旅游介入文化的存在。随着邮轮旅游由自发、个别向自觉、群体的转变，邮轮旅游需求大量增加，邮轮旅游活动日益频繁，其潜在的经济价值开始凸显出来，社会文化影响开始引人注目。为了满足邮轮旅游者的邮轮旅游需要，邮轮旅游服务开始出现，邮轮旅游景观得到开发；为了引导邮轮旅游活动，邮轮旅游宣传、邮轮旅游研究应运而生；为了约束邮轮旅游者的行为，邮轮旅游规范也开始制定，邮轮旅游介入文化由此形成。邮轮旅游介入文化也是指向邮轮旅游的，需要邮轮旅游为自己提供介入对象。没有邮轮旅游活动，邮轮旅游介入文化便没有介入的客体，自然不成为邮轮旅游介入文化。

2. 邮轮业是邮轮旅游文化形成的第二基础

由于邮轮旅游介入文化的产生以邮轮旅游业活动为前提，现代邮轮旅游体验文化的产生离不开邮轮业的支持。没有邮轮旅游业也就没有今天的邮轮旅游文化。

（1）邮轮业是邮轮旅游介入文化形成的重要基础。邮轮业是以邮轮旅游市场为对象，为邮轮旅游者的邮轮旅游活动创造便利条件，并提供所需商品和服务的综合性行业。它既包括为邮轮旅游者提供商品和服务的邮轮旅游企业，也包括支持邮轮旅游发展的邮轮旅游组织，具有经济、文化二重性。邮轮旅游介入文化包括邮轮旅游服务文化、邮轮旅游宣传文化、邮轮旅游研究文化、邮轮旅游企业文化等。其中，邮轮旅游服务文化、邮轮旅游企业文化、邮轮旅游宣传文化既是邮轮旅游文化的组成部分，也是邮轮旅游业的重要内容。邮轮旅游开始后，"宾至如归"的服务理念等也开始出现，这意味着邮轮旅游的正式形成，而后邮轮旅游服务理念随之上升。不难看出，邮轮旅游服务文化、邮轮旅游企业文化、邮轮旅游宣传文化的形成、发展是以邮轮旅游业为前提和基础的。

（2）现代邮轮旅游体验文化的产生离不开邮轮旅游业的支持。邮轮旅游体验文化的形成以邮轮旅游活动为基础，随着邮轮旅游业的正式形成，邮轮旅游体验文化的基础也逐渐延伸到邮轮旅游业。特别是现代，邮轮旅游业与邮轮旅游密不可分，邮轮旅游业已经同邮轮旅游一起被纳入邮轮旅游体验的对象之中。邮轮旅游服务开始普及，邮轮旅游服务体验的要求越来越高，地位也越来越重要。人们在评价自己的邮轮旅游体验时，往往将邮轮旅游服务的体验和对景观的体验相提并论。所以说，现代邮轮旅游体验文化也是部分地建立在邮轮旅游业基础上的，没有旅游业提供上述体验对象，现代邮轮旅游体验文化不知要单调多少。当然，作为邮轮旅游文化形成的基础，邮轮旅游业的地位再重要，也不会超过邮轮旅游，因为邮轮旅游业的形成、发展也是以邮轮旅游为基础的。相对于邮轮旅游，它只能是邮轮旅游文化形成的第二基础。

（二）邮轮旅游文化形成的途径

研究邮轮旅游文化形成的途径，不但有利于把握邮轮旅游文化的来龙去脉，也有利于扩大视野，从新的高点全面审视邮轮旅游文化。

1. 对于邮轮旅游文化形成的途径，目前尚不存在权威的探讨

我国邮轮旅游文化的形成有下面几种倾向：第一，通过邮轮旅游活动。如认为邮轮旅游文化是通过对异国异地的文化消费而形成的现代特殊生活方式。第二，通过邮轮旅游业经营、服务活动。如认为邮轮旅游文化主要是指，邮轮旅游组织者为满足邮轮旅游者需要所采取的各种文化措施，以及接待人员在接待工作中所表现的精神风貌和文化素养。第三，通过邮轮旅游消费和邮轮旅游经营服务活动。如认为邮轮旅游文化是"邮轮旅游者或旅游服务者在邮轮旅游观赏或邮轮

旅游服务过程中所反映出来的观念形态及其外在表现"。第四，通过主体、客体与中介体三体碰撞。笔者认为，"邮轮旅游文化是邮轮旅游主体、邮轮旅游客体、邮轮旅游中介体相互作用所产生的物质和精神成果"。第五，通过邮轮旅游客源地文化和邮轮旅游目的地文化进行的交流。如认为"邮轮旅游文化是邮轮旅游客源地社会文化和邮轮旅游接待地文化通过邮轮旅游者这个特殊媒介相互碰撞作用的过程和结果"。

2. 上述对邮轮旅游文化形成途径的认识都有一定的合理性和不足之处

邮轮旅游消费体验只能在邮轮旅游活动中产生，邮轮旅游接待文化必然植根于邮轮旅游业活动。没有旅游主、客、介三体的碰撞，也不能形成邮轮旅游体验文化和邮轮旅游服务文化。作为重要的邮轮旅游文化现象，不管是邮轮旅游地居民对邮轮旅游者的态度，还是邮轮旅游者对异地文化的体验，也的确是邮轮旅游客源地文化和邮轮旅游目的地文化交流的产物。毋庸讳言，上述对邮轮旅游文化形成途径的认识，也有明显的不足之处。

第一、第二种倾向认为邮轮旅游文化形成于邮轮旅游活动或邮轮旅游业活动，各执一端，失之偏颇；第三种倾向虽综合二说，稍胜一筹，仍不免狭隘。邮轮旅游者或邮轮旅游服务者的观念形态及其外在表现固然大都产生于邮轮旅游消费和邮轮旅游经营服务活动，邮轮旅游研究、邮轮旅游法规等邮轮旅游文化现象的产生却不以此为主要途径。政府的邮轮旅游法规、学界的邮轮旅游研究主要产生于邮轮旅游消费和邮轮旅游经营服务活动之外，其形成有多种渠道。第四种倾向也有同样的局限。三体之外的社会成员、社会群体大都有自己的邮轮旅游观念，这种观念当然属于邮轮旅游文化，而其形成却不是"三体碰撞"所能解释的。身在"三体"之外，其邮轮旅游文化创造焉能发生在"三体碰撞"之中？第五种倾向只看到邮轮旅游客源地文化和邮轮旅游目的地文化的交流会产生邮轮旅游文化，没看到邮轮旅游客源地文化和邮轮旅游目的地非文化的相互作用也会产生邮轮旅游文化。另外，该说同第一种说法一样也未能揭示邮轮旅游外的邮轮旅游文化（如非邮轮旅游者的邮轮旅游思想）是怎样产生的，因而也不够全面。

探讨邮轮旅游文化形成的途径，以个别邮轮旅游文化现象为例是远远不够的。邮轮旅游文化现象类型多样，形成途径有同有异，应对各种主要邮轮旅游文化现象的形成进行具体、深入的分析，比较异同、分门别类。只有这样，才能得出令人信服的结论。如前所述，邮轮旅游体验文化和邮轮旅游介入文化是邮轮旅游文化的两大基本类型。邮轮旅游体验文化包括邮轮旅游审美体验、邮轮旅游求知体验、邮轮旅游交往体验、邮轮旅游情感体验等；邮轮旅游介入文化包括邮轮旅游服务文化、邮轮旅游宣传文化、邮轮旅游规范文化、邮轮旅游研究文化等。研究邮轮旅游文化的形成途径，首先应从这些文化现象入手。"当一个邮轮旅游者经过一番周详的计划而最终举步离家时，他是在经历一段体验过程。在这个过程中，他经过不断地与外部世界发生联系互动，从而取得有关外部世界的知识，并在某种颤动的心灵愉悦中获得旅游需要的满足。这一过程就是邮轮旅游体验。"邮轮旅游体验主要产生于邮轮旅游者的邮轮旅游活动之中，这是无须详加论证的。邮轮旅游体验文化虽然不等同于邮轮旅游体验，它还包括邮轮旅游体验之前的心理准备，邮轮旅游体验的需要、动机、期望等，但其核心无疑是邮轮旅游体验。从这个意义上讲，邮轮旅游体验的形成途径也是邮轮旅游体验文化形成的主要渠道。

邮轮旅游服务，一般界定为服务者为满足邮轮旅游者食、住、行、游、购、娱等需要而提供的一种劳务。邮轮旅游服务既是一种经济活动，也是一种文化活动。作为一门艺术的邮轮旅游服务，它是连接服务者和邮轮旅游者的纽带，并同由此产生的主客交往等文化现象一起构成完整的邮轮旅游服务文化。由于邮轮旅游服务的对象是旅游者，又有所谓"生产与消费同时性"的特点，人们自然容易得出这样的结论：邮轮旅游服务形成于邮轮旅游者的邮轮旅游活动之中。其实不尽然。作为商品，邮轮旅游服务在提供给邮轮旅游者之前就已经存在着，"提供服务"这一惯常用语本身就意味着这一点。只是它此时的表现形式是技能而非行为。邮轮旅游服务技能的形成，固然得益于邮轮旅游活动中的待客经验，更得益于邮轮旅游活动外的岗位培训。邮轮旅游服务由技能向行为的转变，虽然发生于邮轮旅游活动之中并经过再加工、再创造，但这种转变与其说是邮轮旅游服务的形成，还不如说是邮轮旅游服务的完成。因为此时它已进入出售阶段亦即价值实现阶段。显然，邮轮旅游服务主要形成于邮轮旅游活动之外而非旅游活动之内。作为邮轮旅游服务文化一部分的主客交往，其形成途径与此不同。主客交往主要发生在邮轮旅游活动中。鉴于邮轮旅游服务是邮轮旅游服务文化的核心，不妨说邮轮旅游服务文化主要形成于邮轮旅游活动之外。针对邮轮旅游者及其活动的邮轮旅游法规，无论从哪个角度看都是一种纯邮轮旅游文化，邮轮旅游法规文化的主体是立法、执法机关，立法和执法是邮轮旅游法规文化形成的主要途径。此途径固然与邮轮旅游活动有关，但明显独立于邮轮旅游活动之外，自成一系。同邮轮旅游法规文化一样，针对邮轮旅游者及其活动的邮轮旅游研究也是一种纯邮轮旅游文化，只是它的主体更为复杂：既有邮轮旅游从业人员，也有政府官员；既有学界人士，也有邮轮旅游者。除少数人以邮轮旅游者身份研究邮轮旅游于邮轮旅游活动之中，大部分研究者都是在旅游活动之外研究邮轮旅游。可见，邮轮旅游研究文化主要也是在邮轮旅游活动之外形成的。通过上述分析不难看出，邮轮旅游文化的形成途径不外乎有两条：一是通过邮轮旅游体验者（邮轮旅游者）对体验对象的体验，形成邮轮旅游体验文化；二是通过邮轮旅游纳入者（非邮轮旅游者）对旅游的介入，形成邮轮旅游介入文化。前一条途径主要存在于邮轮旅游活动之中，后一条途径主要存在于邮轮旅游活动之外。

二、邮轮旅游文化的地位

（一）邮轮旅游文化在邮轮旅游中的地位

我们所说的邮轮旅游文化，多指邮轮旅游中的文化，并非严格意义上的邮轮旅游文化。从严格意义上的邮轮旅游文化来看，其在邮轮旅游中的地位主要可以概括为两点：邮轮旅游文化是邮轮旅游活动的核心、是邮轮旅游矛盾的调节器。

1. 邮轮旅游文化是邮轮旅游活动的核心

邮轮旅游文化在邮轮旅游中处于核心地位，旅游文化发展到现在，其在邮轮旅游活动中的核心地位更加明显。从邮轮旅游活动的内容看，邮轮旅游活动由邮轮旅游者、邮轮旅游资源等要素构成，其中邮轮旅游者是核心要素。邮轮旅游者既是消费者，也是创造者。作为现代邮轮旅游者，其消费的主要是邮轮旅游服务文化，创造的主要是邮轮旅游体验文化。不管是消费邮轮旅游服务文化，还是创造邮轮旅游体验文化，它们都是现代邮轮旅游者行为的主要内容，因此也是现代邮轮旅游活动的核心内容。从邮轮旅游活动的属性看，邮轮旅游活动既有邮轮旅游经济性，也有邮轮旅游文化性，然而文化性是第一属性。邮轮旅游活动中的经济现象主要表现为为邮轮旅游者购买邮轮旅游业提供的商品和服务，这种购买对邮轮旅游活动来说是手段而不是目的，邮轮旅游的主要目的是消遣，是娱乐，是审美，是求知，即满足人们的文化需要。邮轮旅游活动毕竟不是赚钱活动，而是文化活动。即使邮轮旅游活动中所购买的商品也是文化性的，更不用说服务了。越来越多的人把邮轮旅游活动中的经济与文化关系说成是外壳和内核关系，把体验说成是邮轮旅游的本质，原因即在于此。随着物质文化的丰富、社会竞争的激烈、科学技术的发展，邮轮旅游主体将趋于个性化和文明化，邮轮旅游者在未来的邮轮旅游活动中将更趋于精神享受，对邮轮旅游服务文化品位的要求也将越来越高。邮轮旅游客体将日益人文化，中介体将显现出差异化和规范化，邮轮旅游社会环境将变得更加和谐、有序。所有这些都决定了在未来邮轮旅游中，邮轮旅游文化仍将成为邮轮旅游活动的核心。

2. 邮轮旅游文化是邮轮旅游矛盾的调节器

邮轮旅游活动本身就是一个综合体，邮轮上聚集着世界各地的游客，充斥着异域文化，来自不同国家的游客由于置身于复杂的环境之中，再加上世界各地的港口、邮轮公司没有统一的邮轮服务标准，因此邮轮旅游过程中显现的内外矛盾十分突出。既有邮轮旅游者与邮轮旅游者的矛盾，也有邮轮旅游者与邮轮旅游公司及邮轮港口的矛盾；既有邮轮旅游者与目的地旅游资源的矛盾，也有邮轮旅游者与旅游地居民的矛盾。邮轮旅游矛盾处理得好，相关各方各得其所，邮轮旅游活动开展顺利；邮轮旅游矛盾处理得不好，邮轮旅游活动举步维艰。所以，邮轮旅游矛盾既是推动邮轮旅游发展的动力，也是破坏邮轮旅游和谐的原因。化解邮轮旅游矛盾，推动邮轮旅游发展也就成了有关各方的当务之急，这需要各方不断协调关系，不断改善邮轮旅游环境。如何协调？如何改善？有人强调邮轮旅游者利益优先，就有人帮邮轮公司及邮轮港口吐苦水，更有人替邮轮旅游地居民鸣不平，反之亦然。现在人们已倾向于兼顾各方，但还是很难兼顾。关键是没有明确的能为各方接受的协调基准线。在邮轮旅游复杂的矛盾中，如果没有协调基准线，矛盾不但不能解决，反而会激化，这对涨落明显的邮轮旅游来说，是极为不利的。这个基准线是什么呢？是文化，是邮轮旅游文化。对文化的认同是人类文明发展的基石，文化的交融是人类文明的催化剂。邮轮旅游文化特别强调不同文化的交融，在协调邮轮旅游矛盾的过程中，最适合充当协调原则的基准线。邮轮旅游文化不是哪一方的文化，矛盾各方都是邮轮旅游文化的主体，都是邮轮旅游文化的创造者，也是邮轮旅游文化的共同享有者，邮轮旅游文化对其主体是有约束、规范和教化功能的，只有在邮轮旅游文化，尤其是先进邮轮旅游文化的基准上，人们才能统一多方面的认识。实际上，邮轮旅游文化一直都在扮演着邮轮旅游矛盾调解者的角色。邮轮旅游文化虽然也会制造矛盾，但其主要方向却是在化解矛盾。邮轮旅游文化强调不同文化的交融，在一定程度上增进了人们的相互理解和认同，减缓了人与人、人与环境的摩擦；邮轮旅游规范文化要求人们遵纪守法，恪守道德，在一定程度上约束了人们的肆意妄为，遏制了矛盾的发生。由于邮轮旅游文化的功能尚未得到充分发挥，邮轮旅游文化的调解者地位目前尚不突出。随着邮轮旅游文化功能的进一步发挥，邮轮旅游文化的调解者地位必将进一步提升。

（二）邮轮旅游文化在邮轮旅游业中的地位

一般认为，邮轮旅游文化在邮轮旅游业中的地位主要有：邮轮旅游文化是邮轮旅游业的灵魂，是邮轮旅游发展的新增长点。即使从严格意义上的邮轮旅游文化角度，也会得出同样的结论。

1. 邮轮旅游文化是邮轮旅游业的灵魂

灵魂即思想，对行为起指导乃至决定作用。说"邮轮旅游文化是邮轮旅游业的灵魂"，只是一个形象的比喻，但这充分体现了邮轮旅游文化在邮轮旅游业中占据了主导地位。

邮轮旅游文化是邮轮旅游业的灵魂，这是由邮轮旅游活动的文化性和邮轮旅游企业的服务性所决定的。邮轮旅游活动既有经济性，也有文化性。文化性是其本质属性。其文化性集中体现在邮轮旅游体验文化上，而邮轮旅游体验文化直接决定邮轮旅游企业的发展方向。无论是邮轮旅游资源的开发，还是旅行社、旅游饭店的经营管理，不了解邮轮旅游体验文化的特征，不寻求与邮轮旅游体验文化之间的沟通，必然迷失方向，找不准邮轮旅游市场。因此，开发出满足邮轮旅游者旅游体验需求的高品质、特色产品，始终是邮轮旅游业不懈的追求和努力的目标。邮轮旅游企业活动按其功能划分，可分为对内管理和对外服务。邮轮旅游业是服务性的行业，所以，服务文化是邮轮旅游企业的重心。邮轮旅游服务文化的核心是邮轮旅游服务理念，它包括服务的价值观念、精神境界、理想追求等，是邮轮旅游服务文化的重要因素。它不但决定邮轮旅游服务文化的内容和方向，也昭示了邮轮旅游企业的宗旨和目标。没有邮轮旅游服务文化，邮轮旅游企业徒有其名；有了邮轮旅游服务文化而不健康，邮轮旅游企业的发展也将走进死胡同。没有文化的邮轮旅游业是低级的邮轮旅游业；没有健康文化的邮轮旅游业是病态的邮轮旅游业。这样的邮轮旅游业也不可能成为现代化的产业。

2. 邮轮旅游文化是邮轮旅游业发展的新增长点

所谓增长点，实际是事物发展的动力源。邮轮旅游文化是邮轮旅游业发展的新增长点，这是由邮轮旅游业的经济目标和未来前途所决定的。企业所经营的目标是获取利润最大化。但经济效益、社会效益和生态效益是相互联系和相互制约的。好的社会效益和生态效益对经济效益有促进作用，能促进经济持续稳定地发展，反之亦然。邮轮旅游业的依赖性和脆弱性使邮轮旅游业不同于其他行业，更加注重环境效益。没有良好的社会效益和生态效益，旅游业经济效益的利润扩大化便不能持久。总的来说，邮轮旅游文化是追求先进文化的发展方向，它会兼顾社会和生态环境效益，从而使经济发展有一个良好的环境。邮轮旅游文化的价值与价值取向推动邮轮旅游业追求经济、社会和生态环境的综合效益，使之朝着健康的方向发展。

（三）邮轮旅游文化在文化中的地位

邮轮旅游文化是广义文化的一支，是文化发展的动力，其丰富了世界文化的内容，使文化更丰富多彩。

1. 邮轮旅游文化是文化的一支

文化有总体文化与分支文化之别，就文化结构而言，邮轮旅游文化是一种隶属于社会总体文化的分支文化，是社会总体文化的一个组成部分，也可以说属于部门文化。邮轮旅游文化既具有与社会总体文化一样的地域性、民族性、时代性、传承性、多样性等共性特征，也具有其独有的流动性、开放性、多质性、情感性、适应性、易变性等个性特征。从根本上讲，邮轮旅游文化是社会总体文化在邮轮旅游领域中的特殊表现形式，是邮轮旅游文化主体以一般文化价值观为指导作用于邮轮旅游的过程和结果。作为一种分支文化，邮轮旅游文化的发展依赖于社会总体文化，在方向上与社会总体文化一致，并受社会总体文化发展的环境和规律制约、牵引；作为依托邮轮旅游活动而产生的特殊文化类型，邮轮旅游文化又相对独立于社会总体文化，有其自身特有的观念、行为规范和发展规律。邮轮旅游文化的发展丰富了社会整体文化的内容，正是由于邮轮旅游文化等分支文化个性化的完善和显露，才使社会整体文化色彩斑斓、气象万千。

2. 邮轮旅游文化是文化发展的推动力

邮轮旅游文化对文化的推动作用，从前述邮轮旅游文化的功能可见一斑。在讲到邮轮旅游文化的功能时，专门阐述了邮轮旅游文化具有发展文化的功能：促进文化交流、加速文化融合、保持文化传承、推进文化转型，只是前述的文化是指社会整体文化。邮轮旅游文化不仅是社会整体文化发展的动力，也是社会分支文化发展的动力。社会分支文化除邮轮旅游文化外还有哲学、文学、史学、美学、艺术科学、宗教等。在这些分支文化中，邮轮旅游文化虽是后起之秀，但一经形成，就有力地推动了这些分支文化的发展。邮轮旅游体验是美学艺术的源泉。邮轮旅游是一种动态的观赏活动，通过邮轮旅游广泛地接触客观世界，使电影艺术素材不断地产生美学、艺术灵感。可以说，许多美学、影视艺术作品都是邮轮旅游体验的直接产物。

三、邮轮旅游文化的特征

中西方邮轮旅游文化本身没有具体形态，主要通过文化承载体——人进行表现，通过旅游者消费行为的偏好，体现中西方邮轮旅游文化的差异。

（一）西方邮轮旅游文化特征

第一，邮轮旅游历史悠久，倾向于自主选择邮轮产品。西方已有百余年的邮轮旅游历史，作为老牌产业，其国民普及度较高，西方相对开放的环境也使旅游者倾向于自主了解邮轮文化，在产品选择上更注重自身的需求，多以休闲放松为主。

第二，消费重点在享受。西方邮轮旅游者更关注旅游的过程，享受消费的比重远高于中国。西方邮轮旅游者更注重餐饮，认为享受是重点，乐于尝试新事物并容易对其产生好感。

第三，娱乐项目选择多样，喜好使用运动场所及健身器械。西方邮轮旅游者对于娱乐项目的选择更为丰富，参与娱乐活动的积极性明显高于中国旅游者，在运动健身方面的表现最为明显，自主选择与尝试更为积极。

（二）中国邮轮旅游文化特征

第一，中国游客从众、模仿心理较重，整体上尚处于起步阶段，缺乏旅游者自主了解的过程以及对邮轮文化的深入学习，因此在产品的选购上呈现压倒性的趋同态势。

第二，信息接收呈现被动态，高度依赖旅行社。旅游者绝大多数选择以参团的形式出行。为便捷地满足其旅行需求，他们大多选择通过包办程度极高的旅行社来完成他们的邮轮旅行，特别是第一次邮轮旅行。

第三，购物欲望强烈，更注重产品项目包含的多样性。中国旅游者参与邮轮旅游的游客多是具有一定消费能力的群体，在购物欲望的驱动下，其消费贡献也相当可观。

第四，观光与拍照是旅行重点。在邮轮目的地，中国旅游者下船观光率几乎为100％。游客们选择实地参观，感受别国风土人情，并拍大量照片或小视频留作纪念或与家人朋友分享。

第五，注重安全因素的作用。国内户外探险旅游、邮轮旅游等旅游方式具有较多的不确定因素，在一定程度上阻碍了其在中老年消费群体中的发展。

第二节　邮轮旅游文化体验过程

一、邮轮旅游体验的心路历程

邮轮旅游体验心理是人的心理的一部分，从心理过程的角度看，包括认知、情感、意志三个过程。邮轮旅游体验心理活动过程是这三个过程的统一，它们相互联系、彼此渗透和相互影响。

（一）邮轮旅游体验的认识过程

邮轮旅游体验的心理过程，一般是从邮轮旅游体验者对邮轮旅游体验对象的认识过程开始的。该过程是通过感觉、知觉、记忆、想象、思维等环节来实现的。这一过程可以分为两个阶段，即对邮轮旅游体验对象的认识形成阶段和认识发展阶段。它是邮轮旅游体验决策和邮轮旅游体验行为形成的重要基础。

1. 对邮轮旅游体验对象的认识形成阶段

邮轮旅游体验者对邮轮旅游体验对象的认识形成阶段，属于感性认识阶段，是旅游体验者通过自己的感觉器官获得有关体验对象的各种信息及其属性的过程，主要包括邮轮旅游感觉和邮轮旅游知觉两种心理现象。

邮轮旅游感觉是直接作用于感觉器官的邮轮旅游现象在邮轮旅游者头脑的零散反映，它是邮轮旅游认识活动的起点。邮轮旅游现象作为客观事物，由于邮轮旅游者的接触和享用，直接作用于邮轮旅游者的外部感觉器官，刺激了邮轮旅游者的视觉、听觉、嗅觉和触觉，由此形成了对该邮轮旅游现象的个别属性的反映。

2. 对邮轮旅游体验对象的认识发展阶段

在认识的形成阶段，邮轮旅游者获得了对邮轮旅游体验对象直观形象的了解。要进一步加深认识，还需要利用记忆、注意、想象、思维等心理活动来完成和深化其认识过程。

记忆就是把感知过的经验积累起来从而加深认识的过程。如感知过的事物、体验过的情感、进行过的行为等，都能以经验的形式在头脑中保存下来，并在一定的条件下被激活，重新再现出来，这就是记忆的过程。记忆是一个复杂的心理过程，它包括识记、保持、再现三个基本过程。识记就是识别和记住事物的过程。从信息加工的观点来看，识记是信息的输入和编码的过程。保持是巩固已获得的知识经验的过程，也就是信息的储存和继续编码的过程。把经历过的事物重新回想起来的过程，叫作再现。

邮轮旅游者的记忆对享受邮轮旅游体验和认知邮轮旅游体验具有十分重要的作用。由于有了记忆的心理活动，邮轮旅游者就可以把美好的体验经历储存并再现出来，以便自我回味或与人分享；由于有了记忆的心理活动，邮轮旅游者在下次邮轮旅游体验之前，就可以用记忆中的经验作为行为的参考依据。如果先前的生活经验和邮轮旅游体验在邮轮旅游者头脑中没有留下一点痕迹，他的邮轮旅游感受便不够完美，也必然会影响到下一次的邮轮旅游体验过程。

（二）邮轮旅游体验的情感过程

邮轮旅游者在邮轮旅游体验中，不但认识了周围的事物，而且会产生某种情绪。邮轮旅游者在邮轮旅游体验过程中出现的高兴、悲伤、害怕、恐惧、喜悦、苦恼等各种形式的情绪和感情，统称旅游情感。所以，邮轮旅游体验的情感过程就是邮轮旅游者对邮轮旅游现象的情感发生与变化过程。

邮轮旅游情感过程比较复杂，不但贯穿于邮轮旅游活动的各个环节，也存在于邮轮旅游活动开始之前和结束之后。在邮轮旅游准备阶段，"准"邮轮旅游者邮轮旅游情感活动十分复杂，活跃、向往和盼望、好奇和激动交织在一起，表现为一种兴奋、亢进的状态。在旅途中，安全、畅达、舒适而不单调等问题是邮轮旅游者特别关心的方面，如果出于长途旅行产生的生理和心理上的不适，如晕船等，就会引起烦躁和厌恶的情绪。当邮轮旅游者刚抵达某游览地时，陌生、新奇、人地生疏等心理状态也会产生不安、紧张的情绪。而在游览过程中，邮轮旅游者的心理活动与行为都非常活跃，常常表现为一种激动和兴奋的情绪。邮轮旅游尾声阶段，念友、思归等心理情感往往表现出甜感、易变的情绪特征。邮轮旅游结束后，回顾、总结时，邮轮旅游者会出现满意或失望等情感。

（三）邮轮旅游体验的意志过程

邮轮旅游世界是一个新奇的世界，也是一个充满风险的世界，面对这个极具魅力的世界，邮轮旅游者在获得认识和情感体验的同时，也面临意志的考验。在风险和困难面前，有的人心里打起了退堂鼓；有的人心里犹豫不决；有的人信念坚定、不屈不挠。邮轮旅游者这种面对困难，有意识地支配和调节自己行动的心理过程就是邮轮旅游体验的意志过程。

二、邮轮旅游体验的行为活动

邮轮旅游体验行为是邮轮旅游者邮轮旅游体验心理的外化，从体验行为的对象看，包括对邮轮旅游景观的体验行为、对邮轮旅游服务的体验行为、对邮轮旅游环境的体验行为等。从体验的环节看，包括邮轮旅游饮食体验行为、邮轮旅游住宿体验行为、邮轮旅游交通体验行为、邮轮旅游游览体验行为、邮轮旅游购物体验行为、邮轮旅游娱乐体验行为等。

邮轮旅游体验行为是邮轮旅游体验的外显活动，既是产品消费行为，也是文化创造行为。它与邮轮旅游体验心理相符合，构成所谓的邮轮旅游体验。探讨邮轮旅游体验行为一般多代之以"邮轮旅游消费行为"，包括食、住、行、游、购、娱等体验行为。实际上，"邮轮旅游消费行为"一词并不能涵盖邮轮旅游体验行为的全部内容，邮轮旅游体验行为除了产品消费外，还包含文化创造。况且，食、住、行、游、购、娱等行为也不仅仅是消费，同时也是创造。所以，这里对邮轮旅游体验行为的探讨，不是从"邮轮旅游消费行为"一词开始的，而是直接分析食、住、行、游、娱、购等主要体验行为。

（一）食即邮轮旅游饮食

作为一种行为，邮轮旅游饮食是指邮轮旅游者在邮轮旅游过程中的喝与吃。同一般旅游饮食相比，邮轮旅游饮食更强调高端、档次、特色和氛围。邮轮旅游饮食主要发生在邮轮上，也可以发生在岸上目的地区域。邮轮旅游饮食既是一种生理行为，更是一种文化行为。它在消费食物的同时，也在创造文化；欣赏烹调艺术，领悟食艺之美；品尝特色食品，体验地方文化；邮轮旅游饮食行为同邮轮旅游饮食生产、邮轮旅游饮食服务、邮轮旅游饮食礼仪、邮轮旅游饮食制度等一起构成了丰富多彩的邮轮旅游饮食文化。

（二）住即邮轮旅游住宿

作为一种行为，邮轮旅游住宿主要是在邮轮上。邮轮旅游住宿讲究方便、安全、卫生、宁静、舒适。邮轮旅游住宿可算是"麻雀虽小五脏俱全"，而且很多邮轮公司为了增强房间的艺术感和温馨感，会在住宿内部加入一些手工艺术文化作品，使得邮轮旅游住宿文化更为丰富多彩。

（三）行即邮轮旅游交通

从邮轮旅游体验者的角度看，邮轮旅游交通主要是邮轮旅游者在邮轮上实现的空间移动行为，广义上还包含上邮轮前的交通及在邮轮目的地港口的游览活动中实现的空间移动。邮轮旅游交通除具有一般交通的属性外，还具有游览性、舒适性、季节性等独特特点。邮轮旅游者借助于邮轮旅游交通实现游览行为，并在旅途中创造邮轮旅游体验文化：咀嚼离别滋味，观赏沿途风光，体验交通服务，尝试人际交往，回味邮轮旅游经历，酝酿新的目标。古人创造的道别、赠言、洗尘等旅游交通习俗流行至今姑且不论，单单是邮轮旅游体验文化产品，又有多少形成于旅途之中。

（四）游即岸上游览

一般来说，游览是指邮轮旅游者在目的地从容行走、观赏景物的行为。在邮轮旅游中，游览活动一部分在邮轮上，而另一部分是在岸上。在邮轮上的游览参观活动大部分是娱乐体验、休闲活动等，然而在岸上活动大部分是团队游览活动。这是邮轮旅游体验行为最重要的一环。相对食、住、行三大环节而言，游览是核心，也是目的。

（五）购即邮轮旅游购物

邮轮旅游购物是邮轮旅游体验活动六大环节之一，通常是指邮轮旅游者在邮轮旅游过程中有形产品的购买行为。由于邮轮旅游购物过程中邮轮旅游者经常接受附加其上的有偿服务，所以，邮轮旅游购物也应包括邮轮旅游者对附加服务的购买。在邮轮旅游体验六大环节中，邮轮旅游购物最具经济色彩，但这并不意味着邮轮旅游购物行为没有文化内涵。其实，邮轮旅游购物行为也是文化行为。邮轮旅游者所购之物，除邮轮旅游日用品外，还有大量的邮轮旅游纪念品、邮轮旅游收藏品、邮轮旅游馈赠品等文化性产品。

（六）娱即邮轮娱乐项目

邮轮旅行最吸引人的地方不仅是旅途中一望无际的海景，还有邮轮上独具特色的娱乐项目。邮轮有许多娱乐项目，例如，在剧院里有各种优美的音乐和穿插的喜剧，给游客带来舒适、亲密的氛围；在酒吧里有舒适的环境，是游客休息或与他人分享旅行生活的理想地点；在赌场里，无论是经验丰富的豪赌贵客，还是第一次尝试运气的赌博新手，这里都是一个尽情玩乐的舞台；在图书馆里，游客可以在船上宽敞宁静的环境中读一本好书或看一些喜欢的杂志，这里让渊博的知识变得触手可及……这些邮轮上的娱乐项目为游客带来了丰富的邮轮旅游体验。

三、邮轮旅游体验的整体感受

邮轮旅游体验活动有原因、有过程，当然也有结果。这个结果包括作为邮轮旅游体验文化的自身成果，也包括属于非邮轮旅游体验文化的环境反应。本节只研究作为邮轮旅游体验文化的自身成果，而不研究作为邮轮旅游体验文化的环境反应。邮轮旅游体验成果包括心理感受和物化产品，有阶段性的，也有总结性的。

（一）含义与结构

邮轮旅游体验中的感受，作为概念，也有两种含义：一是受到或接受邮轮旅游影响如感受邮轮旅游。这层含义重在活动过程，既表示行为活动，也表示心理活动。邮轮旅游者接触邮轮旅游得到的影响、体会，就是邮轮旅游感受。这层含义重在活动结果，表示心理状态。二是相当于邮轮旅游体验过程。

邮轮旅游体验的整体感受是一种心理状态，邮轮旅游结束前后，我们常常听到邮轮旅游者的这样一些总结性评论："感觉挺好""感想很多""有所感悟""没什么感觉""糟糕透了"……所有这些评论，都属于邮轮旅游体验的整体感受。其中既有认知成分，也有情感成分，还有意志成分。当然还有需要、动机、态度、兴趣等成分。在形成邮轮旅游体验整体感受的众多心理、要素中，认知成分、情感成分最为重要。邮轮旅游体验整体感受中的认知层面主要指邮轮旅游体验主体对邮轮旅游体验对象的了解和评价。邮轮旅游体验整体感受中的情感层面主要指邮轮旅游体验主体对体验对象的好、恶等情绪情感。邮轮旅游体验整体感受中的认知层面决定邮轮旅游体验整体感受的清晰度。在对体验对象原有认知相同的前提下，谁在邮轮旅游体验中对体验对象认知深刻，谁的自身体验感受就越清晰。

（二）邮轮旅游体验整体感受的特点

1. 主观性

邮轮旅游体验整体感受是体验主体对体验对象主观的、能动的反映，同其他心理现象一样具有主观性。但同其他心理现象相比，邮轮旅游体验整体感受的主观性更为突出：面对同一个体验对象，每个人的邮轮旅游体验感受都不一样，以至于我们很难进行类型划分；每个人的邮轮旅游体验感受都不甚清晰，以至于我们很难对它进行精确描述；客观性太弱，以至于我们无法用客观的标准进行测量。邮轮旅游体验整体感受的主观性之所以如此强烈，从思维的角度看，邮轮旅游体验主体对体验对象的判断基本上是一种价值判断，感受好坏取决于需要的满足程度，而体验者的需要又是如此地不一致。邮轮旅游体验的感受里虽然有认知成分并且地位重要，但这种认知导致的事实判断，总的来说服务于价值判断，它最大的作用是决定体验感受的清晰度，并不导致体验的整体感受由以价值判断为主转为以事实判断为主。

2. 综合性

所谓综合性是指邮轮旅游体验整体感受的内容是综合的而不是单一的。邮轮旅游体验感受的内容五花八门，从自然到社会，从生活经验到哲学思考，应有尽有。而且，作为邮轮旅游体验整体感受的内容，它们不是一盘散沙，是有机地结合在一起的。从理论上讲，邮轮旅游体验感受是体验主体对体验对象的主观的、能动的反映，体验对象因性质不同可以分为单项，邮轮旅游体验感受也可以分为单项。但那是单项邮轮旅游体验感受，不是这里讨论的整体邮轮旅游体验感受。显然，邮轮旅游体验整体感受的综合性是由体验对象的综合性决定的。邮轮旅游体验对象是一个由不同要素构成的松散综合体，游客与其各要素的接触产生各种不同的体验感受，各种单个体验感受共同形成邮轮旅游体验整体感受。

3. 复杂性

邮轮旅游体验整体感受无论是内容还是过程都是非常复杂的。内容的复杂性，我们从邮轮旅游体验整体感受的综合性中已经看得很清楚了，邮轮旅游体验整体感受过程更是复杂。体验的内在感受是主体通过客体的刺激而产生的，它是主体现行经验和体验对象及诸种主客观因素共同作用的结果，其具体过程至今也未研究清楚而只能得其大概。一般地说，主体感受性越强，客体刺激性越高，环境舒适度越低，邮轮旅游体验整体感受也就越复杂。

4. 差异性

主体不同，对象不同，个体邮轮旅游体验的整体感受也不一样，从而使邮轮旅游体验整体感受呈现出差异性。邮轮旅游体验整体感受差异性，首先表现在因程度而异，邮轮旅游体验程度不同，邮轮旅游体验感受也不相同。如前所述，邮轮旅游体验有浅、中、深之别，邮轮旅游体验感受便有浅、中、深之异。邮轮旅游体验整体感受差异性因主体而异。主体类型不同，邮轮旅游体验整体感受也不相同。

第三节　邮轮旅游文化体验心理

一、邮轮旅游体验产品

（一）邮轮旅游体验产品类型

根据邮轮旅游管理北美体验派学者的观点，"邮轮旅游消费是一种体验性消费，邮轮旅游服务是一种体验性服务，邮轮旅游产品的核心就是游客的邮轮旅游体验"。受此影响，业界常常把邮轮旅游业产品称为邮轮旅游产品，进而称为邮轮旅游体验产品。

1. 按具体形式划分，邮轮旅游体验产品可分为文学、艺术类等

文学类包括邮轮旅游者以邮轮旅游体验为基础创作的诗词、散文、小说等，比如我国作家刘心武创作的邮轮场景小说《邮轮碎片》等。艺术类包括邮轮旅游者以邮轮旅游体验为基础创作的照片、影视作品等，比如以泰坦尼克号事件为原型创作的脍炙人口的电影。

2. 按大致用途划分，邮轮旅游体验产品可分为邮轮旅游用品和非邮轮旅游用品两大类

邮轮旅游体验产品中直接用于邮轮旅游活动的部分属于邮轮旅游用品（广义），如邮轮旅游中亲手整理的邮轮旅游攻略等需要说明的是，邮轮旅游体验产品虽然广泛用于邮轮旅游活动的食、住、游、娱等各个方面，但邮轮旅游用品的绝大部分不是邮轮旅游体验产品，而是邮轮旅游者的自备品和邮轮旅游业及非邮轮旅游业提供的产品。

3. 按基本性质划分，邮轮旅游体验产品可分为物质性产品和观念性产品两大类

邮轮旅游体验的物质性产品是指邮轮旅游者在邮轮旅游活动中生产的以物质为主的邮轮旅游体验产品，既可以满足人们的物质需要，也可以满足人们的精神需要。邮轮旅游体验的观念性产品是指邮轮旅游者在邮轮旅游活动中生产的以观念为主的邮轮旅游体验产品。邮轮旅游体验产品中的文学、艺术等皆属此类。邮轮旅游观念性产品主要是满足人们的精神需要。

从上述定义中可以看出，邮轮旅游体验产品中的物质性产品与观念性产品的划分也是相对的。物质性产品是观念的物化，观念性产品是物化了的观念，因此邮轮旅游物质性产品中包含着观念的因素，邮轮旅游观念性产品中也包含着物质的成分。另外，由于邮轮旅游活动主要是一种精神文化活动，邮轮旅游消费主要是一种精神文化消费，邮轮旅游体验产品中的大部分自然属于精神产品。

（二）邮轮旅游体验产品的突出属性

邮轮旅游体验产品具有多种属性。就邮轮旅游体验产品整体而言，其突出属性主要有以下几点：

1. 体验性

邮轮旅游产品大部分是体验性产品，主要满足的是游客的休闲体验需要。体验经济下，旅游时代已从大众观光过渡到休闲体验阶段。邮轮旅游就是非常显著的例子，邮轮上有各种休闲娱乐活动，游客可以置身于剧场中与表演人员互动，也可以参与到邮轮上的体育健身活动中，邮轮上有丰富的休闲体验活动，充分体现了邮轮产品的体验性。

2. 观赏性

即具有观赏价值。审美是邮轮旅游者邮轮旅游的主要动机或目的之一，邮轮旅游者不但希望从邮轮旅游条件、邮轮旅游对象中获得美的享受，也希望借助邮轮旅游条件、利用旅游对象亲手创作美的东西，自我欣赏或与人共享。因此，他们创作的邮轮旅游产品多具有观赏价值。

3. 纪念性

即具有纪念意义。邮轮旅游经历是值得怀念的，为了让美好的邮轮旅游经历长留心中，邮轮旅游者大都购买或自制一些有纪念意义的产品，馈赠亲友，或永久珍藏。如一张邮轮旅游专属照片等。

4. 有用性

即具有使用价值。邮轮旅游体验产品中不乏用于出售的，但邮轮旅游活动毕竟不是营利性活动。因此，邮轮旅游体验产品中的绝大部分不是用于销售的，即不具有交换价值。邮轮旅游体验产品主要是自用品或馈赠品，这一点从前面对邮轮旅游体验产品的类型分析中即可看出。

5. 多样性

即种类繁多，各有特色。邮轮旅游体验产品种类之多，从上述类型分析中可见一斑。实际上，上述类型的划分只是基本的。如果细分，还可以划分出许多类型，不同类型各具特色自不必说，就是同一类型，甚至同一产品也不尽一致。

二、邮轮审美文化体验

（一）邮轮旅游审美

邮轮旅游审美，即围绕邮轮旅游和通过邮轮旅游来进行美的创造和美的欣赏，由邮轮旅游审美主体、邮轮旅游审美客体、邮轮旅游审美关系三大要素构成。

（1）邮轮旅游审美主体是指具有内在审美需要和审美结构功能，并与邮轮旅游资源、邮轮旅游服务等审美客体结成一定审美关系的邮轮旅游者。

邮轮旅游审美主体是邮轮旅游审美行为的发出者和承担者。在美学家看来，邮轮旅游审美需要，是指促使人们从事邮轮旅游审美活动的一种要求和愿望。邮轮旅游审美之所以成为邮轮旅游者的需要，是社会物质生活和精神生活发展的必然结果。一旦基本生理需要得到满足，人们就会产生邮轮旅游审美这种融自然美、社会美、艺术美为一体的高级的精神需要。主体的审美结构可以按主体的不同存在方式分为本能的、心理的、社会文化的三个层次，按主体的不同意识状态分为显意识层次和潜意识层次。

（2）邮轮旅游审美客体就是具有审美价值属性、与邮轮旅游审美主体结成一定审美关系的广义的邮轮旅游资源、邮轮旅游服务等。

邮轮旅游审美客体是主体邮轮旅游审美行为所指向的对象。邮轮旅游资源、邮轮旅游服务之所以成为邮轮旅游审美客体，是因为它具有某种审美的特性，即审美属性。首先取决于其本身结构的"合规律性"，即有规律组合，或谓"美学法则"，如色彩、线条、形状等。但这些自然属性并不能单独形成风景的审美属性，风景的自然属性要演化为审美的价值属性，还必须"合目的性"，即与审美主体结成一定的审美实系，满足审美主体的审美需要。

（二）邮轮旅游审美体验

在邮轮旅游美学研究中，邮轮旅游审美体验一般是指邮轮旅游审美感受，即邮轮旅游审美主体对于当下客观存在的某一邮轮旅游审美对象产生的一种特殊的心理现象，包括审美感知、审美想象、审美理解、审美情感四大基本要素。我们认为，体验既包括体验心理，也包括体验行为，作为一次完整的体验活动，它的起点是以体验行为为标志的，体验行为从哪里开始，体验活动就从哪里开始；体验行为从哪里结束，体验活动也就从哪里结束。体验心理虽然比体验行为开始得早、结束得晚，但体验行为开始前和结束后的体验心理都不单独构成体验活动。按照我们对体验的理解，所谓邮轮旅游审美体验，应该是旅游审美实践和邮轮旅游审美感受的复合体，而不应当单单是邮轮旅游审美感受。尽管在具体的邮轮旅游审美体验中，邮轮旅游审美主体运用的本质力量主要是精神感觉力量而非实践感觉力量，邮轮旅游审美体验活动主要表现为精神活动而非实践活动，邮轮旅游审美体验的实践或行为也是不可或缺的。更何况，邮轮旅游审美体验活动也是一种人为活动，本身就意味着实践或行为。邮轮旅游审美体验是"邮轮旅游审美实践和邮轮旅游审美感受的复合体"，从这个意义上讲，邮轮旅游审美体验似乎与邮轮旅游审美没有什么区别，其实不然。邮轮旅游审美这一概念主、客、关系三者并重，是对三者相互作用所形成的一种审美形态的概括；而邮轮旅游审美体验这一概念重在邮轮旅游审美主体，是对邮轮旅游审美主体审美过程的概括，这是其一。其二，邮轮旅游审美这一概念并未刻意突出邮轮旅游审美的体验心理，而邮轮旅游审美体验这一概念则以邮轮旅游审美体验心理为重心。

（三）邮轮旅游审美体验的过程

邮轮旅游审美体验是邮轮旅游审美体验心理和邮轮旅游审美体验行为的复合，邮轮旅游审美体验的过程主要是这两种现象的交互作用过程。

邮轮旅游审美体验心理包括邮轮旅游者的审美感知、审美想象、审美理解、审美情感等审美感受心理和邮轮旅游者的审美观念、审美能力、审美理想、审美趣味、审美需要、审美动机等审美个性心理。由于无论是审美观念、审美理想抑或是审美能力都要通过具体的审美感受心理过程才能得以体现，所以在整个邮轮旅游审美心理活动中，邮轮旅游审美感受心理处于核心地位。

（1）感知因素。审美感知过程，是审美主体对审美对象产生感觉，进而对审美对象产生知觉、形成记忆表象的过程。

审美感觉，是审美对象的个别的（而不是一般的）现象（而不是本质）、特征或属性在审美主体头脑中的零散反映。它是通过感官与对象的直接接触完成的。人的耳、眼、鼻、舌、身和大脑神经系统专门组成了听、视、嗅、味的感官分析器官，接受和传达外界各种信息。当我们受到某种色彩、声音、线条、质地刺激时，会产生愉快的情绪。

（2）想象因素。想象是审美主体在直接观照审美对象的基础上，调动过去的表象积累，丰富、完善对象和创造新对象的心理过程。在邮轮审美活动中，审

72

美主体直接感受想象时，并不以机械消极的感受为满足，而总是积极地调动关于审美对象的记忆表象，按照主体的审美理想，遵循接近、类似、对比等规律展开联想，或融理解、情感于表象之中再现表象，或对表象进行加工制作，从而充实和丰富审美形象，或制造新的审美形象（意象）。审美想象作为高级的审美心理，始终以知觉印象或记忆表象为前提展开活动，以审美意象的形成为活动目标。它是审美欣赏和审美创造的关键因素。审美想象包括知觉性想象、再现性想象和创造性想象。

知觉性想象，指伴随审美知觉的审美想象。它表现为在直接把握对象形式结构的活动中展开联想，即充实、扩展知觉经验，或赋予知觉经验以新意，形成审美表象。知觉性审美想象的一个重要特点就是牵动主体情感的外移。再现性想象，指再现记忆表象的审美想象。它常常借助语言描述和非语言描绘（图样、图解、符号等）在头脑中形成审美表象。它的基本趋向是最大限度地恢复、复现原来的记忆表象。通过复现，原来伴随对象形式的情感也将会或多或少地再现出来。

（3）理解因素。审美理解，是邮轮审美主体把握审美对象内部联系或本质的思维过程。马克思主义实践美学积极地肯定了理解在审美意识活动中的作用，认为理解是一种心理活动，是美感中不可缺少的要素。因为"感觉到了的东西，我们不能立刻理解它，只有理解了的东西才能更深刻地感觉"。但由于理解的深浅程度不同，往往会形成不同的层次或水平。

第一层次是能够理解现实状态与虚幻状态的区别，即把现实生活中的事件、情节和感情与审美或艺术中的事件、情节和感情区别开来。只有清楚地意识到艺术世界之"虚"与现实世界之"实"的分别，才能在热情中保持冷静，以一种寂然凝重的审美观照态度，从容而自由地进行审美欣赏和情感体验。

第二层次是能够理解审美形象（特别是艺术形象）之内容，就是对于审美对象的题材、人物、典故、背景、情节、符号、意义、技巧、程式等项目的理解。

第三层次是深层内在的理解，是对融合在形式中的意味的直观性把握。

（4）情感因素。情感是人对客观现实的一种特殊的心理反应。邮轮审美情感是审美主体即邮轮游客对审美对象即邮轮的肯定的情绪和感情。它不同于审美的感觉、知觉、记忆、思维等心理活动，因为它是对审美对象即邮轮与审美主体即邮轮游客之间的某种关系的反映，而不是对客观事物本身的一种反映、认识活动。邮轮旅游审美中的情感因素主要体现在壮美感和优美感两种美感形态之中。

三、邮轮求知文化体验

（一）邮轮旅游求知体验

邮轮旅游求知是人们求知的重要途径，这一途径是邮轮旅游者开辟出来的。好奇心和求知欲能够直接推动人们外出邮轮旅游，却不能自动开辟邮轮旅游求知这一途径，"心想事成"只是人们的一种美好愿望。邮轮旅游求知这一途径的开辟，要靠邮轮旅游者"以身体之，以心验之"才行。所以，邮轮旅游求知体验实际是邮轮旅游者邮轮旅游求知的实践与体会过程。邮轮旅游求知体验的特点是就大多数邮轮旅游者而言的一些以求知为主要目的的知识型邮轮旅游者，其邮轮旅游求知体验与读书求知体验较为相近，只是实践性更为突出，正所谓"纸上得来终觉浅，绝知此事要躬行"，这些知识性邮轮旅游者虽然具有典型性，但人数少，代表性差。

（二）邮轮旅游求知体验的过程

1. 邮轮旅游求知体验的心理过程

邮轮旅游求知体验的心理过程，包括邮轮旅游者对体验对象的认知过程。《美国传统词典》对认知（Cognition）的解释是："认知是一种思想过程或认识才能，包括意识、感知、推理和判断诸方面，或通过感知、推理或直觉而知道的事物。由此可以想见，认知体验实际上是一个感知、知觉、意识和推理并最终形成认识判断这样一种知识获得的体验过程。"这里的"意识"与感觉、知觉、推理、判断并列，应指记忆、想象诸心理环节；这里的推理、判断，属于我们通常所说的思维环节。

邮轮旅游认知对象一旦进入邮轮旅游者的感觉范围，便直接作用于邮轮旅游者的外部感觉器官，引起邮轮旅游者的感官反映，在邮轮旅游者脑中形成了对该邮轮旅游现象的个别属性的印象，这一过程便是邮轮旅游认知体验的感觉过程。

经验告诉我们，感知过的邮轮旅游事物、情感、行为等所形成的印象，都能以经验的形式或长或短在头脑中记识、保持一段时间，并在一定的条件下被激活，重新再现出来。这个记忆、保持与再现的过程就是邮轮旅游认知体验的记忆过程。记忆对邮轮旅游认知体验具有十分重要的作用。由于有了记忆的心理活动，邮轮旅游者就可以把感知过的经验积累起来，为进一步认知提供依据，从而加深认知体验的过程。

2. 邮轮旅游求知体验的行为方式

邮轮旅游求知体验行为是邮轮旅游求知体验心理的外化。邮轮旅游求知体验的行为方法有很多，其典型的方式当数观光、游学和探险。所谓的观光邮轮旅游、考察邮轮旅游、探险邮轮旅游，从行为的角度看，其实也是按行为方式划分的。

（1）观光。中世纪以来，观光之旅渐成大宗，有自然观光、城市观光、乡村观光、名胜古迹观光、生态观光等多种形式。观光既是邮轮旅游求知体验的行为方式，也是邮轮旅游审美体验、邮轮旅游交往体验等多种邮轮旅游体验的行为方式。邮轮旅游的观光不仅仅有邮轮上的观光，更重要的是岸上的观光。

（2）探险。按照一般的解释，探险是指到从来没人去过或很少有人去过的风险之地进行考察。从这个意义上讲，探险亦属考察。其实，探险并不局限于考察。考察是出于好奇心和求知欲，而探险除了好奇与求知外，更多的是出于实现自我。作为一种邮轮旅游方式，探险式的邮轮旅游是一些富于冒险精神的人的旅行游览行为。它分为两类，即猎奇性探险和科学考察性探险。前者的目的是为了寻求新奇感、满足好奇心，完全是邮轮旅游者的行为；后者的目的是获得资料、探明真相，集考察者与邮轮旅游者行为于一身，比如各大邮轮公司推出的邮轮南极探险游。

（三）邮轮旅游求知体验的类型

1. 对自然的认知体验

大自然是人类的老师，人类应当向大自然学习，这已是求知邮轮旅游者学习自然的主体对客体的能动反应。邮轮旅游主体对客体的反应是多种多样的大自然的伟大与神秘，认为大自然能开阔眼界、展拓胸襟，这是邮轮旅游主体自然的共同认知。

（1）伟大与神秘的自然力量是巨大的，奥秘是无穷的。自然的这种客观属性必然反映在人的头脑中，产生伟大与神秘之感。以至于种种关于自然伟大说、自然奥秘的神话流传不绝，汗牛充栋。邮轮旅游者身临其境，得以亲近自然，又耳闻目睹这些神话传说，自然的伟大与神秘之感尤为深刻。

（2）开阔眼界与展拓胸襟。邮轮旅游者认为大自然伟大而神秘，这是事实判断；邮轮旅游者认为大自然能开阔眼界与展拓胸襟，这是价值判断。事实判断与价值判断往往如影随形，人们在探寻事物真相时也有追寻事物的意义，邮轮旅游者尤其如此。

2. 对文化的认知体验

（1）文化震惊与文化反思。"文化震惊"系由"Culture Shock"翻译而来，也有译为"文化冲击""文化休克""文化震荡"的。文化震惊的定义有多种，日本学者星野命苦在总结了大量观点的基础之上认为："文化震惊一般来说指的是一个人在接触与自己的文化所具有的生活方式、行为规范、人际关系、价值观或多或少不相同的文化时，最初所产生的感情上的冲击和认知上的不一致。"显然，文化震惊既是一个情感问题，也是一个认知问题。文化震惊是邮轮旅游者在进行跨文化邮轮旅游时常有的心理体验。我国邮轮旅游者对他国、他民族的文化感到震惊，他国、他地区的邮轮旅游者也对我国的一些文化现象感到惊奇。

实际上，每一位邮轮旅游者面对目的地异质文化时，都会体验到这样或那样的文化冲击与震惊。这是因为，他眼前的陌生文化与所熟悉的本土文化差别巨大，令人瞠目结舌；以往运用自如的社会技能、行为规范在异质文化的环境中失去了作用，令人不知所措。也正是由于这一点，在异质文化环境中，邮轮旅游者才会有新的发现和新的感受。

文化震惊也译作文化惊厥。由震惊而昏厥的并不多见，倒是震惊之余，常常引发文化反思。所谓文化反思，一般是指对自己文化的反观、思考。跨文化邮轮旅游中的文化反思则不局限于自己的文化。因为这种文化反思是由主客体文化碰撞引发的，这就决定了反思的对象既有主体文化，也有客体文化。

（2）文化认证与文化认同。由于邮轮旅游客体文化特质不同，邮轮旅游主体文化背景不同，邮轮旅游者在跨文化旅游中，必然面临两种文化的比较，形成对文化的认证和认同。

文化认证亦即对文化，特别是自己文化身份的确认与证实。现代邮轮旅游是一种对自然和人文环境的复杂消费行为，受到邮轮旅游经营者创造的社会模式和生活文化的影响，邮轮旅游者会明显感觉到自己的角色扮演和生活转换。借助于时空的转移，借助于目的地场景和当地人的态度，邮轮旅游者能迅速确认自己的文化身份。例如，久居国内的中国人，在国内时对自己的文化身份未必在意，一旦走出国门邮轮旅游，其衣着、行李、言谈、举止引起目的地人们的注意，他便要检讨自身何以如此。检讨的结果往往归因于"我是中国人"，自己的文化身份由此得以主证。邮轮旅游归来，与朋友和同事谈起自己的邮轮旅游经历时，也常常感慨"十里不同风，百里不同俗"，表现出很强的文化差异感。这种文化差异感也反映出邮轮旅游者对文化身份的认证。

在邮轮旅游的时空转移中，邮轮旅游者总是处在一种不断的文化认证之中。一方面，邮轮旅游者面对陌生的异域文化，要求自己做出判断、做出选择；另一方面，陌生的异域文化又牵引他们面对自己的文化，要求他们对自己的文化做出比较、做出判断。在此双重的面对之中，邮轮旅游者的文化认证往往畸变成为一种古怪的组合，既非纯粹的自己，也非纯粹的他者。当其获得优势认证时，他们会膨胀自己原有的文化身份；而当其获得劣势认证时，他们则会否定自己原有的文化身份。

文化认同会加深邮轮旅游者对自我文化的认知。在人文景观中，装修设计具有非常重要的地位，一般都能从物质和观念两个方面体现一定文化的独特意蕴。通过对装修设计风格的比较以及观察它们与周围环境的关系，游客可以很快地把握异文化与本文化的差异，从而对异文化的特性留下深刻的印象，对本文化的认识进一步增强。例如，雅典帕特农神庙的和谐与平衡、巴黎圣母院富于变化的轻灵与挺拔，使北京故宫的稳重与庄严在我们的横向比较中凸显出来。又如，在欧洲的园林中，建筑、宫殿居于中心，精心布置的花木、雕塑等簇拥于周围，表现出很强的人的创造力与对环境的控制力。而在日本的园林中，建筑、庭院讲究与周围的环境平衡协调，俨然有序，精细整洁，反映出日本文化中人工与自然并存的基本观念。漫步于中国的园林，环境和建筑浑然一体，看不出任何人为的痕迹和控制的感觉，体现出中国文化崇尚天道自然的哲学理念。人们在类似的比较中，会对熟视无睹的本文化中的许多特性有所认识。

对本文化的一系列观照是在与其他异文化的比较之下实现的。这个实现的前提就是对异文化的直接感触和吸收。所以，邮轮旅游之于文化的观照，首先是对异文化的观照。但是因其不可能进入异文化太深，而且捕获的文化因素在没有经过内省前，其感受通常是肤浅的。在大多数邮轮旅游者身上基本上都转变成一种见识，而不是知识。由这些见识而进一步获得文化认同和反省，应是邮轮旅游者最大的收获。

四、邮轮交往文化体验

邮轮旅游是一种社会性的活动，在邮轮旅游活动中，人与人的交往是不可缺少的。有邮轮旅游交往，必有邮轮旅游交往体验。邮轮旅游交往体验同邮轮旅游审美体验、邮轮旅游求知体验一起构成邮轮旅游活动中真、善、美三大体验的不同侧面。邮轮旅游交往体验内容丰富，本节主要探讨以下三个问题：邮轮旅游交往与邮轮旅游交往体验的关系；邮轮旅游交往体验的一般过程；邮轮旅游交往体验的类型差异。

（一）邮轮旅游交往与邮轮旅游交往体验

1. 邮轮旅游交往

交往是相互往来的意思，人际交往是人际关系形成的前提。从形式上看，邮轮旅游交往是一种暂时性的、个人间的、非正式的平行往来，也就是说，邮轮旅游交往在时间上起于邮轮旅游过程的开始，终于邮轮旅游过程的结束，一般不会向这两极之外延伸。即使延伸，那时也不属于邮轮旅游交往，只能看作是邮轮旅游的准备或邮轮旅游交往的效应在邮轮旅游交往期间，由于对象一般是脱离了原社会系统职能约束的平等的旅伴交易者或东道国居民，所以彼此的沟通多为平行的方式，并以感情上的沟通物品交易为主要内容，当然也就没有组织规范的严格约束。

从邮轮旅游者的角度看，邮轮旅游交往主要有三类：一是邮轮旅游者与邮轮旅游业服务者的交往；二是邮轮旅游者与目的地居民的交往；三是邮轮旅游者与邮轮旅游者的交往。

邮轮旅游者与服务者的交往在性质上是一种契约关系，一般通过金钱、商品、服务的交换得以建立，因此这种交往在目的上总是体现为一方想卖出商品和服务，而另一方想买进商品和服务。邮轮旅游者与目的地居民的交往是通过邮轮旅游者对邮轮旅游目的地的访问而实现的，其性质多数属于邂逅，目的在于相互之间增进了解、寻求对彼此文化的了解，有时也会有想要影响对方的生活方式或情愿接受影响的情况。

2. 邮轮旅游交往体验

邮轮旅游交往是邮轮旅游过程中双方乃至多方的互动，包括交往者、交往途径、交往内容、交往性质等，是一种综合性的现象。较之邮轮旅游交往，邮轮旅游交往体验的内涵相对单一，属于邮轮旅游交往中的交往者范畴。它反映的是邮轮旅游交往的动态过程，特别是邮轮旅游交往的心理过程。邮轮旅游交往是交往双方乃至多方的互动，因此，邮轮旅游交往体验就不会只是交往一方的体验。邮轮旅游者有邮轮旅游者的邮轮旅游交往体验。本节是从邮轮旅游者的角度谈邮轮旅游交往体验的，所以，本节的邮轮旅游交往体验是指邮轮旅游者对邮轮旅游交往的参与和感受过程。体验的主体是邮轮旅游者；体验的对象既有邮轮旅游服务人员、邮轮旅游地居民，也有邮轮旅游交往和邮轮旅游者本身；体验过程既包括体验心理，也包括体验行为。

邮轮旅游交往体验源于邮轮旅游交往。邮轮旅游交往的短暂性、自由性和广泛性，决定了邮轮旅游交往体验往往泛泛而不深刻、随意而不刻板。在邮轮旅游世界里，大家萍水相逢，不过数日便分散四方，很难留下深刻、永久的印象；交往各方自由互动，不必严格遵循交往礼仪，多了份随意，少了些约束。

邮轮旅游交往体验受到诸多因素的影响。交往频率越高、交往距离越短、交往各方共同点越多、互补性越强，交往体验也越深刻，交往对象及交往者的个性也对邮轮旅游交往体验有重大影响。

（二）邮轮旅游交往体验的心理历程

邮轮旅游交往体验心理的构成主要有三种成分：一是认知成分，即邮轮旅游者对邮轮旅游交往及交往对象的认识与评价。二是情感成分，即邮轮旅游者对邮轮旅游交往及交往对象的喜爱与厌恶，如是否乐于交往、是否喜欢交往对象。三是意志成分，即邮轮旅游者对邮轮旅游交往及交往对象的努力程度，如是否坚持交往、是否放弃交往对象。三种成分共同构成了错综复杂的邮轮旅游交往体验心理。由于交往主、客体的不同，交往情境的不同，旅游交往体验的心理需求虽然一样，邮轮旅游交往体验的心理历程却不尽相同。就邮轮交往而言，邮轮旅游交往体验心理一般要经历试探、定向、深入、尾声四个阶段。

1. 试探阶段

面对面接触后，由于对对方一无所知或知之甚少，邮轮旅游者常常会感到拘谨尴尬，普遍怀有一种试探心理，力图探明对方的基本情况。

试探从直接到间接，形式多样；从心理到所有物，内容广泛。作为一种心理现象，试探具有投石问路和自我保护的双重功能。通过试探，邮轮旅游者获得了与对象有关的信息，从而为建立第一印象奠定了基础；同时，通过试探，旅游者在交往伊始即知进退，将尴尬减到最低，有效地保护了自我。

在试探阶段，邮轮旅游者常常谨小慎微、注重礼节。既希望给对方留下良好的第一印象，也希望得到对方的足够尊重。如果产生挫败感或认为没有得到对方的尊重，交往可能由此夭折；如果交往有可能继续下去则进入定向阶段。

2. 定向阶段

定向即确定行为方向。定向阶段主要解决如何进一步交往的问题。经过试探阶段，邮轮旅游者对交往对象已有初步的了解。如果感到有必要而且有可能交往下去，邮轮旅游者往往要考虑以下问题：面对这样的交往对象，该如何跟他

（她）交往；同这样的人交往，应该达到什么程度；首先要争取的目标是什么，如何才能达到这一目标；交往中可能出现哪些问题，如何解决这些问题；自己尤其要注意哪些细节，如何处理这些细节；等等。由于各人的交往经验、个性倾向、思维方式、处事原则、交往目的等并不相同，人们在考虑这些问题时，有深浅之别、广狭之异、粗细之分，重视程度却不相上下。

3. 深入阶段

深入阶段是邮轮旅游交往体验心理的全方位展开阶段。随着交往方向的确定，交往双方开始进行实质性的交往，或交流情感，或交流信息，或交换实物，或交换劳动。实质性的交往行为，使邮轮旅游者的邮轮旅游交往体验心理较前两个阶段深刻而广泛。认识活动更加深入，情感活动更加丰富，意志活动更加活跃，个性逐渐显露，感受渐趋复杂。在邮轮旅游交往体验心理的深入阶段，情感体验和利益体验尤为突出。

4. 尾声阶段

天下没有不散的筵席。邮轮旅游交往是短暂的，不管是交好还是交恶，终归告一段落。随着邮轮旅游交往行为的结束，邮轮旅游交往体验心理也进入尾声阶段。

五、邮轮情感文化体验

邮轮旅游文化的突出特征是有情感性。邮轮旅游文化的情感性特征集中表现在旅游文化中的情感体验上。邮轮旅游者的邮轮旅游情感体验充斥于整个邮轮旅游体验之中，邮轮旅游情感体验是认识邮轮旅游文化，特别是邮轮旅游体验文化的一把钥匙。

（一）邮轮旅游情感

邮轮旅游者在邮轮旅游体验中，不但认识了周围的事物，而且会产生某种情绪和恩情。邮轮旅游者在邮轮旅游体验过程中出现高兴、悲伤、害怕、恐惧、喜悦、苦恼等各种形式的情绪和感情，统称旅游情感。

邮轮旅游情绪一般指与邮轮旅游者生理需要相联系的较低级情感。邮轮旅游情绪按程度划分为邮轮旅游心境、邮轮旅游热情和邮轮旅游激情三种。邮轮旅游心境即邮轮旅游的心情，是一种比较微弱、平静又持久的情绪状态。

（二）邮轮旅游情感体验

流行的观点认为，情感是人对客观事物所持态度的体验。所以，人们在界定情感时常常把情感和情感体验混为一谈。其实，情感与情感体验是有区别的。情感是心理要素，是情绪、感情本身；情感体验是心理活动过程，包括由情感引起的认识、情感、意志等过程。情感体验是指向情感并由情感的刺激引起的，从这个意义上讲，情感是情感体验的对象或刺激物；情感体验过程中又会产生新的情感，从这个意义上讲，情感又是情感体验的结果。但此情感已非彼情感，相对于体验对象的情感而言，此情感属于派生情感。另外，体验必然包括认知过程，没有对对象的认知，也就无所谓体验；而情感有时是隐藏在潜意识中的，并不为情感主体所知晓，不为主体所知晓的情感怎能称为情感体验呢？显然，情感不同于情感体验。

（三）邮轮旅游情感体验的形式

邮轮旅游情感体验是邮轮旅游者对情感的认识与反应过程。邮轮旅游者对情感的认识是由情感刺激引起的，是邮轮旅游者对情感的能动反应；邮轮旅游者对情感的反应也是由情感刺激引起的，是邮轮旅游者对情感的身心回应。显然，从形式上看，邮轮旅游情感体验过程也是心灵交流特别是情感交流过程。情感交流包括自我情感交流、人我情感交流和物我情感交流。不管是自我情感交流、人我情感交流还是物我情感交流，都存在着情感交融和情感冲突两种情况。

1. 情感交融

情感交融是一种相合的情感交流。在邮轮旅游体验活动中，这种情感交流往往呈现出感动、移情、共鸣三种情况。

2. 情感冲突

情感冲突是一种相逆的情感交流。从日常生活中我们发现，人有一见如故成知己者，也有瞬间反目成仇者。一般说来，情感冲突是认知相左、利益相争、情感相异的结果，人我或物我情感冲突主要有抵触、回避和抗拒三种情况。

抵触是一种低度的情感冲突。表现为交往的一方把交往视为一种负担，在心理上形成一种压力，并伴随交往活动而产生一种不情愿的情绪体验。人际关系的恶化始于冷漠，冷漠缘于情感抵触。在这种情况下，邮轮旅游者不但对交往对象持漠不关心的消极态度，严重时甚至表现为一种否定性的评价和行为。如对交往对象注意力的转移，不断故意扩大与其的心理距离，不愿意与对方进行交往、沟通和情感联系；迫不得已的交往也是出于纯粹的客套和应酬，或者是心不在焉，一副事不关己、高高挂起的旁观者姿态。交往虽在继续，其内心深处却不愿再交往下去了。

回避是一种中度的情感冲突。表现为交往者在抵触情绪体验的基础上，进而产生一种对交往双方人际关系的厌恶反感情绪。人际关系的恶化是从冷漠开始的，再进一步恶化，则是疏远，而疏远的情感形式就是回避。在这种情况下，双方又回到了原来的交往位置，形成了一种远离的状态，或零接触状态。所不同的是，这时并不是双方互不认识，而是一方刻意不予理睬另一方。

抗拒是一种高度的情感冲突。主要表现为交往者在厌恶反感情绪体验的基础上，进而产生一种对交往对方及交往活动的憎恨、仇视情绪。在这种情况下，交往者不仅把相互间的接触视为一种强加给他的额外负担，感到烦恼、憎恨、仇视，而且让这种憎恨、仇视情绪来指导自己的行动——终止人际间情感冲突的加剧，一般都是从抵触开始，经过回避的恶性发展，进而出现情感冲突，可能是自然地形成的，但更多的情形是人为造成的。

（四）邮轮旅游情感体验的内容

邮轮旅游情感体验的对象是情感。作为邮轮旅游体验对象的情感，主要是来自他人和自我。所以，邮轮旅游情感体验的内容主要包括两大类：对他人情感的体验和对自我情感的体验。邮轮旅游情感体验中，也有对物的情感体验。物本无情，物有情感是来自人的情感的投射，对物的情感体验可纳入对他人或自我的情感体验。

1. 对他人情感的体验

邮轮旅游情感体验是邮轮旅游者对情感的体验，体验是自己的，所体验的情感却可以是他人的。邮轮旅游者在邮轮旅游活动中体验到的他人情感主要来自两个方面：一是来自他乡，二是来自故国。

2. 对自我情感的体验

邮轮旅游者对他人情感的体验，会激起邮轮旅游者产生新的情感，这种情感属于旅游者，当这种情感被邮轮旅游者本人认识并引发邮轮旅游者产生一系列身心反应时，邮轮旅游者对他人情感的体验便转为人对自我情感的体验。邮轮旅游者对自我情感的体验是多种多样的，从空间的角度看，既有对他乡的向往，也有对故国的眷恋；从时间的角度看，既有对过往的思念，又有对现实的情怀；从自我的角度看，既有对自身的感怀，又有对众生的悲悯。

邮轮体验文化的形成和发展是主客观条件相互作用的结果。主观上，旅游主体是一定文化的负载者，在人类求新、求异、求奇的心理内驱力的推动之下，对于异质文化具有强烈的憧憬和向往。旅游者在前往异质文化区域旅游的过程中会对所接触的文化进行借鉴和取舍，进而丰富和发展旅游体验文化的内容。客观上，旅游主体所面对的各种对象物，无论是自然景观，还是人文景观，都因具有相当的异质文化成分而对旅游主体造成某种刺激，激发起旅游者的旅游需求和动机，最终吸引旅游者前来旅游和体验。然而，旅游体验文化毕竟是一种主观的文化行为，旅游体验文化建设的关键在于旅游主体自我意识的觉醒。因此，旅游者个人文化修养的增强、旅游鉴赏能力的提高和旅游观念的更新在旅游体验文化建设中具有重要的地位和作用。当然，旅游体验文化的建设不仅是旅游者的责任，也是全社会的责任，需要全社会的参与和扶持。

本章阅读案例：

公主邮轮为中国市场呈现全新高端邮轮体验①

2014年2月19日，作为全球第三大邮轮公司，公主邮轮举办的"公主礼遇点亮旅程"体验之旅在上海华丽登场，为中国市场呈现公主礼遇这一全新高端邮轮体验。2014年5月，公主邮轮将正式开启首个中国航季；届时，公主邮轮带来的公主礼遇将为中国乘客提供量身打造的专属服务与特色项目，致力于提升和丰富他们的航行体验，点亮全新旅程。公主邮轮主厨阿尔弗雷多·马尔齐与蓝宝石公主号船长尼克·卡尔顿亲临现场，与嘉宾们分享了他们在公主邮轮上被点亮的美妙瞬间。

一、公主礼遇，为中国乘客量身打造全新高端邮轮体验

作为全球领先的国际邮轮公司，公主邮轮成立近50年来不断推出业界领先的创新举措。为了令品位日益提升的中国游客拥有优质和舒适的邮轮体验，公主邮轮针对中国游客进行了广泛调研。调研发现，中国游客并不是只想放松身心——他们具有探险精神，希望在旅行中体验新事物、增长见识。

公主邮轮中国区总经理王萍表示："我们通过调研发现，中国游客在旅行中

① 资料来源：新浪旅游（http://travel.sina.com.cn/world/2014-02-21/100€249342.shtml）。

非常看重精美丰盛的美食、充实生活及丰富自我。我们相信，'公主礼遇'中量身定制的顶级美食及臻致我心课程一定能为中国游客提供独一无二的邮轮体验，让他们在旅途中不断收获惊喜和感动，创造精彩动人的海上旅程。"

二、优雅时刻，点亮难忘旅程

按照航海传统，每当有新的邮轮加入公主船队，公主邮轮都会精心挑选一位教母来主持下水命名仪式。在公主邮轮的教母史册上，不乏各个领域的代表性人物，比如深受爱戴的女演员奥黛丽·赫本、威尔士王妃戴安娜以及新近加入的剑桥公爵夫人凯特·米德尔顿。公主邮轮教母高贵优雅的气质不仅风靡了世界，也启发了公主邮轮尊贵的公主礼遇。

公主礼遇是公主邮轮为乘客度身定制的专属服务和特色项目，在经验丰富、服务周到的船员的悉心照顾下，激发丰富的航行体验。除了来自全球航线的国际化邮轮体验，公主邮轮还将在以中国为母港的蓝宝石公主号上提供独具特色的文化、美食、娱乐以及各种令人振奋的项目，其中包括世界领导人晚宴、传统英式下午茶、极致海景阳台用餐、中国唯一的 24 小时海上自助餐、海上日出太极与尊巴舞健身系列课堂、"公主之夜"睡眠体验以及无与伦比的购物体验等。为了满足多代同堂乘客的需求，公主邮轮还推出了臻致我心课程，包括礼仪格调、顶级葡萄酒品鉴之旅等，以及特色主题课程及亲子课程。

公主邮轮主厨阿尔弗雷多·马尔齐表示："蓝宝石公主号特别打造了一系列种类丰富的中西方顶级美味佳肴，包括为中国乘客量身定制的世界领导人晚宴。我们相信，蓝宝石公主号的餐饮服务团队将烹制各式精致菜肴，点亮中国乘客的海上之旅，留下难忘的美食回忆。"

世界领导人晚宴甄选自世界顶级名厨打造的全球知名国宴，并由公主邮轮改良创新而成，是公主邮轮在中国市场上的首创。此次公主礼遇体验之旅的晚宴则源自 2011 年 1 月 9 日时任美国总统奥巴马及其夫人在白宫宴请时任主席胡锦涛时的国宴菜单。

三、中国航线正式开售，公主礼遇触手可及

蓝宝石公主号 2014 年中国航季船票已正式开售。在为期 104 天的航季中，蓝宝石公主号将为中国市场提供历时 3 到 5 天的 24 个航次，带领中国游客前往韩国和日本的多个著名旅游城市。蓝宝石公主号排水量为 11.6 万吨，可搭载

2670 名乘客。这艘邮轮全长 952 英尺，有 18 层甲板以及 28 个带有私家阳台的顶级套房。蓝宝石公主号邮轮上各种设施一应俱全，其中包括赌场、免税商店、健身与水疗中心、运动甲板、儿童及青少年中心、图书馆、网吧、艺术画廊、高尔夫球场以及其他特色设施。

关于公主邮轮：

作为全球最知名的国际邮轮公司之一，公主邮轮拥有以创新设计闻名的 17 艘现代邮轮，提供餐饮、娱乐、休闲设施等方面的卓越顾客服务。身居全球邮轮业领导品牌的公主邮轮每年载客量达 170 万人次，提供 3～111 天往来世界各地的邮轮行程。公主邮轮隶属嘉年华集团。

思考题：如何提升我国邮轮游客的旅游体验？

第四章　邮轮旅游消费文化

导入案例：

国内人均 GDP 过万美元，邮轮旅游产业可期①

年关将至，多家旅行社春节邮轮的舱房都售罄了。

随着中国人均 GDP 超过 1 万美元，人们的消费观念进一步提升，邮轮这一集吃、喝、住、行、玩乐为一体的"海上移动城市"，正在快速渗透到中国旅游市场，"在邮轮上过年"更成为近两年的新风尚。

20 世纪 90 年代初，亚洲首个邮轮品牌丽星邮轮进入中国，邮轮旅游 20 多年间在中国从萌芽、快速发展、调整到现在，进入了一个深度体验期，也对市场各方提出了新的要求。

从邮轮港口、邮轮制造到邮轮服务、旅行社等，邮轮公司在产业链中的作用至关重要。与丽星邮轮同属云顶集团旗下的星梦邮轮方面表示，2021 年初，将在中国市场投放一艘超过 20 万吨的超级巨轮"环球梦号"，届时将成为中国市场最大的邮轮。

距春节没几天了，小陶打算给家人报一个邮轮旅游。但咨询了好几家旅行社后发现，没有合适的舱位了。

---

① 资料来源：《21 世纪经济报道》。

在广州一家旅行社工作的于女士表示，"2021 年邮轮旅游会比之前更热门，大家都渐渐了解邮轮旅游了，并且很多老年人都喜欢这种旅游，因为不累"。

她介绍，春节时，短航线是中国邮轮游客的主要选择，大部分游客选择四至六晚的邮轮航线。一般一人只要两三千元，国内母港出发的邮轮一般前往日本、越南和菲律宾，2021 年还要增加韩国航线。

这两年也有不少游客选择长航线。比如前来咨询于女士的一些客户就很向往南极、北极的航线，这类航线较贵，价格在数万至十几万元不等。

于女士说，春节期间邮轮舱房紧俏，"价格会比平时高，越早订越便宜，春节航次一般都是提前预订的，在 2020 年 10 月、11 月就开始预订了，现在都是售罄状态，现在来订的只能看有没有人临时调舱"。

从春节到平时的节假日，已经有越来越多的人选择邮轮旅游。

星梦邮轮市场部高级副总裁李凤霞认为，邮轮可以说是一个"移动的城市"，人们登上邮轮，不仅是为了前往另一个国家、另一片疆域，更重要的是在与陆地上不同的场景下获得一段独一无二的美好体验。

星梦邮轮的一组调查数据显示，2019 年，有超过 200 万中国旅客选择搭乘邮轮出境旅行。在过去 10 年，邮轮旅游在中国的渗透率从 2009 年的 0.003% 上升到 2018 年的 0.16%。

这意味着，中国邮轮旅客规模在过去 10 年以超过 40% 的年复合增长率飞速增长，中国已经是全球第二大邮轮消费国。

另据国际邮轮协会（CLIA）消费者调查报告，2018 年全球邮轮游客量达到 2850 万人次，同比增长 7%，全球邮轮游客数量前五名的国家分别是美国、中国、德国、英国和澳大利亚。

国际邮轮市场的发展经验已经表明，人均 GDP 达到 5000 美元时，邮轮市场开始起步发展；人均 GDP 达到 10000~40000 美元时，邮轮市场将会快速发展。

以目前全球最大的北美为例，北美邮轮市场的渗透率在 1980 年是 0.6%，发展至 2021 年是 3.6%，旅客人数在 2018 年达到了 1424 万。这背后的经济基础是 1978 年，美国人均 GDP 超过 10000 美元，有越来越多的具备一定经济实力的中产阶级消费人群出现，邮轮旅游以其自身的独特优势顺势成为他们绝佳的休闲旅游选择。

2020 年 1 月 19 日，国家发展和改革委员会举行新闻发布会介绍 2019 年宏观经济运行情况。2019 年，国内经济总量（GDP）的增速为 6.1%，人均 GDP 突破 10000 美元，迈入中等收入国家行列。

国家发展改革委员会新闻发言人孟玮表示，"这个数据标志着我国综合国力的增强、社会生产力的提升和人民生活水平的提高，标志着我国向高收入国家又迈出了坚实的一步"。

中国有庞大的中产阶层人群，他们的消费模式早已不局限于商品，而是寻求独一无二的体验。而邮轮旅游作为一种独特的休闲度假体验模式，将成为个人、家庭、团体出游的新风尚，受到越来越多中产阶级的青睐，邮轮经济将在中国迎来新一轮的爆发。

2020 年全国文化和旅游厅局长会议上提出的十大任务中，明确提到要推动邮轮旅游的发展。

以海南为例，2020 年底，海南省商务厅相关负责人就表示，将通过招商建设邮轮游艇经济等一批大型旅游消费项目，丰富旅游消费供给。其中，作为旅游胜地三亚已在加快邮轮旅游中心的建设。

对邮轮公司来说，为了迎接渐趋庞大的旅客人群，在邮轮产品打造上，他们也必将迎合需求融入更多的场景设计，让那些为体验而来的消费者获得真正难忘的邮轮体验。

思考题：疫情过后，我国邮轮旅游市场发展趋势如何？

第一节　邮轮文化认知与消费理念

一、邮轮文化认知

（一）认知及认知过程

"认知"通常是心理学界使用的术语，是人意识的集中体现，同时对人的情绪、行为具有调节作用。一般可以分为广义认知和狭义认知，广义认知基本等同于"认识"，即个体通过感觉、知觉、表象、想象、记忆、思维等形式，把握客观事物性质和规律。狭义认知与"记忆"的含义基本相同，指个体将获取的信息进行加工、贮存和提取的过程。

认知过程是一个由信息的获得、编码、贮存、提取和使用等一系列连续的认知操作阶段组成的按一定程序进行信息加工的系统（见图4-1）。

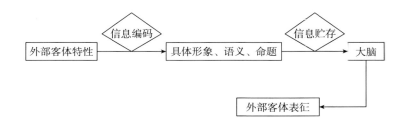

图4-1　认知过程

资料来源：Rober L. Solso. 认知心理学［M］. 北京：机械工业出版社，2010.

（二）邮轮文化认知

邮轮文化认知即公众通过自我意识对邮轮文化所包含的一系列内容认识和理解的心理过程。若游客接受邮轮文化，则会对邮轮文化已知的明显特征产生反应。邮轮外观、邮轮上的餐饮、游程周期、航线及航行途中的景观等都可能引起游客联想和情感上的感知，该感知将很大程度地影响游客的决策判断。

二、认知理解障碍与提升

（一）我国邮轮旅游者对邮轮文化的认知障碍内容表现

1. 精神性邮轮文化认知理解障碍

精神性邮轮文化是邮轮文化的核心，对这个层面邮轮文化的认知理解障碍对其他层面的认知理解障碍有一定的影响。这种障碍主要表现在以下方面：①对邮轮的休闲文化和"慢生活"认知不足。邮轮的产业领域从当初的邮政业务华丽转身为旅游业务，其卖点正是人们对休闲文化和慢生活节奏的追求。我国邮轮旅游者对这个特点的接受度仍然不足。②乘邮动机有时偏重于知识性、新奇性或购物。一些家庭出游是让小孩获得知识（许多人乘邮轮的目的是带小孩长见识），有的人是出于新鲜感或可以向别人"晒"经历而炫耀，有的人则把到停靠港购物作为主要任务。③一些人喜欢岸上游，对船上的活动和休闲时光不够看重，没有将邮轮作为旅游目的地，而只是单纯地作为交通工具。

2. 制度性邮轮文化认知理解障碍

从邮轮旅游者角度，制度性邮轮文化认知障碍表现在：对于邮轮旅游行为规范和惯例缺乏良好认知，认为邮轮上面的有些制度过于严格。不过，由于制度基本上是由游客之外的有关方面制定的，因此邮轮文化的制度性规范需要由政府主管部门、行业协会和邮轮公司共同加强。

3. 行为性邮轮文化认知理解障碍

这方面的认知理解障碍主要表现在：①用餐缺乏礼仪：邮轮上自助餐，国人用餐时盘子堆得乱，吃剩的比较多。②说话声音偏大，不注重公共环境礼仪。③参加活动容易争抢，不按照规定排队之类，出现失仪现象。④对待服务问题时反应过激。

4. 物质性邮轮文化认知理解障碍

物质性邮轮文化涵盖面比较广泛，但是从认知理解障碍角度则主要表现在：①缺乏邮轮旅游知识。②对邮轮的安全性有些人有点担心。泰坦尼克号邮轮因为不幸撞上冰山，让人们至今耿耿于怀。随着邮轮旅游生意兴旺，安全事故也时有发生。据有关方面统计，在 1990～2011 年的 22 年，全世界共有 79 艘邮轮发生火灾。

(二) 我国邮轮旅游者对邮轮文化的认知理解障碍的成因

我国邮轮旅游者对邮轮文化的认知理解障碍的成因是多方面的。既有客观原因，也有主观原因；既有群体性原因，也有个体性原因。

1. 既有习惯的自然延伸

我国邮轮旅游者有自己长期养成的习惯，他们容易把日常生活中的习惯带到邮轮上。像大声说话、喜欢扎堆、缺乏秩序等，事实上这在日常生活中就是普遍存在的，上了邮轮就不可避免地表现出来了。

2. 中西方文化差异

邮轮文化发源于欧美，因此主流的邮轮文化常以欧美的邮轮文化为代表。我国邮轮旅游者对邮轮文化的认知和理解与主流的邮轮文化相比，存在相当多的差异，这些差异也导致了我国邮轮旅游者对邮轮文化的认知理解障碍。比如，邮轮上躺椅和晒太阳问题，国人不爱像欧美人一样享受躺椅上晒太阳，这可能是由于国人怕被晒黑。再比如，国人在吃饭等场合喜欢凑在一起，这可能跟中国人对"热闹"的追求密切相关。事实上，"renao"（热闹）已经成为一个新生的英语词汇，专门用来表达这种西方人无法完全理解的"热热闹闹""融洽亲密"的含义。还有一些文化差异则是与开放的世界潮流相背离或者缺乏积极意义而需要改变的。

3. 邮轮旅游接受时间较短

我国邮轮旅游者对邮轮文化的认知理解障碍与国人对邮轮旅游作为新生事物的接受时间较短有关。

4. 缺乏邮轮旅游知识

国人仍然缺乏一些邮轮旅游知识。许多人不了解邮轮真正的含义，对于邮轮、航线、礼仪文明缺乏相应的知识，势必导致参加邮轮旅游时出现种种诸如游后评价不高或者文化失仪等问题。

5. 游客个体特征原因

显然，出现不文明行为必然离不开相关游客个人的原因。比如素质、个人偏好、性格、个性、性情、情绪、动机、感知等，都可能持续性或暂时性地给游客的沟通方式和问题处理方式带来影响。

（三）邮轮文化认知提升对策

1. 以政府的权威力推动邮轮文化扩散

政府相关部门拥有其他方面不具有的权威性和资源，可以借此有效推动邮轮文化扩散。可以考虑的对策有：

一是创办国际邮轮文化节。邮轮文化节可以创造体验效应，激发民众对邮轮旅游的注意、认知和欲望。上海已经有北外滩邮轮文化节、宝山邮轮旅游节，此外，在安徽、广州等很多地方，都举办了固定的邮轮旅游和邮轮文化相关的节庆活动。然而，现有的各个区域性邮轮文化节在规模和影响力上仍然有限，可以考虑以上海为主导，创建全国性的国际邮轮文化节，以便在社会上造就更强势的影响力和参与度。

二是创建专门的邮轮文化网站。网络媒体已经成为人们知晓、了解邮轮旅游的主要途径。要增进民众对邮轮文化的认知度，需要借助信息时代网络媒体在人们邮轮旅游信息搜集过程中的强大影响力。可以创建专门的邮轮文化网站，对邮轮及邮轮旅游知识，特别是邮轮旅游文化进行图文并茂的介绍。为了促进站点的浏览量，可以尽可能多地接入一些高访问量的站点，也可以投资提高站点在百度等搜索引擎上的排名位置。

三是制定《邮轮旅游行为规范》。人们对与他们既有文化反差较大的新事物和新文化的接受往往需要经历"被迫顺从—好感渐生—认知转变"的路径才能固化和内化。对于难以适应邮轮文化礼仪的一部分人，可以在初期通过一定的强制性措施促进人们顺从邮轮文化，最终逐渐认同和内化邮轮文化。

四是推出"邮轮文化大使"。通过有效的媒体，推出邮轮文化代言人，这些代言人可以是普通人，也可以是名人，但是都应该是公益性质的。借助邮轮文化大使的形象代言人效应，能够有效地推广邮轮文化规范，并增强邮轮旅游的吸引力。

2. 以学界的影响力带动邮轮文化普及

学术理论界在邮轮旅游知识和邮轮文化普及上可以发挥自身的学术影响力和社会公信力。

一是设立邮轮文化研究中心。由政府和邮轮公司协办，有条件和基础的大学和科研结构主办，设立专门的邮轮文化研究机构，通过大学的强大社会影响力来带动社会对邮轮文化的认知和认可。

二是出版邮轮文化普及性读物。通过有趣、有用的邮轮文化读物，向社会推广邮轮旅游知识和邮轮文化，吸引民众接受邮轮旅游。

三是培养懂得邮轮文化的专业人才。通过后备邮轮服务人才的不断涌现，利用社会互动效应促进邮轮文化的外溢。邮轮文化及邮轮行业的发展离不开专业人才的培养。邮轮旅游业在我国起步较晚，必须加快该专业人才培养的步伐。作为我国高级人才培养基地的高校可以合理增设邮轮旅游专业，为我国培养紧缺的高级邮轮旅游人才，让他们在接受主流邮轮文化和邮轮旅游服务理论之后，把所学用之于我国邮轮文化的培养提升。

3. 以业界的执行力促动邮轮文化渗透

业界包括邮轮公司、邮轮协会、旅行社等邮轮旅游利益相关者。

一是通过合作营销，推广邮轮文化。与影视公司合作，植入邮轮文化广告；与网游公司合作，开发邮轮文化主题网络游戏；与视频网站合作，拍摄有趣的邮轮体验视频；与门户网站合作，开展邮轮旅游微博营销。

二是通过体验营销，渗透邮轮文化。不断优化邮轮空间设计，努力提高邮轮产品体验价值，持续提升游客体验满意度；正确对待游客抱怨，努力做好服务补救，留给游客良好的邮轮体验和回忆。一方面，针对中国居民连续性的闲暇时间较短、居民收入与发达国家差距较大等特点，适当推出一些短天数的航线，这样的航线在价格上一般较容易被接受，因为大多数人并不情愿为自己初次尝试的旅游产品支付高额的费用。邮轮旅游除了岸上观光外，最重要的体验在邮轮行驶过程中。中国海域广阔，许多沿海港口城市有不错的风景，因此应该针对国内游客的初次邮轮体验开辟内海航线。另一方面，除了航线设计之外，船上各项相关服务设施及娱乐活动的安排也一定要符合中国游客的习惯，要让我国游客体验到"量身定制"的感受。目前，我国邮轮旅游开发仍属起步阶段，我国邮轮群体在整体的需求上还相对单一，考虑到我国的目前现实情况，可以设计家庭度假式邮轮旅游产品、蜜月式邮轮旅游产品等。

三是通过细节营销，示范邮轮文化。着力改善邮轮旅游服务递送过程，适当考虑游客多元文化差异，恰当设置邮轮礼仪提示标志，友善协调邮轮人员多方互动，让游客在触动之中读懂邮轮文化的示范信号，自觉提升邮轮文化素养，增加邮轮旅游满意度和忠诚度。比如，为让中国游客能更自如地融入船上的国际化生活，美国公主邮轮实行一系列的改革，派出专业的领队提供中文翻译、中文船员须知、中文菜单等。再如，歌诗达在延续邮轮传统服务的同时，也开始注重邮轮在中国市场的本土化，如餐饮口味中国化、设置麻将桌、缩短航次运行时间、重点推出 5~6 天的航线（这是由于我国假期一般不超过 7 天，且集中在春节、十一等几个主要的时间段）。进入中国的第一艘邮轮——爱兰歌娜号，歌诗达为其做了很多本土化的改造。如增设了棋牌室、卡拉 OK 厅及 VIP 室、中式主餐厅（可点菜）、露天烧烤等。而且中国游客一般比较含蓄委婉，为了能让他们体验到邮轮的更大乐趣，歌诗达邮轮采用了"强迫交流"的方式。比如晚宴主动邀请他们玩，让他们感受到这是一个大家庭，开始游客可能还不太适应，但之后就会玩得非常尽兴，留下难忘的回忆。

（四）以游客的口碑力拉动邮轮文化传播

口碑传播在影响大众的认知和行为上一直发挥着极其强大的影响。因此，邮轮旅游产业的利益相关者们应该学会善用游客的口碑力来拉动邮轮文化的传播。

一是积极培育正面口碑。游客的正面口碑是邮轮旅游市场开发和邮轮文化传播的最佳途径，政府和业界都有能力和方法影响旅游者的正面口碑。比如，政府可以评选"最佳邮轮旅游游记"，借助邮轮旅游游记佳作好文的意见带头人效应，在社会上广泛宣传邮轮旅游和邮轮文化。

二是努力弥补负面口碑。负面口碑比正面口碑传播力更强，要求业界高度关注和努力弥补负面口碑的破坏力。为了防止负面口碑，最好的方法是预防负面口碑的发生。比如，曾经 Crystal（水晶邮轮）为其新船 Crystal Serenity 下水做出了邮轮史上前所未有的创举：第一次处女航的全体乘客，一律全数退回船费，即请大家免费坐船。原来是船厂交船误期，船公司得不到足够的员工训练时间，怕招待忠诚老顾客会有不周之处，于是索性请客。值得一提的是，那次航行全船 1100

个客位全满，而买票的绝大多数都是回头客。这说明，该邮轮公司的确在长期的实践中，成功地创造了很好的口碑效应，赢得了大量忠实的游客。

三、邮轮旅游消费理念

消费是一种符号性活动，消费不仅是一个经济的、生理的过程，而且是一个涉及文化符号与象征意义表达的过程。消费理念是关于消费的本质、目的、内涵相要求的总体看法和根本观点，它决定着消费内容、消费行为、消费方式，即解决消费什么、如何消费等重大问题。在实际消费中，不同的消费理念将通过影响消费行为，带来不同的消费过程，形成不同的消费模式和消费结构。例如，持有传统消费理念的消费者，在消费过程中遵循传统习惯，表现为过分强调节俭，崇尚"收支相抵，略有节余"，消费倾向比较低，消费的出发点在于满足基本生存需要。

现代人的旅游消费理念主要表现在：①现代旅游者希望在饮食方面吃出健康与品位。吃不仅是人们的一个基本生理需求，也是人们精神享受的一个重要体现。随着人们生活水平的提高，"吃饱"已不能满足人们的需求，吃出文化、吃出品位、吃出健康已成为现代人追求的重要内容。从调查统计资料可以看出，大部分旅游者都乐于吃旅游地特色的食品。②当地民居型住宿设施越来越受欢迎。在旅游过程中，"住"主要针对过夜旅游者。但旅游过程中旅游者只是暂时居住，因此，对它的要求与日常居住条件不同。从人类具有好奇、求异心理的角度来说，反而希望住在与"家"的住宿环境相异的地方。③景区内部无污染型交通方式受欢迎。旅游交通从其涉及的空间尺度和旅行过程可以分为三个层次。第一层次是外部交通，第二层次是由旅游中心城市到旅游景区的交通，第三层次是内部交通，是指景区内的交通，内部交通主要是徒步和特种旅游交通，如游船、轿、滑竿、人力车、骑马、缆车、索道、滑竿等。④希望购买便于携带、价格便宜、有纪念意义和品尝价值的旅游商品。由调查结果得出，人们对旅游商品的偏爱大多喜欢复合型的。只要便于携带、价格便宜、有纪念意义和品尝价值的旅游商品，人们都乐意购买。从单独选项来看，手工艺纪念品最受欢迎，开发潜力大；其次是地方特色的食品；最后是纪念性的书籍和纪念性的徽章。⑤希望游余时间有丰富的活动参与。从对活动类型的选择上来看，绝大部分人都希望活动丰富多彩，其中"观看表演"和"看景区夜景、散步"的选择比例最高。另外，值得注意的是，保健美容类项目在旅游区已兴起，而且更受旅游者尤其是女性的欢迎，这类项目在现代都市生活中已成为时尚消费，在旅游过程中，游客也乐于利用游余时间享受一下。⑥对旅游活动性质的偏好。人们对旅游活动性质的偏好是人们旅游理念的一个非常重要的体现方面。人们希望旅游活动更具有参与性、个性化、刺激性和时尚性，希望导游具备较高的专业能力，希望整个旅程能够带来精神享受。

从邮轮旅游的内容看，游客除了在停靠港上的休闲时间，大部分时间是在邮轮上度过的，如果没有度假的休闲观念是不能够很好地体验邮轮旅游的快乐的。邮轮旅游是一种追求轻松、优雅、热情、舒适的休闲旅游产品，需要游客保持一种放松的心态去体会。相比乘坐飞机、火车或自驾游，乘坐豪华邮轮是一种较新的旅游方式，随着游客不断追求出行的个性化体验，邮轮产品逐渐成为旅游市场中的宠儿。相对于其他方式的旅游，邮轮度假集休闲与娱乐于一身，可以避免外界干扰，完全地放松身心。任何时尚消费都需要一个过渡的时间，蜂拥的消费浪潮之后，个性、品质、享受等要素将被格外重视，有过出国旅行经验的游客已经开始尝试不同主题的休闲旅行，休闲、享受的观念正慢慢地深入人心。经历了最初的感性消费阶段，中国开始进入还原旅行本性的转型阶段，进入豪华邮轮所诠释的休闲度假游时代。

第二节　邮轮旅游消费行为

一、概念与维度

（一）邮轮旅游消费行为的概念

谢颜君（2004）指出，旅游消费实际上等价于旅游者对核心旅游产品的消费，核心利益产品是旅游产品的原始形式，具有满足旅游者审美需要和愉悦需要的效用和价值。狭义的旅游消费就是主要以购买可借以进入景区（点）进行欣赏和娱乐的票证的方式消耗个人储蓄的过程。宁士敏（2003）指出，旅游消费是旅游主体在有时间保证和资金保证的情况下，从自身的享受和发展需要出发，凭借旅游媒体创造的服务条件，在旅游过程中对物质形态和非物质形态存在的旅游客体的购买和享用的支出（投入）总和。因此，旅游消费是指人们在旅游过程中，为了满足自身的享受和发展的需要而消费的物质产品和精神产品的总和。旅游消费涉及旅游者在整个旅游活动过程中的食、住、行、游、购、娱等各项消费。

邮轮旅游消费行为从动态意义上讲，是指人们支付货币购买邮轮旅游产品和服务以满足自身旅游需求的行为（过程）；从静态意义上讲，邮轮旅游消费是由旅游单位（游客）使用为他们而生产的邮轮产品和服务的价值。

邮轮旅游消费作为一种消费方式，主要由邮轮旅游消费意识、邮轮旅游消费习惯、邮轮旅游消费能力、邮轮旅游消费水平、邮轮旅游消费结构等构成。张凌云（1999）指出，旅游消费细分为基本消费、主动消费和随机消费三部分；其中主动消费指在参观景点、游玩娱乐等满足出游动机和目的的花费。邮轮旅游消费活动内容繁杂，影响因素很多，从实质来看，邮轮旅游消费主要是为了满足人们个人精神需要的一种较高层次的消费活动，是高层次的社会性消费，它是在一定社会经济条件下发生和发展的，受社会风气影响和制约的一种社会经济文化活动。综上所述，邮轮旅游消费是人们满足自己精神文化需要的一种感性消费，虽然邮轮旅游消费水平要受制于经济发展水平，但旅游者一般都不把经济活动看成邮轮旅游消费的目的。综上所述，本书对邮轮旅游消费提出如下定义：旅游消费是旅游主体在有时间保证和资金保证的情况下，从自身的享受和发展需要出发，凭借旅游媒体创造的服务条件，在旅游过程中对物质形态和非物质形态存在的旅游客体的购买和享用的支出（投入）总和。

一般认为，消费者行为可以看成由两部分构成：一是消费者的行为；二是消费者的购买决策过程。购买决策是消费者在使用和处置所购买的产品和服务之前的心理活动和行为倾向，属于消费态度的形成过程；而消费者的行为更多的是购买决策的实践过程，这两部分相互渗透，互相影响，形成消费者行为的完整过程（Engel，1978；Loudon，1993）。从旅游学的范畴来研究消费行为，也就是旅游者消费行为的研究。

因此，旅游者的邮轮旅游消费行为也由两部分构成：购买决策过程与购买决策的实践过程。由于旅游商品的特殊性，决定了邮轮旅游消费行为具有其自身的规律。邮轮旅游消费行为最基本的含义为，旅游者个体或组织为了达到一定的目的或动机，选择并购买邮轮产品和服务的过程（张宏梅，2004）。然而邮轮旅游消费行为并不是简单的购买行为，而是受多种因素影响，具有综合性、边缘性、超常规性的特殊体验，其萌动、兴起、持续、回落、消失可以从心理、地理、社会、审美、经济、人类文化等抽象层次上多角度、连续、统一地考察（谷明，2000）。吴清津（2006）也指出，虽然旅游消费行为具有经济属性，但旅游消费行为往往不是单纯的经济行为，而是受社会文化背景、消费者个性和情感等因素影响的复杂的感性消费，获得心理和精神上的满足是旅游消费者普遍追求的目标。从本质上说，邮轮旅游消费行为的基本出发点、整个过程和最终效应都是以获取精神享受为指向的，邮轮旅游消费行为也反映了当时人们的文化生活方式。

（二）邮轮旅游消费行为的维度

（1）空间维度。旅游实质上是旅游者在地理空间上的角色转变过程，空间距离是引发经济距离、文化距离与心理距离的根源。距离衰减理论认为，目的地与客源地空间相互作用一般随距离的增加而降低，然而远距离异质文化又对旅游者产生强大的吸引力，旅游者消费最终取决于二者矛盾运动的结果。

（2）时间维度。由于旅游产品生产和消费的同一性特点，决定了旅游者的空间转移需要余暇时间来保障，余暇时间的富裕与否对旅游消费的拉动起着极其重要的作用。旅游活动由于受休假制度和气候等多方面因素的影响，具有显著的季节性特征，如淡旺季现象、一次旅游经历持续时间短暂等。

（3）文化维度。旅游消费的主体和客体都是特定地区文化的载体，在消费过程中，消费主体不断挖掘消费客体中的文化内涵，客源地文化和东道社会文化因此得以相互渗透和交流。所以，旅游是经济性的文化消费、旅游业是文化性的经济产业。从文化维度探讨旅游者消费行为的模式是发掘其行为规律的必然。

（4）经济支持维度。消费最终以货币为支付手段实现，经济支持是旅游行为发生的必要条件。依据发达国家的经验，在人均 GDP 达到 6000～8000 美元时，邮轮产业将进入快速增长期。

（5）心理体验维度。旅游者消费的心理过程、心理状态、心理特征叠加可以诱发物质追求、精神体验，对跨空间、跨文化的审美与愉悦的向往。

（6）社会互动维度。研究邮轮旅游消费者的社会行为可从不同旅游者间、旅游者与接待地居民、邮轮企业人员之间或以上行为主体与社会间的互动维度来探讨。

（三）邮轮旅游消费行为影响因素

1. 主体影响因素

（1）心理影响因素。参与邮轮旅游，首先，需要有一定的动机，这也是旅游者参与旅游的内在因素。不同的初始动机会直接影响旅游者的偏好，进而选择自己喜爱的旅游行为。其次，邮轮旅游知觉也是重要的影响因素，当前，我国旅游者对邮轮认知存在一定偏差，邮轮旅游无法靠岸成为旅游者满意度不高的主要原因。最后，邮轮旅游态度也会影响旅游消费行为，邮轮旅游态度属于心理反应的一种，会受到知识、欲望以及环境等多种因素影响，旅游者的选择偏好、消费习惯等会对消费行为产生影响。

（2）个人特质影响因素。旅游者消费行为会在一定程度上受到性别、年龄以及受教育程度、文化氛围、生活环境的影响，进而对邮轮旅游消费行为进行干预。第一，在年龄上，旅游者年龄差异会导致其心理需求、消费习惯、购买经验等存在差异，青年期的旅游者会更倾向于选择时尚、新鲜的产品，而中年期的旅游者多会选择新奇浪漫的产品；老年旅游者因其消费观念以及思想较为陈旧，多会选择价格较低的产品。第二，在生理上，两性旅游消费行为也会存在一定差别。女性较为细腻，多会选择浪漫海景以及免税店进行购物，而男性旅游者则更倾向于品牌、运动类的产品。第三，在受教育程度上，不同人群对事物的理解以及接受能力有一定差别，一般来说，受教育程度越高，接受新鲜事物的能力越强，而低教育水平的人群从众心理较强。第四，在职业方面，一般情况下，国际化公司从业人员对于邮轮旅游这种新兴旅游形式接受能力更强。

（3）经济影响因素。邮轮旅游主体经济条件会对邮轮旅游消费行为产生一定影响。也可以说，经济基础决定上层建筑，可支配收入的多少会直接影响邮轮旅游消费者的消费偏好以及水平。经济收入高低会直接决定消费者选择什么级别的服务以及产品，直接影响旅游者的消费行为。

（4）社会影响因素。旅游属于休闲活动，但会耗费相当大的体力以及时间，由此，旅游时间多少会直接限制旅游者的消费行为。一般情况下，人们的休息时间多为3～4天，但是邮轮旅游时间多与上班族的时间相冲突。这就导致我国邮轮旅游最大的消费群体为老年人，因其退休后有退休金支持旅游，同时也有大量闲暇时间，是邮轮旅游的最大消费群体。

（5）文化影响因素。因旅游者生活背景、所处地区等不同，在文化价值观上也会存在一定差异，最终导致消费习惯以及偏好不同。邮轮旅游兴起于西方，最早为贵族文化，与我国传统旅游文化在观念上存在分歧，由此会受到我国传统文化价值观的制约。

2. 客体影响因素

（1）邮轮设施。邮轮旅游属于新兴旅游形式，包括多种设施供游客享用，

98

在邮轮上可以感受到不同地域的文化以及美食，服务设施齐全，旅游者可以不出邮轮，感受世界文化。在邮轮中可以提供网吧、会议室等，旅游者不仅可以享受旅途风光，也能够同时进行工作，这是邮轮旅游的一大特色。

（2）文化气氛。邮轮最早起源于西方国家，主要用于休闲。但我国用于旅游的邮轮较少，多数邮轮旅游还主要依靠国外邮轮，邮轮上的服务人员均为外国人，旅游者在旅途中接触国人的机会较少，国际化的服务风格更能够吸引旅游者驻足，使旅游者对邮轮旅游更加向往。

（3）营销影响。邮轮宣传促销会对消费者产生引导效果，也会促进邮轮消费行为。首先，有效的营销方式能够提升旅游者的游玩兴趣，如三人同行、一人免单活动，65 岁以上游客半价活动，能够有效吸引大量旅游者。此外，为有效提升重游率，邮轮公司可以适时使用优惠促销政策。

二、国际邮轮旅游消费行为

（一）出游形式与人均花费

采用多维标度法对邮轮游客与其他游客的消费行为进行比较发现，邮轮游客是一个比较独特的群体，他们具有更加注重舒适、安全、偏好多目的地、喜欢包价旅游产品等特点。根据 2017 年北美邮轮旅游者数据分析可知，80% 的北美邮轮旅游者会主要选择与配偶参与邮轮旅游，27% 的北美邮轮者夫妇会带孩子上邮轮，平均结伴旅游的规模是 3 人。而在人均花费方面，不同类型细分市场的消费支出有很大差别。按照 CLIA 的市场细分标准，豪华型游客的人均每周消费最高，为三四千美元以上；目的地型游客的人均每周消费次之，为两三千美元；再次是尊贵型游客，人均每周消费为 2000 美元左右；消费水平最低的是时尚型游客，人均每周消费为两千美元以内。

（二）航游时间

自 20 世纪 80 年代至今，邮轮游客每次邮轮旅行的平均时间变化不大，一直在 6～7 天徘徊，但 2007 年以来游客平均旅行时间首次超过 7 天，达到 7.1 天。另外，从航程时间的分布来看，目前情况与 20 世纪 80 年代也基本相差不大，6～8 天航程所占比例最大，基本都在 50% 以上；其次是 2～5 天航程，大体保持在 35% 左右；而航程超过 17 天的比例非常小，基本在 1% 左右。与北美地区相比，新兴的亚洲市场的航程时间一般安排得较短，大多数在 3 天左右，这样一次旅游的价格也可以相对低一点，容易被新兴市场的游客接受。

（三）提前安排（计划/预定）邮轮旅游

近年来，越来越多的邮轮公司开始在预定邮轮旅游中按流动价格收取费用，即实施"预定越早，费用越少"的收益管理策略。因此，游客在邮轮旅游的安排和预定提前量进一步增加。另外，游客提前预订时间与所购买的邮轮线路具有很大相关性。一般来讲，所购买的邮轮线路越长、费用越高，所需提前预订时间越长，反之亦然。如亚洲邮轮巨头丽星公司下属的丽星邮轮主营的 1~3 天邮轮航线，提前预定时间大多在 1 个月左右。

（四）具体邮轮消费行为

西方邮轮游客在游览行为中的表现与中国游客大不相同，邮轮旅游的发展在欧美国家已有百年历史，邮轮文化以深度休闲、重过程的享受式为主，西方游客较少团队就餐，比较喜欢小规模用餐，就餐时间比较分散随意，经常会选择特色餐厅享用一下特色美食。他们偏爱运动，经常去邮轮上层甲板上的慢跑跑道、游泳池和健身房。西方游客还喜欢花费大量的时间在图书馆，经常可以看到欧美游客拿着一本书坐在邮轮某个安静的角落享受时光。在购物方面，他们并不青睐高端的时装店和免税店，而是喜欢具有当地特色的小店和游览场所。

三、国内邮轮旅游消费行为

（一）主要客源来自一二线城市的中等收入家庭

根据调研报告，中国邮轮游客的平均年龄为 38 岁，比欧美游客更为年轻，50% 以上的客源来自北京和上海等一线城市，其余 40% 以上客源已经遍布 20 多个省、市及自治区。此外，选择搭乘邮轮出行的游客中，70% 以上具有本科学位以上的高等教育背景，46.2% 的游客为三口之家或三代同行的家庭游客。大约有70% 的游客来自月收入在 1 万~2 万元的城市中等收入家庭，这样代表着邮轮度假方式正在中国一二线城市的中等收入家庭中快速普及。

（二）岸上和船上购物花费高于欧美游客

调查结果显示，中国游客习惯利用法定节假日来旅游度假。虽然政府已经实施带薪休假制度，但还不够普及。大多数游客为第一次选乘邮轮，属于尝鲜阶段，加之对票价的考虑，客人倾向选择短途航线。在消费方式上，中国游客在岸上和船上的购物花费高于欧美游客，酒吧消费则低于欧美游客。在甲板晒日光浴、在酒吧消磨时光的中国游客较少，在船上摄影留念、与亲朋好友结伴而行、走马观花、忙于参加各种娱乐活动的中国游客很多。每到一个港口城市，中国游客上岸观光率几乎为100%。同时，国人邮轮旅游购物抢购成风，特别是邮轮旅游者在岸上及船上的免税店的抢购行为令外国人瞠目结舌，中国游客的抢购之风已然成为一种文化现象。

调查表明，多数游客购物都是有计划地购买，而且很多都是给亲戚朋友带礼物。因此，邮轮公司可以适当在免税商店中提供包装精美的礼物提高收益。女性游客更容易在看到喜欢的商品时立即购买，这归咎于女性相比男性更感性也更容易冲动，因此，邮轮公司可以增加一些女性喜爱的物品的比例，增加女性冲动消费的机会。邮轮游客购买商品的种类调查主要包括奢侈品、烟酒、化妆品、手表、首饰等商品。根据游客的性别、年龄、收入、地位、文化程度等方面来进行分类调查，发现有一定收入的中年游客是消费主体。上述现象的原因可以归结为：中国邮轮旅游的主要人群为中年人，拥有一定的经济基础；邮轮商品性价比高，价格比陆地实体店便宜；邮轮商品都是中高端品牌，质量能有一定保证。

（三）餐厅选择

调查表明，中国大陆游客偏好帆船自助餐厅和主餐厅。通过访谈发现，主餐厅和帆船餐厅颇受中国出境游客喜好的原因可归纳为：菜品丰富，口味良好；用餐环境及氛围很好；餐费已经包括在船票内，无须额外支付；服务人员的服务态度好。其中，收费餐厅消费意愿不强。中国游客的餐饮喜好和西方游客有着很大的差别。中国游客在用餐时间和餐厅的选择上比较集中，小型的收费餐厅无法满足大量中国游客集体用餐，并且中国游客一般不愿去收费的餐厅享用西餐，他们更偏于中餐。

（四）舱房及舱房服务选择

邮轮上有不同种类的舱房可供游客选择。调查表明，内舱房价格实惠，相对其他房型性价比较高，很适合中低收入的游客。而部分收入可观的游客更愿意选择价格较高的海景房和套房，因为他们对居住环境的要求相对较高。邮轮舱房内为游客准备了酒水饮料、熨洗衣物服务以及零点之后的送餐服务等收费项目，调查表明，大部分游客未使用过舱房内的另付费产品。究其原因，部分舱房服务的使用说明书或客服接待是全英文，在一定程度上了降低了游客使用该项服务的频率，另外，部分游客认为舱房内提供的付费产品或服务价格偏高，所以不愿意使用。

第三节　中西邮轮旅游消费差异与成因

一、中西文化差异对旅游消费行为的影响

民族性格表现在旅游上，即一个民族的旅游性格。中西方文化的差异导致了中西方民族性格的差异，华夏民族的性格是注重群体意识，贵中庸和谐，强调对个人、社会、自然界的顺应与妥协，而西方民族的性格则是注重个体意识，注重表现自己并在表现中找到快乐，这使中西方旅游性格也大相径庭。华夏民族的旅游性格表现为稳健内敛，而西方民族则表现为冒险勇进、外向探求。这种由于中西方文化差异而形成的中西方民族旅游性格的差异对旅游者的旅游消费行为产生了极为深远的影响，主要表现在以下方面：

（一）对旅游动机的影响

从总体上说，西方人的旅游动机要比中国人强，在这一点上，不能排除中西方经济水平差距的原因，但应该看到这种差异有着更为深远的文化原因。中国人强调顺应自然、人与自然的和谐，推崇伦理等级关系、和谐的人际关系与社会的平衡稳定，这都对中国人的出游动机产生了阻碍作用。而西方文化强调支配自然，改造和征服自然，以个人主义为中心，追求享乐，塑造了西方民族明显的外张性格，这使西方人较中国人更愿意出游，更愿意探知外面的世界。

（二）对旅游需求心理的影响

因文化不同而导致的中西方在旅游需求心理上的差异，主要表现为中国人对于单一性的需求倾向较为明显，而西方民族强烈的探索意识使他们不惜冒险，在旅游需求心理上表现为征服自我、展现自我，从而满足个人的成就感，体现个人的竞争能力。中国传统文化的特点，决定了中国人缺乏冒险的旅游需求心理，对旅游活动中复杂性、多样性的追求极为有限，对具有冒险性质的旅游活动甚至予以拒绝。而我们所见的西方旅游者，多具有主动、热情、不畏艰难的特点，他们往往喜欢一些极具刺激性的旅游项目，以此来张扬人的个性。中西方旅游需求心理的区别源于各自社会所根植的文化土壤及其所衍生的国民性差异，西方社会的动态性使他们的旅游需求心理倾向于急速和激烈，而中国社会的静态性则使旅游

需求心理趋于舒缓和内敛。

（三）对旅游目的地选择的影响

西方旅游者因为极富冒险精神，而且受个人自由主义的影响，使他们在旅游目的地的选择上往往趋向于人迹罕至的旅游地，喜欢率先来到这些地区享受新鲜的经验和发现的喜悦，喜欢接触并渴望了解他们不熟悉的文化和人群。一般而言，凡是极具特色或个性突出的目的地，往往会成为西方旅游者选择的对象。而中国人喜欢一些较为平和或静谧的景观，一般选择的多是熟悉，甚至人人皆知而且规划建设得相当成熟的目的地，而对于一些旅游开发不是很成熟，或地处边远地区的景区却不感兴趣。同时，中国人具有较强的群体观念，易受他人支配，从众心理严重，在选择目的地时，很容易听从他人的意见，受他人或社会流行的影响，从而使一些知名度较高的旅游地在旺季期间达到饱和甚至超载，而一些景色奇美的小众旅游地却很少有人问津。

（四）对旅游审美的影响

中国人崇尚静，认为静是万物的主要形态，所以观静成为了中国的审美活动和范围，它与人的心理体验相结合，通过旅游审美来达到怡乐性情、愉悦身心的目的，体现出人性自由的审美情调。而西方人外倾的性格使他们考察美、感受美都着眼于动态，西方的旅游审美往往通过溢于言表的激动、兴奋来表达，因而在西方旅游中一些寻求刺激、恐怖的旅游活动，对于我们而言毫无美感可谈，而西方人自己却因为其恐怖、血腥而全身心投入、津津有味，他们追求的是一种形式美和现实美的享受。

（五）对旅游习俗的影响

传统文化的积淀影响着人们的价值观、审美观。尽管时代发展了，但各民族沿袭已久的文化中的习俗、道德、价值等仍然在影响着人们的行为。这实质上是中西方各自独特的文化规约和风俗习惯在旅游各个环节上的体现。例如，中国人吃饭用筷子，而西方人习惯用刀叉；中国人出外旅游不喜欢住带"4"的楼层和房间，因其与"死"谐音，喜欢"8"，因其与"发"谐音，而西方人则忌讳"13"，在出游时也会有意地回避带这个数字的东西，这是源于《圣经》"最后的晚餐"中出卖耶稣的是其第13个徒弟；在宴席上，中国人讲究劝酒，而这在西方人看来则是无礼之举，类似这样的不同旅游习俗仍有许多。

二、中西邮轮旅游消费行为的差异

每个消费者都是在一定的文化环境中成长并生活的，他的思想意识也会受到这些文化环境的深刻影响，一个民族同样如此，地理位置以及物质生活等方面的不同，产生了各自独特的文化体系和民族性格，这对于各国旅游业的发展具有极大的影响。

（一）邮轮旅游方式选择方面

外国旅游者大多是"自助型"订购邮轮旅游产品，而中国旅游者则是"团队型"通过旅行社购买邮轮旅游产品，因此销售渠道和登船手续对中外旅游者而言，其意义是不一样的。在中国，邮轮以团队旅游为主，旅行社几乎是旅游者登船的唯一渠道，这在一定程度上制约了邮轮旅游销售渠道多样化的发展和航站楼内办理登船手续时间上的灵活性。中外邮轮旅游者对此的满意度评价都是稍高于"一般"，销售渠道多样化的拓展和登船手续的简化是邮轮市场开发的一个重要方面。

（二）邮轮旅游产品价格认可方面

在邮轮旅游消费是否昂贵这个问题上，中外旅游者都相对同意"邮轮旅游花费昂贵"，中国旅游者比国外旅游者更加同意"花费昂贵"，即中国邮轮旅游者对邮轮花费的价格敏感度更高，而国外旅游者对此不甚敏感。在邮轮旅游的市场开发中，尤其是对于中国邮轮旅游市场开发，"邮轮旅游花费昂贵"这一认知，是需要着重关注的，这会直接导致潜在邮轮旅游者因为"可自由支配收入"有限，而选择其他旅游形式。

（三）邮轮住宿选择方面

在邮轮客房的选择中，国外旅游者认为住宿的重要性一般，而中国旅游者认为住宿重要。住宿条件应该是邮轮公司有待于提高的，尤其是中国邮轮旅游者对住宿条件的要求普遍较高，笔者通过深度访谈了解到大部分中国旅游者对邮轮住宿条件的期望值要高于国外旅游者，住宿条件是中国邮轮旅游者在选择邮轮产品时最看重的因素之一。

（四）邮轮餐饮选择方面

中国人对饮食追求的是一种难以言传的"意境"，即使用人们通常所说的"色、香、味、形、器"来把这种"境界"具体化，恐怕仍然是很难涵盖得了的。对比注重"味"的中国饮食，西方是一种理性饮食观念。不论食物的色、香、味、形如何，而营养一定要得到保证，讲究一天要摄取多少热量、维生素、蛋白质等。即便口味千篇一律，也一定要吃下去，因为有营养。这一饮食观念同西方整个哲学体系是相适应的。

（五）邮轮旅游消费行为方面

中国客人账单上基本上是免税店消费，但西方人消费集中在上岸观光及酒水。西方人更倾向消费一个"个人度假"的邮轮产品，他们喜欢晒太阳、读书，在邮轮上对酒的消费量惊人，最多时 1000 人在船上三天能饮光 5000 瓶酒。然而，中国消费者则看重"家庭度假"，对棋牌室的需求量大。

（六）邮轮旅游活动参与方面

在到达一个港口时，中国邮轮客人一般会选择下船参加岸上游行程，而很少选择在邮轮上活动，因为中国游客刚刚接触邮轮这一新颖的旅游方式，还是以岸上观光为主要目的，而不是享受船上的设施。晚上回到船上才会去赌场等地进行传统的中国夜间娱乐项目。国外客人拥有丰富的邮轮经验，且都是以度假休闲为目的进行旅游的，他们更注重船上设施的享受和自身的放松，不会下船游玩太长时间，增加自身的疲劳感。中国邮轮旅游者倾向于"群体活动"，无论是唱歌、跳舞、看电影、洗桑拿等，都是一个个小团体，而且并非是真的对某一项娱乐活动感兴趣，更多的是一种从众心理，而且由于语言障碍、文化差异等因素，中国旅游者对邮轮上的娱乐活动并不积极。国外旅游者倾向于"独乐乐"，品咖啡、读书、看海、静坐，国外旅游者在邮轮上非常真实和自我，舞厅、酒吧、俱乐部等的确是一个制造快乐的地方，但是并非适用于所有人，只是受到一部分人的青睐。

总之，中国旅游文化中的审美总是将物质性体验和精神性体验结合起来，而西方则将两者分离开来。在对旅游景观进行欣赏时，中国人会把美景跟文章、诗词联系起来一起品味。这充分体现了中国人的"天人合一"的审美价值观。在旅游审美的过程中，中国人倾向于在自己情感世界里或在对外物的观看中，使其有限的生命之流与无限的宇宙大化之流相互交融，进而得到充盈和升华。而西方人不同，他们在对待自然的态度上，有着"天人分离"的价值观。他们的头脑中充满了理性思维，他们的观念是：风景就是风景、建筑就是建筑、人就是人，三者是分离的。因此，中国游客"观山则情满于山，观海则情溢于海"，重视人与自然的亲密无间，而西方旅游者则是孤立地观察、思考、研究自然本身。在中国欣赏旅游景观，尤其是人文景观时，需要游览者具有综合文化修养，知晓琴棋书画，了解掌握历史、地理等相关知识，懂得词曲游记，才能真正游出水平和领悟各式各样的美。而西方人不这样，他们讲究玩是玩、游是游、学是学、识是识，并不要求相互融合、渗透、共同在旅游中发挥作用。

中国是典型的集体主义社会，"求同"的取向及依赖性自我的概念深深植根于人们的价值体系中。依赖性自我的概念和对社会联系的识别决定了中国消费者在购买旅游产品时，更多关注的是外部的社会性的需求而非内在自我的需要，他们着眼于通过拥有和消费某种旅游产品来使自己从属于某个特定等级的社会群体，并与属于其他群体的人相互区分开来，追求个人向经济社会等级靠拢，因此中国消费者对一些旅游产品的追捧更多的是为了面子、身份和阶层标志。这表明在外出旅游消费的过程中，中国游客的从众心理起很大作用。而西方社会推崇的是个人主义，宣扬的是个性的张扬。在他们的头脑中有着独立自我的概念。这种独立自我的概念使西方旅游者在消费时偏爱"体验驱动型消费"，他们追求更多的是在旅游消费过程中品味精致、享受欢乐、体验生活、完善自我。

三、中西邮轮旅游消费行为的差异成因

人类创造了文化，同时又是文化孕育和滋养的产儿，各民族因其各自不同的自然环境和不同的历史发展过程形成了不同的文化类型，造成了中西邮轮旅游消费行为上的明显差别，这些差别形成的原因是多种多样的，归纳起来，主要有以下几个方面：

（一）自然环境的原因

"一方水土养一方人"，自然环境是文化生成的土壤，是文化创造的第一变量。各地气候、地形、水分、植被、动植物等自然生态环境的差异在很大程度上影响了各地文化的产生、发展与特色形成。生态环境是人类社会及民族存在和发展永恒的、必不可少的物质前提。某个民族在一定区域内居住、劳动和生活，同时也就创造了相应的文化，与这个民族以及相应文化相联系的有关自然地理条件就是我们所说的生态环境。一般说来，文化的差异最初都是来自对自然世界认识的差异，自然地理条件决定了各民族各地区文化发展的最初方向。

三面高原一面海的相对闭塞的地域特点，使古代中国文化基本上与外隔绝，但这同时也为农业文明的孕育提供了得天独厚的条件，并以此为基础形成了以小农经济为特征的经济形态。同时，大河大陆性环境及其所造成的自给自足的自然经济使中国人赞成尽物之性、顺物之情，把人们牢牢地束缚在土地上，而农业社会的稳定、家人亲友的长期聚居，使中国人自古将惜别看得非常重，这让中华民族在思想情感上表现为喜一不喜多、喜同不喜异、喜静不喜动、喜稳不喜变。

而西方文化的活水源头是古希腊文化，古希腊文明发源于地中海，其所处的海洋环境培养了西方民族原始的冒险外倾的民族性格。在他们看来，人类的力量与海洋比较起来显得很渺小和脆弱，但是人类依靠自身所具有的勇敢、刚毅、伟大的斗争精神征服了大海，因而人类的气魄比海洋更伟大，这一切也都塑造了西方民族开放、勇敢的性格。因此，从整个古代社会和文化现象看，西方都是以个人为起点，向外开拓，不断地自我追求、自我拓展，同时也自我革新。而中国因封闭式、自我满足式的农业社会，表现出强烈的对乡土的眷念、对安谧生活的向往。

（二）经济环境的原因

就某一程度而言，中西思维、价值观的差异性也受到各自经济制度深刻而恒久的影响。中国的传统经济是典型的自给自足的自然经济。小农经济自给自足的特征使人们缺乏与外界的联系，视野狭窄、思维闭塞。这种"农业文明性格"造就了中国人注重伦理道德，求同求稳，以"和为贵，忍为高"为处世原则。人们不喜出门，视不可知的旅游地为危途，倾向于选择成熟的旅游目的地，并且在团体旅行中尊老爱幼、相互帮助，重视人际关系的和谐。西方文化的发源地希腊半岛及其附近沿海地区的手工业、商业、航海业的发展，引起古希腊哲学家对天文、地理、气象、几何、物理和数学的浓厚兴趣，逐渐形成了西方注重探索自然奥秘的科学传统。工业革命以来，由于受到大工业生产方式所特有的组织性、科学性、民主性的陶冶，"公平理论""自我实现理论""竞争精神"成为西方人思维方式的典型特点。这种"工业文明性格"造就了西方人有较强的斗争精神，以独立、自由、平等为处世原则。因此，西方人喜欢通过旅行来探索大自然的奥秘，多选择一些人迹罕至的旅游地和参与性、体验性强的旅游项目，以挑战自我，实现自我价值。

（三）社会环境的原因

社会环境主要指由制度、政策、法规等构成的社会意识形态的总和。中国几千年封建社会的发展中，战乱不止、动荡不息，但超稳定的农业生产方式、社会组织形式、宗法伦理观念使老百姓产生了重血缘、重群体、重尊卑的社会心理。因此，中国人偏爱集体旅游，强调旅行中的集体意志及尊卑关系，旅游活动易受他人影响。而古希腊的民主政治制度使民主观念、法治意识成为社会全体成员所达成的共识，他们认为人人能力相等、地位平等、行为自由，人与人之间更多地体现了一种独立的性格。因此，西方人在旅行中也强调平等独立，重视自我感受。

（四）宗教文化的原因

在中国，儒家（教）文化、道家思想以及佛教对人们的旅游行为产生了重要影响。儒家（教）"孝子不登高不临危""父母在不远游"的古训使中国人长久以来对旅行持保守态度，"比德"思想则影响了人们对自然的审美习惯；道家"崇尚自然""返璞归真""自然无为"的观点使中国人乐于走向大自然中去陶冶性情，体悟生命的价值和意义；佛教主张的"六道轮回""因果报应"等观念也促使中国人在旅游中谨言慎行。在西方，受基督教文化影响，人们通常认为自己在上帝面前是有罪的。以原罪为起点的西方文化，为远离原罪，人们不断忏悔，寻求变化，这就造成西方人求"变"、求"动"、求"异"的行为取向。因此，西方人旅游时追求活动的丰富性、参与性与刺激性。此外，在西方，宗教文化资源特别是教堂在旅游资源中占有非常重要的地位。

本章阅读案例:

引导游客理性消费邮轮产品①

怀着对蔚蓝色大海的向往、对完美假期的期待，近期我和妻子乘坐皇家加勒比海洋独立号邮轮，在西加勒比海度过了一段美好惬意的时光。我和妻子都在旅行社工作，经常出国，然而乘坐邮轮旅游还是第一次。我们参加了一个28人的旅游团，这次旅行是我们近些年来玩得最放松、最尽兴的一次，我们在牙买加欣赏了著名的杜恩河瀑布，在大开曼的海中浮潜时和魔鬼鱼不期而遇。皇家加勒比邮轮完善的设施和细致的服务，也给我们留下了深刻的印象。然而，和我们同行的很多客人却觉得这次邮轮之旅十分单调，除了看海还是看海，和他们想象中的"高端""奢华"旅行相去甚远。究竟是什么原因让我们的感受有如此大的差异？

---

① 资料来源：《中国旅游报》（http://www.ctnews.com.cn/lybgb/2010-08/23/content_773440.htm）。

一、邮轮旅游是一种半自助度假旅游产品

在国内销售的邮轮产品只占邮轮公司产品中很小的一部分，就拿我乘坐的皇家加勒比海公司来说，它拥有 28 艘豪华邮轮，经营着加勒比海、百慕大、墨西哥的里维埃拉、阿拉斯加、夏威夷和亚洲、欧洲等共计数十条航线，如果按照出发口岸来划分能有上百种产品。各邮轮公司驻京代表处只接受来自旅行社的预订，产品的组合形式为：邮轮船票加往返机票、签证费用、意外伤害险，还有领队服务。领队服务主要是在转机和岸上旅游的过程中起到协调、组织的作用，在邮轮上发挥的作用不大，因为邮轮旅游本身就是一种半自助的度假旅游产品。拿我们这次的西加勒比海之旅来说，在船上住 7 晚 6 天，其中 4 天会停靠在海地的拉巴地、牙买加、大开曼和墨西哥的柯兹美，所有的岸上旅游项目都是船票中不包含的，需要客人在旅行社报团时或者登船后自行选择并购买。每天的游览项目少则十几种，多则三四十多种，定价不同，游览时间也不同。岸上游览对完全不懂英文的国内客人来说还是有些困难，因为岸上游览大多都没有中文服务，除非国内客人自行成团（要求人数在 20 人以上）。而且一旦遇到特殊情况，如因天气原因某些旅游取消，需要客人重新选择时，因为沟通上的障碍，部分国内客人往往不知所措。部分国内客人想象中的邮轮之旅是"豪华""高贵"的，应该充满着无微不至的服务和关怀。但当他们上岸游览时，听不懂导游的讲解，又无所适从时，自然大失所望。原因就在于他们没有意识到，邮轮旅游是一种半自助旅游，需要提前做好相关准备。

二、消费习惯影响旅游体验

在部分国内游客眼中的"奢华"邮轮旅行，在国外却是真正的大众旅游。我碰到了一位美国新泽西州的女士，她告诉我，这已经是她第 14 次邮轮旅行了。邮轮旅游在欧美国家相当流行，价格也很便宜。就拿我们这次西加勒比海之旅来说，海景舱船票在美国的售价是每人 700 多美元，加上 100 美元左右的港务费，总价合人民币约 6000 元。其中包含了 7 晚双人间住宿、一日三餐、各种点心，还可免费享用船上的娱乐设施。皇家加勒比海洋独立号的设施堪称一流，但是和部分国内客人想象中的"奢华"仍有距离。比如房间，邮轮上的海景房和阳台房比不了国内一线城市的五星级酒店，因为邮轮旅游的活动空间是在整条船上，而不是仅仅局限于房间。相对其他的国外观光旅游产品，邮轮产品的定价很高，

从价格上讲绝对是高端旅游产品，所以客人对服务有很高的期待；旅行社营销时也会把邮轮产品和"奢华""高贵"联系在一起，进一步提升了客人的心理期待；再加上部分国内客人对邮轮旅游的了解仅仅来自电影、电视，这也加强了客人对邮轮产品的非理性期待，客人即使见到了比泰坦尼克还豪华的邮轮，可能也会认为离心中的"奢华"相去甚远。

西加勒比海以阳光、海水著称。皇家加勒比邮轮安排的游览项目大多是水上活动，陆上游览项目不是很多。习惯于观光旅游的国内游客对于繁多的水上项目并不是很感兴趣，拿我们这个 28 人的团队来说，有 20 人没有参加任何水上项目，甚至有 1/3 的人不会游泳。而在外国游客看来，丰富的水上活动正是加勒比邮轮的魅力所在，不同消费群体对于旅游产品消费习惯的不同，也影响着旅游的质量和自身的感受。

这次西加勒比海之行，我发现船上为中国客人准备了中文菜单。据说这是 2010 年刚刚开始的，这说明了中国市场的迅猛发展引起了国外邮轮公司的高度重视。然而针对国内消费者，邮轮公司对其产品的包装仍然很有限。比如，房间里面没有烧热水的电热壶，岸上旅游没有中文讲解（人数达 20 人会由餐厅的中国服务员客串）。同时，部分国内客人熟悉西方国家的礼节也需要一个过程，比如在主餐厅的欢迎、欢送晚宴一定要穿正装出席，平时不能穿短裤、拖鞋，还有给服务人员小费等。

三、开拓邮轮市场的几点建议

如何让客人更加理性地消费邮轮产品，准确定位目标客户群，并长久培养和维护目标客户，有如下建议：一是正确引导客人消费邮轮产品。如实告知客人邮轮旅游的真实情况和特性。二是提供差异性服务。将有能力进行自助旅游的客人和需要全程中文导游服务的客人区别对待，后者可由旅行社代为推荐并购买岸上观光产品，并收取领队全程陪同费用。三是提供更为详尽的中文服务。将邮轮上每日的行程、岸上旅游的产品目录、船上设施图翻译成中文，出发前交给客人。四是针对中西方文化观念及生活习惯上的差异，对客人进行简单的培训。只有当旅行社真正站在客人的角度，教会客人邮轮旅游应该怎么玩，才能取信于客人，更好地开拓邮轮市场。

思考题： 针对国人独特的消费理念，邮轮公司该如何应对？

第五章　邮轮旅游目的地文化

🧑‍💼导入案例：

*"83 天环游世界" 邮轮产品被指没新意*①

一、中国首个环球邮轮行程漫长费用高昂令人却步

2014 年 3 月，意大利歌诗达邮轮公司将在沪推出中国首条环球航线，计划带领 2114 名游客跨越三大洲、五大洋，到访 16 个国家，23 个目的地，每人最少花费 15 万元。该邮轮线路总行程长达 83 天，游客倘若中途想要退团，可能会遇到所持签证无法离境等麻烦，邮轮公司也不会退还剩余费月。在线路设计方面，环球邮轮途经的 23 个目的地大多集中在东南亚、地中海沿岸和美国东西海岸，并未覆盖非洲腹地、南美洲等国内出境游团队难以到达的目的地，这也被不少资深驴友评为"有创意，没新意"。

二、途经 16 国至少花费 15 万元

昨天下午，意大利歌诗达邮轮公司宣布将携手上航旅游，推出中国首个环球邮轮计划，于 2014 年 3 月 22 日在上海起航。据透露，届时该条环球线路将由歌

---

① 资料来源：东方网。

诗达"大西洋号"邮轮承运，从上海吴淞口国际邮轮码头出发，先后抵达中国、越南、泰国、斯里兰卡、马尔代夫、阿曼、埃及、希腊、意大利、法国、西班牙、葡萄牙、美国、牙买加、墨西哥、巴拿马 16 个国家的 23 个目的地，将于 2014 年 6 月 13 日返回上海，总行程 83 天。

从昨天起，国内外的游客即可通过歌诗达官网、上航旅游等渠道咨询和购买该产品。据了解，这艘环球邮轮共有 1057 个房间，可搭载 2114 名游客，船票价格根据舱位不同，最低为 99999 元，最高为 219999 元。主力房型为 20 平方米左右的海景露台房，共有 400 多间，售价为 169999 元，游客若在 2013 年 6 月 30 日前预订，可享受 2 万~3 万元不等的价格优惠。

不过，上述费用仅是船票，不包含其他费用。据悉，游客若要完成整个行程，还需要支付港务费、领队派遣成本费、途经国的签证费、岸上观光费、保险费、邮轮服务费等，每人约 5 万元。也就是说，每位游客至少需要花费 15 万元，才能参加这条邮轮线路。考虑到舱位分布，船上绝大多数游客的总花费，预计将在 22 万元以上。

三、铆牢有消费能力的中老年人

目前，中国旅游市场上的邮轮线路大多集中在日本、韩国等地，航程通常为 4~6 天，价格在 4000~10000 元，此次歌诗达推出的"83 天环游世界"线路，价格之高，航程之长，在国内前所未有，不少旅行社都担心，这样高端的产品在国内市场上是否卖得动。

对此，歌诗达邮轮公司并不在意，相关负责人表示，"环球邮轮"并不是面向普通大众的常规产品，也不会每年都有。"在欧美国家，这样的线路通常每隔 3~4 年才会开航一次，受众大多是追求高品质生活，且有一定经济承受能力的中老年游客。这次的产品，我们面向全球发售，上海市场只有 400 个名额，对销售前景很有信心。"

该负责人还表示，考虑到船上绝大多数会是中老年的中国游客，餐饮部门将在每天早上 6 点至凌晨 2 点保证中餐供应，船上还将配备 24 小时医务中心，安排适合年长者欣赏的歌剧及魔术演出；897 名船员中，至少有 40% 会说中文，以便为中国游客提供更好的服务。

四、网友吐槽：连坐 83 天邮轮，人会傻的

昨天，该信息在微博上发布后，立即被很多网友转发，不少人评价说，终于可以像法国小说中描绘的那样，圆一个"80 天环游世界"的梦想了。不过，对于这条可能是中国旅游市场上航程最长、费用最高的团队游线路，大多数网友包括很多业内专家都表示不看好。

最让网友诟病的正是 83 天的漫长航程。"83 天轮船坐下来，估计人都要坐傻了！""这三个月漂在海上，得带多少套换洗衣服啊？""同样是环球旅游，携程推出的飞机团同样游遍三大洲，同样花费 20 多万元，总行程只需 16 天，人舒服多了。"

一些坐过邮轮的网友也吐槽说，当轮船在公海上航行时，没有手机信号，没有无线网络，与世隔绝，现代人估计都会受不了。对此，歌诗达方面表示，将会提供全程无线网络和卫星电话，客房内也会提供中文电视频道，但其中绝大部分服务都需要收费，例如，无线网络，基准价为 10 美元/小时。

一些业内专家也表示，对于很多对环球旅游有想法的富裕阶层来说，83 天的航程太过漫长。"如果有人中途有急事要回国处理，很可能会因为签证问题，无法从途经国离境，只能被困在船上干着急。"而据歌诗达公司介绍，如果有游客中途放弃行程，剩余的旅费一律不予退还。

五、专家建议：不妨以大洲为界拆开销售

谈及此次"环球邮轮"的线路设计，不少业内专家都认为"有创意，没新意"。"邮轮途经的普吉岛、马尔代夫、红海、圣托里尼、马赛、夏威夷，都是全球热门的旅游景点，也是海外邮轮航线的常规目的地，对于热爱旅游的高收入人群而言，可能有很多地方都已经玩过了。而中国游客较少涉足的非洲西海岸、南美洲、南太平洋岛国，此次的环游线路都未涵盖，在吸引力方面可能会打折扣。"

有专家建议，今后邮轮公司如果再推类似的环游线路，不妨以大洲为界，把行程拆开来卖，遇到真正想环球旅行的游客，再打包销售。"想玩欧洲的，想游北美的，都可以有针对性地选择，行程能缩减至 15 天左右，总花费也可能控制在 10 万元以内。环球旅行是个很好的噱头，但做生意还是应该更实际一些。"

思考题：你是如何看待这种邮轮旅游产品的，在中国究竟有无市场？

邮轮旅游的核心体验内容由船上休闲及岸上旅游两个部分构成。邮轮目的地文化在很大程度上会影响整个邮轮产品的影响力和接受度。邮轮旅游目的地文化又分为两个部分：港口文化和景点文化。在邮轮到达邮轮港口的那一刻，港口所在地，作为一个旅游目的地的整体，就成为邮轮旅游感知的全部。无论母港还是访问港的环境、设施和服务都将影响到游客，影响到游客感知的深度和美誉度。每个邮轮目的地都有其独特的地域文化，代表其文化的事物。

第一节 美洲——加勒比海地区航游目的地文化

加勒比海以印第安人部族命名，意思是"勇敢者"。其西临大西洋、北倚墨西哥湾，北部和东部的边缘是一连串从墨西哥湾延伸到委内瑞拉的岛屿（西印度群岛），为世界上最大的内海。加勒比海地区的植被一般为热带植物，环绕潟湖和海湾有浓密的红树林，沿海地带有椰树林，各岛普遍生长仙人掌和雨林。珍禽异兽种类繁多。明媚的阳光及热门旅游区，已使该地区成为世界主要的冬季度假胜地。乘坐邮轮在加勒比海旅行，所到之处尽是碧海蓝天、阳光明媚，海面如水晶般清澈。乘加勒比海邮轮巡游加勒比海域，可以到访各种充满加勒比风情的海岛和港口。当前，加勒比海所吸引的游客比世界上任何其他区域都多。2019 年，全球邮轮市场部署份额中加勒比地区达34.4%。本区岛屿的自然特征、气候、可进入性、历史背景和政治背景各有不同。

巡游加勒比海域，有几大传统线路：东加勒比海航线——圣托马斯、圣马丁、海地、波多黎各、开曼群岛、维京群岛、大特克斯群岛、巴哈马等。西加勒比海航线——墨西哥、牙买加、哥伦比亚、危地马拉等。南加勒比海航线——多米尼加、格林纳达、圣汤姆斯、安地列斯、哥斯达黎加等。

适合加勒比海邮轮旅游的季节：加勒比海气候温和，邮轮旅游是全年性的。加勒比海沿岸平原属热带雨林气候，年平均气温23℃～26℃。山地属亚热带森林气候，年平均气温都在16℃～19℃。大、小安的列斯群岛地区、各岛北部和东部属热带雨林气候，南部和西部属热带草原气候，年平均气温25℃～26℃。

一、加勒比海东部

（一）巴哈马群岛

位于新普罗维登斯岛上的拿骚和弗里波特是巴哈马群岛的重要港口。巴哈马是西班牙词语"Bar Mar"的派生词，意为浅海。这里有近 700 个小岛，很受欢迎，拥有阳光、海水和沙滩，自称"天堂群岛"。这里的沙滩备受游客推崇和欢迎，除了延绵数英里的白色和粉色的沙滩外，岛上还有很多好玩的地方。该群岛被称为世界上第三大珊瑚礁，有包括鲨鱼和海豚在内的丰富多样的海洋生物。天堂岛上最具人气的地方是占地 14 英亩的"亚特兰特水景"，它是全世界最大的室外水族馆，这片水域里遨游着 100 多种鱼类。

巴哈马人口 30.2 万（其中 70% 分布在新普罗维登斯岛），旅游从业人口占总就业人口的 50%，50% 的 GDP 或国民收入源自旅游业或旅游产品和旅游服务的销售。该群岛与英国有历史渊源，汽车靠左行驶即是例证，尽管很多汽车的驾驶座位于左侧。游客可在这些岛上进行购物、打高尔夫和赌博等活动。

（二）波多黎各

波多黎各的圣胡安既是一个停靠港（或目的地），也是一个基地港。双重角色使其成为世界上到访游客最多的目的地之一。波多黎各被称为"魅力之岛"，拥有众多丰富多彩的吸引物，包括典型的热带海岸风光、瑰丽多姿的自然景观以及丰富的文化遗产。岛上居民的文化背景复杂，其文化受非洲、西班牙、土著和美国等文化的影响。波多黎各的人口在 400 万以下，流通货币为美元，语言是英语和西班牙语。

（三）美属维京群岛的圣托马斯

圣托马斯和岛上的港口夏洛特阿马利亚深受购物者的欢迎。经过几年的发展，该岛已成为主要的免税天堂，加上自然风光和岛屿的魅力，这里对游客产生了强大的吸引力。通往码头附近购物商场的交通很便捷，游客也可以享受诸如浮潜和水肺潜水等水上活动以及岸上活动。圣马丁岛菲利普斯堡是圣马丁岛的港口。该岛一半属荷兰，另一半属法国，因而具有两种国籍和风格。大多数邮轮停靠的菲利普斯堡属于荷兰。游客可以在该岛享受沙滩活动、水上巡游活动以及文化体验。在圣马丁购物的确是一个很好的选择，圣马丁是一个免税港，大多数的观光客都喜欢购买当地的珠宝、手表和洋酒，价格便宜到让人难以置信。

（四）安提瓜岛

安提瓜是一个葱郁的热带岛屿，还拥有引以为豪的历史景点尼尔森船坞以及一个 18 世纪的英国海军舰队基地。该岛的浮潜和水肺潜水深受游客欢迎。据说还是加勒比海东部群岛中阳光最灿烂的岛屿之一。英语是岛上的第一语言。其他加勒比海东部的港口也是有名的邮轮目的地，如托托拉岛、多米尼克、圣卢西亚、马提尼克岛和圣基茨等。

二、加勒比海西部

邮轮从佛罗里达州或休斯敦、加尔维斯顿和新奥尔良等港口到西加勒比海的交通非常方便。另外，该区的行程安排还可以把墨西哥的一些地方作为目的地，例如，科苏梅尔、坎昆、韦拉克鲁斯及坦皮科等地，从而可以设计出形式多样、风格迥异的邮轮航线。加勒比海地区西部的墨西哥、伯利兹、洪都拉斯拥有中美洲原始人文风情。西线旅游游客可离开邮轮在热带丛林中跋涉，游览美洲三大文明之一的玛雅文明遗址。其中，墨西哥的科苏梅尔岛有玛雅古迹 40 余处，科斯塔玛雅、伯利兹、洪都拉斯的罗阿坦也都是玛雅神殿、玛雅古镇遗迹游览的名胜之地。

（一）科苏梅尔

科苏梅尔是墨西哥加勒比地区最大的岛屿。科苏梅尔被称为是加勒比海上一颗美丽的珍珠，是加勒比海著名的一处度假胜地，世界上最古老的文明之一玛雅文化的遗迹完整地保存在科苏梅尔岛。玛雅遗迹遍布小岛，游人既可尽情享受加勒比海的阳光与沙滩，又可领略古老的玛雅文化。阳光满溢的象牙色沙滩上有着摇曳生姿的棕榈树及珊瑚礁。沿着如诗如画的滨海大道慢慢散步，品味带有加勒比海风情的墨西哥感觉。这里还是水肺潜水的天堂，明净的宝蓝水域，能见度深达 60 多米，能够亲身领略海底梦幻世界。

（二）基韦斯特

基韦斯特在美国最南端，被誉为"海螺共和国"。基韦斯特因众多艺术家、名流、总统和文学巨匠，如恩斯特·海明威等而闻名。佛罗里达群岛和基韦斯特是在 20 世纪 80 年代社会经济复苏之后才成为游客的必来之地的。基韦斯特的文化旅游景点，如恩斯特·海明威和田纳西·威廉姆斯的故居、前总统杜鲁门的度假行宫，都是游客游览的目的地，游客还可以购物，甚至在墨西哥湾深海垂钓。

(三) 英属大开曼群岛

英属大开曼群岛是由 3 个加勒比海岛屿组成的，包括大开曼岛、小开曼岛和开曼布拉克岛。开曼群岛是世界第四大离岸金融中心和"避税天堂"。大开曼群岛的海水清澈见底，周围遍布浅滩和美丽的珊瑚礁，五彩斑斓的热带鱼在其中自由地穿梭，因此成为世界著名的潜水圣地，吸引了众多浮潜爱好者。开曼群岛是世界上第一个海龟养殖场所在地，盛产海龟，又称"海龟岛"，拥有蔚为壮观的石灰石和珊瑚礁，以及深受欢迎的 7 英里海滩。想要更刺激的话可以去当地的海龟养殖场亲身与海龟亲密接触或者坐小帆船出海，背上氧气瓶潜入蔚蓝的加勒比海中探寻神秘的古代沉船或与魔鬼鱼一同嬉戏玩耍，玩过的人都大呼过瘾，因为只有在大开曼才能体验这些让人回味无穷的活动。

(四) 牙买加

牙买加是加勒比海地区第二大群岛国家，有大量的自然奇观，如邓恩河瀑布。邮轮游客可以攀爬瀑布，在蓝山远足探奇，进行海底或山洞游览。牙买加是个农业历史悠久的国家，以椰子、甘蔗、可可和香蕉等为主要农产品。牙买加有许多可自傲于世界的手工艺品，例如，麦秆编制的帽子和篮子、木雕的盘子、宝石首饰及其艺术品。游客亦可以在金斯敦、蒙特戈贝和奥科雷奥斯的免税品商店里购物，这里是加勒比海地区最大的购物中心。城市里热带风光美丽，海水温和，海滨浴场全年可开放。牙买加还是雷鬼音乐的发祥地，并以丰富的历史遗产为荣。以已故的巴布·马里为象征的音乐在牙买加文化中占据重要地位。

三、加勒比海南部

南加勒比海上的一些岛屿几乎没有什么人为的修饰成分，而是更多保留了其原始的风貌。从地貌上，南加勒比海的地势复杂多样，因此造就了一些可以浮潜的绝美海滩、地势险峻的火山与瀑布，让游客能领略到另一种加勒比海的风情。加勒比海南部的群岛与南美洲的委内瑞拉相距很近，其行程通常需要利用该区内的一个母港，如巴巴多斯和阿鲁巴，因而常被认为更具异域风情。许多去加勒比海南部的邮轮都是从东部的圣胡安出发的，行程中包括了加勒比海东部和南部的港口。

(一) 巴巴多斯

巴巴多斯位于小安的列斯群岛最东部，传统产业为制糖业。巴巴多斯有着很强的英国情结，以前是英国的殖民地（于 1996 年取得完全独立）。在巴巴多斯乘潜艇游览海底世界是每个到此的游客所向往的游览项目之一。主要景点包括参观朗姆酒场、岛屿观光、水上运动以及美丽海滩。海滨景色极为美丽，海滩上有成片的棕榈林。乡村温柔而连绵起伏的山景，与一些火山岛形成鲜明对比。旅游者来到该国，不仅可以领略到海岛的热带风光，参加各种娱乐活动和水上运动，而且能欣赏到一些独特的奇观。

（二）库拉索岛

库拉索的首府是威廉斯塔德。库拉索岛是荷属安的列斯群岛的主岛。这里的建筑风格带有浓厚的荷兰遗风。该岛的主要旅游活动包括购物、参观水下公园、火烈鸟、水族馆或牡蛎养殖场等一系列的活动。该区还有很多其他岛屿，包括博内尔岛、特立尼达拉岛和多巴哥。行程中可能也包括委内瑞拉的港口，如拉瓜伊拉（去加拉加斯或委内瑞拉）和卡塔赫纳。

第二节　欧洲——地中海地区航游目的地文化

欧洲是邮轮旅游的发源地，历史悠久。拥有无数的艺术瑰宝；地中海沿岸拥有众多的旅游目的地和港口，东、西地中海航线可以领略不同的欧洲文明及地中海风光。邮轮旅游产品丰富，是邮轮旅游业较为发达的地区之一。西班牙的巴塞罗那和帕尔马以及意大利的威尼斯在南欧到访港中名列前茅，英国的南安普敦因其明显的区位优势，已经崛起成为北部的主要港口，各种不同航线足以满足游客和邮轮的服务需求。

一、北欧

北欧国家的人口密度在欧洲相对较低，经济水平则最高，丹麦、瑞典等国的人均国民生产总值均遥居世界前列。该邮轮区有很多优势。对美国游客来说，他们对这里的主要城市的文化、地理和景区很熟悉；对欧洲游客而言，他们从这里的母港出发很便利；这里的大部分国家和港口设施精良，能够满足最大邮轮的需求；很多邮轮品牌，如南安普敦的丘纳德邮轮，其根就在这里。事实上，从历史上看，英国是邮轮的发源地。北欧适宜邮轮旅游的季节相对较短，每年的 6～9 月是北欧邮轮旅游的最佳季节。

　　邮轮北欧旅游的主要区域是波罗的海，波罗的海得名于芬兰湾沿岸从什切青到的雷维尔的波罗的山脉，全长 1600 多千米，平均宽度 190 千米，面积 42 万平方千米，总贮水量 2.3 万立方千米，是地球上最大的半咸水水域，相当于我国渤海面积的 5 倍。波罗的海是个浅海，平均深度只有 55 米，最深处哥特兰沟 459 米。参加北欧邮轮旅游，不但可以深度走访北欧各国的旅游景点，造访充满北欧风情的田园风光，还可以有机会踏访北极冰川，零距离地观赏电影中的野生动物；从卑尔根进入峡湾河道，巡航于海尔西特和盖伦格峡湾，来到挪威的黄石公园，踏上欧洲大陆上最大的尤斯拉达尔冰川，进入挪威海，跨越北极圈。

　　（一）南安普敦

　　南安普敦是有着丰富的历史文化遗产，又兼具高度现代化的城市。这样一个具有悠久海洋性遗产的城市，以港口贸易和轮船制造而闻名。该城市经历的盛衰起伏，主要与航运业特别是邮轮业的发展历史有关。南安普敦是英国的主要港口，有多条豪华邮轮航线，并拥有多个货柜码头。对伦敦来说，港口位置优越，它有着便利的交通联系以及满足邮轮服务需求的优良设施。本港为游览或横渡大西洋、前往地中海或北欧港口的邮轮提供了出发平台，是北欧的一流港口。

　　（二）赫尔辛基

　　赫尔辛基是芬兰的首都和最大的港口城市。从邮轮的角度来说，该城市地处波罗的海的战略位置，三面环海，交通便利。这里港务繁忙，旺季时，每天的离港轮渡多达 40 艘。港口靠近市中心，很具吸引力。芬兰有两个方面不同于其他斯堪的纳维亚国家：第一，语言不同，与其他斯堪的纳维亚国家相比，芬兰的语言跟俄罗斯和爱沙尼亚更相似；第二，芬兰与俄罗斯接壤，使得芬兰的历史和文化不同于其他斯堪的纳维亚国家。在芬兰首都赫尔辛基的总统府门前，有一座著名的青铜喷泉雕塑——波罗的海的女儿。雕像建造于 1906 年，在雕塑落成后的第九年，芬兰获得了独立。这个雕塑呈现出古典美与现代文明的交融，成了这座美丽城市的象征。

　　（三）哥本哈根

　　哥本哈根是丹麦的首府，是该国最大的城市及最大的港口，也是北欧第三大到访港，紧随赫尔辛基。哥本哈根是北欧名城，被称为最具童话色彩的城市。从这里出发的主要是北欧航线，邮轮最远可到达俄罗斯。而且航线的时间都还比较长，大都是 7 ~ 8 天或者 13 ~ 14 天的行程。

哥本哈根是一座集古典与现代于一体的城市，充满活力、激情和艺术气息。城市里充满浓郁的艺术气息，有阿肯艺术中心、路易斯安娜博物馆、国家博物馆等众多艺术博物馆。哥本哈根因其夜总会和酒吧而闻名，也是一个重要的文化旅游目的地。嘉士伯啤酒厂位于该市，这里既是一个旅游景点，也是生产中心，还有举世闻名的欧洲最古老的娱乐中心蒂沃利公园。港区的雕像是安徒生童话《海的女儿》里的小美人鱼。2006 年 3 月，哥本哈根市政府决定将美人鱼雕像向深海处搬迁，原因是过多的游客对雕塑造成太多的破坏。

（四）圣彼得堡

圣彼得堡是俄罗斯第二大城市，它坐落在波罗的海芬兰湾东岸、涅瓦河口，由涅瓦河三角洲上的近百个岛屿及河漫滩组成，因城市中拥有大量的水道、河流和桥梁，圣彼得堡还有另外一个名字——"北方的威尼斯"。它既有历史景点也有文化景点，包括冬宫、马林斯基剧院、位于市郊的沙皇夏宫旧址以及俄罗斯最大的教堂圣以撒大教堂。

冬宫是俄国历代沙皇的皇宫，由著名的建筑师拉斯特雷利设计，是俄国巴洛克式建筑的杰出典范，以美轮美奂的建筑装潢和丰富的藏品著称。冬宫博物馆与巴黎卢浮宫、伦敦大英博物馆、纽约大都会博物馆并称世界四大博物馆。冬宫拥有世界上最美丽的艺术藏品，包括史前文化、古埃及艺术收藏品以及大量欧洲油画和雕刻装饰艺术品，达 270 余万件。其中绘画作品包括了 14 世纪到 20 世纪各个名家的经典之作，被称为世界上最长的艺术画廊。

（五）塔林

塔林是联合国教科文组织（UNESCO）的遗产名城，是爱沙尼亚的首都，自称是保存最完整的少数古城之一。塔林（Tallin）名称的由来源于"丹麦的"（Tani）和"城堡"（ina），意为"丹麦的地堡"。塔林港的历史可追溯到 10 世纪，有证据表明，早在 3500 年前，这里就有人类定居点。这里景点很多，包括公园、历史建筑、宫殿和博物馆等。塔林老城分为上城和下城，三面环水，是东北欧唯一一座保持着中世纪风貌的古城。塔林是北欧第五大到访港口，也是爱沙尼亚的重要商港、渔港和工业中心。

（六）斯德哥尔摩

斯德哥尔摩是瑞典的首都，是北欧第六大到访港。瑞典拥有欧洲最大的未遭破坏的荒野（Boniface and Cooper）。斯德哥尔摩市由一系列相互连接的岛屿组成，位于梅兰湖的一端。该市既有典雅、古香古色的风貌，又有现代化城市的繁荣。在老城区，有金碧辉煌的宫殿、气势不凡的教堂和高耸入云的尖塔，而狭窄的大街小巷显示出中世纪的街道风采，大街小巷均采用石头铺筑，最宽处不过5~6米，最窄处不足1米。瑞典王宫、皇家歌剧院、皇家话剧院、议会大厦以及斯德哥尔摩市政厅等都聚集在这里。在新城区，则是高楼林立，街道整齐，苍翠的树木与粼粼的波光交相映衬。自1809年以来，瑞典一直没有卷入各种战争中，在两次世界大战中，因瑞典宣布为中立国，居民照常过着平静安宁的生活，斯德哥尔摩因此被人们称为"和平的城市"。

二、南欧

在邮轮旅游方面，该区包含地中海的东部和西部，可以通过许多港口进入多个国家。地中海气候夏季时间长，雨水稀少，阳光明媚，适于度假。该区有丰富多样的旅游吸引物，包括历史景点、精致的城市和滨海运动场，而且都在邮轮旅游的范围内。港口和旅游吸引物之间的距离使邮轮旅游计划者在安排该区的航程时，能最好地掌握时间，能使燃油消耗最经济，还可发挥宽口径的供应网络的优势。

地中海作为陆间海，比较平静，加之沿岸海岸线曲折、岛屿众多，拥有许多天然良好的港口，是连接三个大陆的交通要道。这样的条件，使地中海从古代开始海上贸易就很繁盛，成为了古埃及文明、古希腊文明、罗马帝国的摇篮。

在地中海进行邮轮旅游是全年性的，各种季节地中海都有不同的魅力和风光。如果喜欢温暖的气候，最佳季节是在每年的4~10月。

（一）巴塞罗那

巴塞罗那位于地中海西部，是西班牙的一个城市，已成为该区最大的到访港。它拥有7个专项服务邮轮的码头，高效的邮轮服务质量使基本上所有来往于西地中海的豪华邮轮都会在此停靠，因而也有更多的邮轮公司以此为母港。其相当优越的地理位置带来了无与伦比的交通优势，影响范围甚至可以达到北非。它不仅是一个重要的母港，还拥有很多旅游吸引物，因而城市本身也是一个旅游目的地。市内布满由建筑大师安东尼奥·高迪所设计的特色建筑，很多游客前往参观他未曾完成的教堂——赛格雷达（Sagra - da）家族大教堂。兰布拉斯（Ramblas）有一条主要的步行街穿过市中心通往歌德区——巴塞罗那中世纪的核心。

港口为乘客提供现代化的上下船设施，为邮轮和游客提供现代化的码头设施和网络服务。

（二）马略卡岛的帕尔马

帕尔马也是位于地中海西部的西班牙城市。马略卡岛是巴利阿里群岛的一部分，位于西班牙南部海岸不远的海面。历史上政权的频繁更迭对这片群岛的风貌和特色都起到了重要的作用。巴利阿里群岛中其他主要的岛屿有伊比沙岛和米诺卡岛，它们也是邮轮停靠港。米诺卡岛是著名的度假目的地，近年来，该港口已成为受欢迎的航空—邮轮逗留旅游产品，该岛为这种产品组合提供各种各样的度假地和住宿服务。帕尔马是马略卡岛的首府，是一座充满吸引力的城市，临近海滩，具有典型的西班牙风格，拥有让人印象深刻的大教堂、多样化的购物选择和其他旅游吸引物。

（三）威尼斯

威尼斯实际上位于亚得里亚海，而非地中海。这个意大利北部的城市有着悠久而动荡的历史，并且正在继续与自然和时间的破坏做斗争。然而，威尼斯的环境很特别，运河众多，没有车辆，有"水上都市""百岛城""桥城""水城"之称。大级别邮轮漂过圣马克广场，广场旁边的总督宫和长方形的大教堂等古建筑，给人一种不协调的视觉效果。作为一个海上贸易中心，威尼斯有着深厚的海洋文化，并且一直以海为生。其优越的终端设施能为邮轮提供抵达、离开及进入旅游目的地的优质服务。

（四）那不勒斯

那不勒斯是意大利南部第一大城市，恰好处在罗马南面。这座城市被维苏威火山所笼罩。这座休眠火山给那不勒斯提供了一个最美妙的背景，也成就了该区的两个景点，挖掘出来的罗马遗迹——庞贝古城和赫库兰尼姆。从港口很容易通往这个看起来既活跃又混乱的大城市。这里是地中海第四大到访港，仅次于巴塞罗那、帕尔马和威尼斯。

（五）奇维塔韦基亚

这个不太为人知晓的意大利港口是通往罗马的门户。在客运方面，它是意大利第二大、欧洲第三大客运港。奇维塔韦基亚市交通便捷，离罗马仅有半小时的路程。罗马城是前往欧洲的游客"必看"之地，该市有经典废墟——真正的哺乳宙斯的羊角和建筑珍品，包括广场、罗马圆形剧场、梵蒂冈、圣彼得广场等，所有这些都洋溢着现代化都市的气息。尽管镇上也有火车站，提供准时而便捷的交通服务，但从奇维塔韦基亚到罗马，通常是乘坐出租车或巴士。港口所占区域很大，船只可以停靠在离港口门户很远的地方。游客乘坐公共汽车或班车或出租车就可到达市中心。

（六）萨沃纳

萨沃纳位于意大利北部的利古里亚区，是地中海地区第七大到访港。嘉年华邮轮公司旗下的"科斯塔"号邮轮租赁了该市的现代化码头大厦，并充分利用这里的设施进行经营。萨沃纳位于意大利里维埃拉的心脏地带，里维埃拉有美丽的滨海小镇、壮观的海岸线以及很多其他旅游吸引物。逄过萨沃纳火车站可以很方便抵达热那亚、因佩里亚、拉斯佩齐亚、文蒂米利亚等各主要城市以及罗马、米兰、比萨、帕尔玛等意大利主要城市。

（七）利沃诺

利沃诺是意大利西岸第三大港口城市，通过提供货运、轮渡和邮轮交通来服务托斯卡纳周边地区。邮轮码头距市中心只有大约1/3英里的距离。然而，对大多数游客来说，这可能是无关紧要的，因为重要的景点佛罗伦萨离该港约55英里（88千米），佛罗伦萨仿佛就是一个露天博物馆。从港口也可去海滩、著名的酒厂区（托斯卡纳区以产酒闻名，其中包括熟悉的基安蒂红葡萄酒），参观一下大教堂，欣赏布鲁内莱斯基穹顶乔托钟楼，还有其他小城，如比萨、卢卡、圣吉米那诺、沃特拉和锡耶纳。著名的比萨斜塔距离利沃诺不远。

（八）杜布罗夫尼克

杜布罗夫尼克是克罗地亚一个主要港口城市、最大的旅游中心和疗养胜地。尽管在1991～1992年的塞尔维亚—克罗地亚战争中遭受沉重轰炸，这个著名的有古老城墙的城市还是得到了完好的修复，使游客能够享受街区风景的体验。杜布罗夫尼克能给游客带来风格迥异的游览经历。城市本身就很有意思，拥有古老的城墙和堡垒、狭窄的人行道和历史意义的城镇建筑。周围的乡村和海岸线提供了丰富的地理、文化和休闲活动的混合景观。

（九）比雷埃夫斯

比雷埃夫斯是希腊的一个港口，被誉为"雅典的奇维塔韦基亚"。比雷埃夫斯长期作为通往雅典的门户，因此既活跃又繁忙。港湾区域范匪很大，能够停靠各种航运工具，如邮轮、货船、轮渡和水翼船等，这些航运工具将雅典和大陆本土与许多希腊边远岛屿连接在一起。2004年的雅典奥运会使雅典及其周边区域的基础设施建设的投入可观。雅典也是邮轮游客的另一个重要目的地。该市有很多吸引游人的瑰宝，包括雅典卫城、巴台农神庙以及阿格拉集市，可从比雷埃夫斯坐出租车、公共汽车、旅游巴士和地铁抵达雅典。

（十）圣托里尼岛

圣托里尼岛是一个希腊岛屿，属于爱琴海上基克拉迪岛屿群，离比雷埃夫斯约130英里。站在该岛的制高点，可尽览壮丽景观，新月形的大陆一直延伸到大海。该岛原来是一座火山，火山的一部分崩塌到海底，于是便形成了现在的独特地形。有人称失落之城的亚特兰蒂斯，位于圣托里尼岛。在《国家地理》杂志上出现的著名的蓝顶小教堂——圣玛丽亚教堂便坐落于这个岛屿上。圣托里尼岛上的白色教堂既多又美，蓝与白的完美结合是地中海风格的代表，显得格外精致与圣洁，那种居高临下的气势令人神往。

（十一）罗德岛

罗德岛的名称来自古希腊语中的玫瑰，古代历史和现代海滩以及阳光假日相互交织，构成了希腊一道亮丽的风景线。罗德也是首府的名字，历史上曾是地中海东部文明及整个地中海航海线上的一个军事要塞。现在自身是一个与圣·约翰骑士（圣约翰骑士会是个宗教和军事组织，是在公元前7世纪为了参加圣岛战争而成立的）有密切历史联系的中世纪古城。罗德岛太阳神巨像是世界七大奇观中最为神秘的一个，这座巨像建在罗德市港口的入海处。它是希腊太阳神赫利俄斯（Helios）的青铜铸像，高约33米。可惜仅存在56年就在公元前226年的一次地震中被毁坏。

（十二）米克诺斯岛

爱琴海海域中岛屿众多、星罗棋布，海岸线曲折，有无数海湾、港口和避风小港。米克诺斯岛是爱琴海上的另一希腊岛屿。这个只有1.5万人口的小岛在夏季时会发生变化，夏季有80万名游客住在酒店、旅馆和其他旅游住宿设施内。米克诺斯的诱人之处在于主城镇的外观，蜿蜒的小街、白色的建筑，还有迷人的海岛风光。地中海拥有很多特别值得一看的目的地和港口。该区的魅力以及历史和文化价值，对很多邮轮游客产生了巨大的吸引力。有的游客与该区有祖辈上的联系，有些则是来此求学和丰富自身文化内涵的，还有一些是被美丽的风景和乡村所吸引的，或者是喜欢这里的气候。事实上，有很多人来此是为了寻求所有这些特色。

第三节　亚洲航游目的地文化

对于很多欧美客人来说，遥远的亚洲绝对是充满异域风情的邮轮旅游目的地，多元的文化呈现出迷人的神秘色彩。非凡绝妙的自然景观和丰富的历史文化遗产，使得亚洲的邮轮旅游正展现出勃勃生机。目前，亚洲邮轮航线普遍以短途为主，绝大多数航程历时 24 小时到一周不等。亚洲邮轮旅游航线中较为成熟的是东南亚航线、中日韩航线以及阿拉伯湾航线。

一、东南亚

东南亚位于热带和亚热带地区，是个充满阳光并且十分浪漫的地方，这里有数不尽的异国风情，有无数美丽浪漫的海岛。东南亚常年阳光明媚、风平浪静，而且邮轮是沿着海岸线航行，所以相对比较平稳，不用担心大风大浪的干扰。东南亚邮轮旅游适合的季节：除了每年的 9～11 月是雨季外，其他的季节都非常适合东南亚邮轮旅行。

东南亚地区多信仰佛教、伊斯兰教和基督教，许多地方建有宏伟的佛塔和寺庙。东南亚旅游资源丰富，越南的金兰湾、马来西亚的槟榔屿、新加坡的圣淘沙、印度尼西亚的巴厘岛，都是著名的旅游胜地。东南亚发展邮轮旅游具有得天独厚的自然条件，豪华邮轮在印度尼西亚、马来西亚、菲律宾和新加坡的众多岛屿中往来穿梭，带领游客领略独特的东南亚风情。

（一）泰国普吉岛（Phuket）

普吉岛是泰国最大的岛屿，印度洋安达曼海上的一颗明珠，它的魅力来源于美丽的大海、令人神往的海滩，堪称东南亚最具代表性的海岛旅游度假胜地。奈阳海滩是普吉岛上最长的海滩，共有 10 千米长的海岸线以及 1.5 千米长的珊瑚礁，是普吉岛最大的海龟产卵地。巴东海滩被视为是普吉岛上最重要的、开发最完善的地区。海滩绵延 4 千米，砂质细致，海域清净。海滩边新建了不少酒店、餐馆、酒吧、夜总会和咖啡厅，它们的装饰风格各具特色，故又被称为"欧洲村"。越是入夜越是热闹，因此成为喜欢夜生活的游客的理想之地。

125

（二）曼谷

曼谷是泰国首都和最大城市、中南半岛最大城市、东南亚第二大城市，别名"天使之城"，又有"东方威尼斯"的美称。曼谷旅游业十分发达，被评选为2013年全球最受欢迎旅游城市。大皇宫坐落于湄南河东岸，是曼谷乃至泰国的地标。皇宫汇聚了泰国的建筑、绘画、雕刻和装潢艺术的精粹。其风格具有鲜明的暹罗建筑艺术特点，故深受各国游人的赞赏，被称为"泰国艺术大全"。大皇宫景色极为精妙，和玉佛寺合称为曼谷的标志，是泰国游程中必到之地。

（三）印度尼西亚巴厘岛

巴厘岛是印度尼西亚岛屿，经济发达，人口密度仅次于爪哇，居全国第二位。岛上热带植被茂密，是举世闻名的旅游岛。由于巴厘岛万种风情，景物甚为绮丽。因此它还享有多种别称，如"神明之岛""恶魔之岛"等。岛上居民绝大多数信仰宗教，主要供奉三大天神和佛教的释迦牟尼，还祭拜太阳神、水神、火神、风神等。岛上庙宇、神龛、横梁、石基上，随处可见神像、飞禽走兽、奇花异草等浮雕。海神庙是巴厘岛最重要的海边庙宇之一，是巴厘岛的一大盛景。始建于16世纪，用来祭祀海神。该庙坐落在海边一块巨大的岩石上，每逢潮涨之时，岩石被海水包围，整座寺庙与陆地隔绝，孤零零地矗立在海水中；只在落潮时才与陆地相连。

（四）马来西亚槟榔屿

槟榔屿位于马六甲海峡北口东岸，分为槟岛和威省，是马来西亚的重要港口。因盛产槟榔而得名"槟榔屿"，它也是著名的旅游胜地，素有"印度洋上的绿宝石"、"东方花园"和"小亚洲"的盛名。槟榔屿发展旅游业已有100多年，岛上建有很多公园和花圃，绿草如茵，鲜花盛开，另有许多庙宇、教堂和别墅。从海拔821米的槟榔山山顶俯瞰可将槟榔屿尽收眼底，还可瞭望远处的绿意盎然的马来半岛。入夜后，海面上星星点点的船上灯火如宝石般璀璨，游客可以尽享美景与海鲜美食。

（五）兰卡威

兰卡威是马来西亚最大的岛屿群，由99个岛屿组成，地理位置接近泰国。四面被海水环绕，有美丽的沙滩、奇特的溶洞、青翠的树林、壮观的瀑布以及种类繁多的野生动植物。瓜镇（Kuah）是兰卡威的主要城镇，也是岛上的主要购物区，在海湾的沿岸有很多商店都出售各种免税商品，特别是啤酒和巧克力十分便宜。

巨鹰广场是被称为兰卡威象征的"鹰塔",老鹰雕塑引人注目地矗立于海边占地辽阔的广场上,象征着兰卡威就如高飞的老鹰一般,未来的经济将更加蓬勃发展。巨鹰广场不但是兰卡威的代表性建筑,而且隐喻着生生不息的繁荣前景。

二、中日韩

邮轮日韩航线主要包括充满朴质、自然氛围的日本的福冈、鹿儿岛、熊本、长崎、神户、大阪等港口和城市,以及韩国的济州岛、釜山等海滨岛屿城市,这些不同城市远离喧嚣的大都会,空气清新、民风朴实、自然环境优美,同样充满了独特的异国情调和风土人情。

日韩邮轮旅游适合的季节:日本和韩国的气候跟中国的东部沿海地区相似,因考虑海浪及台风的频繁因素,基本上每年的 3～10 月是日韩邮轮旅游的最佳时节。3～6 月气温在 10℃～25℃,7～9 月气温在 30℃～35℃,10 月在 25℃左右,温度适宜,非常适合出游。

中日韩地区主要是大陆、海岛和半岛,但都处于北温带,季节差异大,有时受台风的影响,除个别地区外,海滨旅游的优势均不突出。中日韩邮轮旅游有多种可供选择的航线,邮轮穿梭于中国、日本、韩国的多个港口之间,旅游的旺季是每年的 3～10 月。

(一)中国上海

上海地处我国南北海岸线的中点,是世界第三大港和中国最大的港口城市,拥有上海港国际客运中心和吴淞口国际邮轮港。从上海出发,邮轮几乎都可以在 48 个小时内到达韩国、日本、中国香港、中国台湾及新加坡等国家和地区,上海具有天然的水深优势,特别是吴淞口国际邮轮港前沿航道水深常年保持在 9～13 米,距离长江主航道近,有 1～2 千米,海岸线长度约为 4.1 千米,靠泊等级在 8 万吨以上,可同时停靠 4 艘 10 万～15 万吨级的大型邮轮。

上海旅游业发达,旅游需求旺盛,背覆长三角地区旅游市场巨大,存在大量的现实与潜在游客。旅游者消费能力较强,旅游产品结构丰富多样,具有丰富的观光、休闲度假、文化旅游产品以及会展、体育旅游产品、现代农业旅游等专项旅游产品。上海旅游业正在从大众旅游时代到体验旅游时代过渡,旅游观念深入人心。

上海自开埠以来,即是东西方文化汇聚之地,因而不断有先进文化、先进理念、先进管理等外来文化涌入,形成了海纳百川的城市精神,上海市民自古对新鲜事物就有较强的接受能力，邮轮教育培训发达，专业人才济济；具有技术含量高、设计能力强的船舶与航运科研院所，如上海船舶研究设计院、中国船舶与海洋工程设计研究院、上海船舶运输科学研究所等，为船舶设计、船舶装备设计、修造船码头设计等方面搭建了良好的智力平台。同时上海具有优质造船基地，如上海外高桥造船有限公司、沪东中华造船（集团）有限公司、崇明岛上海船厂等。

（二）中国三亚

海南省三亚市作为全国唯一的一座热带滨海风景旅游城市，气候宜人、四季如春，素有"天然温室"之称。三亚对面是南中国海和泰国湾，一年四季都可以进行邮轮旅游。三亚凤凰岛国际邮轮港拥有 8 万吨级邮轮码头，三亚凤凰岛国际邮轮港二期工程建成后，三亚凤凰岛国际邮轮港将能同时停靠 6 艘 3 万 ~ 25 万吨级的国际邮轮，建设规模和建设水平将使其成为亚洲最大最好的邮轮母港之一。凤凰岛位置优越，从三亚出港口不足 1 小时，便可进入国际主航道，北上可至中国香港、中国台湾、日本，南达南中国海、东南亚及印度洋，是远航南中国海及印度洋的必经之路，是国际环球邮轮东南亚交通中转站及航运补给站，在邮轮航线中拥有重要战略地位。

（三）日本福冈

福冈是日本九州地区的交通、信息、娱乐中心，无论是作为连接县外的交通枢纽站，还是作为市内第一闹市的天神，每天都是熙来攘往、热闹非常。历史悠久的古迹、草木葱翠的公园、为数众多的游乐景点以及接连落成开张的购物中心，使福冈成为一座充满活力的城市。福冈的魅力除了都市购物、美食娱乐之外，还在于能够一享周围目不暇接的自然景色和温泉。福冈特有的新鲜水产种类繁多，有"食在福冈"的美名。

（四）日本长崎

长崎是日本九州岛西岸的著名港市，位于日本的西端，与我国上海相隔仅800 千米，自古以来就是沟通中国与日本的桥梁。长崎是日本锁国时代少数对外开放的港口之一，是一个交通枢纽城市，英国、葡萄牙、荷兰都是通过它与日本有了密切的往来。长崎与朝鲜半岛也有很深的渊源。长崎也是继广岛之后世界上第二个被原子弹毁灭的城市。长崎市的地形宛如一个圆形剧场，将长崎港广阔无垠的海面展现于舞台上。这里的民房一直排列到山顶，形成一道亮丽的风景线，也是长崎市的一大特色。市内主要名胜古迹有长崎和平公园、兴福寺、浦上天主教堂、大浦天主教堂等。

（五）韩国济州岛

济州岛是韩国第一大岛，位于朝鲜半岛的南端，属海洋性气候的济州岛素有"韩国夏威夷"之称。济州岛是 120 万年前火山活动而形成的岛屿，韩国最高峰海拔 1950 米的汉拿山就位于济州岛中部，汉拿山意为"能拿下银河的高山"，人人到了济州岛都想攀登征服这座汉拿山。济州岛民风朴实，在这里可以观赏名胜古迹，欣赏自然景观，还可以登山、骑马、兜风、狩猎、冲浪和打高尔夫等，是理想的垂钓和旅游胜地。

三、阿拉伯湾

随着国际邮轮公司的全球扩张，豪华邮轮开始驶入阿拉伯这方神秘的国度，拓展新兴邮轮旅游市场。无论是未来之城迪拜（Dubai）卓尔不凡的国际化气息、阿布扎比（Abu Dhabi）海天一色的绚丽风景，还是富查伊拉的阿联酋多元文化，都吸引着越来越多的游客乘坐邮轮，去领略像阿拉伯传说一样无穷无尽的中东魅力和海湾传奇。邮轮航线一般为期一周左右，从阿联酋迪拜出发，沿途停靠阿曼首都马斯喀特（Muscat）、阿联酋首都阿布扎比以及岛国巴林（Bahrain）等地。

中东地区是指地中海东部与南部区域，从地中海东部到波斯湾的大片地区。这里既有迪拜的奢华体验，也有古老神秘的埃及文化习俗值得游客去体验、探索。

中东邮轮之旅，从迪拜开始，从探访世界上第一家七星级帆船酒店、全球最大的购物中心、世界最大的室内滑雪场，到阿布扎比的大清真寺；还有富查伊拉堡垒，去体验阿拉伯当地居民传统的生活习惯；或是依山傍水、风景秀丽的阿曼马斯喀特，那里城市神秘和丰富的阿拉伯文化遗产，每年都吸引着众多的海外游客。如果从地中海穿越苏伊士运河来到迪拜，还有机会巡访到沿途的非洲风情，从埃及的金字塔，到位于尼罗河口以西的著名城市亚历山大，还有海陆连通的埃及、约旦、沙特阿拉伯等国家。

适合迪拜邮轮旅游的季节：迪拜属印度洋气候，迪拜的夏季（5～10 月）酷热，气温高达 45℃以上，局部沙漠地区有小沙暴。11 月至次年 4 月为冬季，平均气温 7℃～20℃。12 月至次年 2 月为雨季，全年降雨稀少，年均不足 100 毫米。新年伊始的迪拜气候适宜、阳光和煦，正是外国游客充分领略当地风情的黄金时间。

（一）迪拜

迪拜是阿拉伯联合酋长国的最大城市，也是中东地区的经济和金融中心。迪拜拥有世界第一家七星级酒店（帆船酒店）、世界最高的摩天大楼（哈利法塔）、全球最大的购物中心、世界最大的室内滑雪场。其源源不断的石油和重要的贸易港口地位，为它带来巨大财富，使迪拜几乎成为奢华的代名词。近年来，迪拜开始将视线转向奢华邮轮旅游。

2010 年开港的迪拜 Rashid Complex 码头可同时容纳 4 艘大型豪华邮轮，新邮轮码头的外观设计蕴含了十足的当代阿拉伯风味，它集浓厚的海事传统和纯朴热情的好客之道于一体，向世人彰显了迪拜人既传统又现代的人文气息。

（二）巴林

巴林为首个步入后石油经济的波斯湾国家。当前巴林经济并不依赖石油，自 20 世纪后期，巴林已投入巨资在银行和旅游事业。巴林景色秀丽、四季如春，天然的涌泉散布岛内各处，神赐之水与灿烂的阿拉伯阳光所孕育的天然椰林点缀各地，素有"海湾明珠"之称。巴林如今已成为中东地区的金融与航运中心。

第四节　其他航游目的地文化

一、大洋洲和南太平洋

大洋洲是一片宽阔的海路区域，包括澳大利亚、新西兰、新几内亚岛，共两万多个岛屿，著名的复活岛就在大洋洲。而南太平洋一般指的是赤道与南回归线之间的海域。这里不仅拥有全球数量最多的、特色各异的岛屿，其瑰丽斑斓的文化与充满传奇的历史都焕发着迷人的风采。大洋洲区域的土著人的风土人情十分独特，如新西兰的毛利人，其民俗风情在世界独树一帜。南太平洋群岛总人数约500 万人，其中 80% 是有土著血统的混血种人。大洋洲国家重视发展旅游业，例如，汤加、瓦努阿图等国家旅游业收入可观，成为国民经济的重要组成部分。这片海域拥有浑然天成的美景，其热带岛屿蕴藏着无数宝藏，美丽岛屿上丰富多彩的生活、文化、历史及景点都吸引着各地游客。

本区位于南半球，所以其季节与北半球相反。因此，澳大利亚和南太平洋的夏季巡游季节从 11 月持续到次年 4 月。随着中国和印度等新经济体的出现，这片广袤的区域很可能会持续增长，因为新的消费市场和新的相对便利的邮轮航线为这一区域带来了机遇。

大溪地及其岛屿属于法国的海外领地，称为波利尼西亚，位于南纬 17°32′、西经 149°34′，太平洋南部，属于南太平洋群岛之一，首府为帕皮提。波利尼西亚位于南太平洋，占据了广袤的海面，约为 400 万平方千米，相当于整个欧洲大陆的面积，但是陆地面积仅为 4000 平方千米。大溪地形状从空中鸟瞰似尾鱼，鱼头鱼身被称为"大塔溪提"（Tahiti Nui），鱼尾叫"小塔溪提"（Tahiti Iti），因其秀美的热带风光、环绕四周的七彩海水，被称为"最接近天堂的地方"。风光旖旎多姿的 118 个小岛组成了风格各异的五个群岛：北面荒蛮峻岭的马库萨斯群岛，中部火山高耸的社会群岛和拥有惊人环礁岛的图阿姆图群岛，南面的奥斯塔拉群岛，东南面的甘比亚群岛。

大溪地享有宜人的热带气候，全年阳光充沛、空气清新、海水湛蓝。年平均温度在 27C°，海水平均温度为 26C°。大溪地以其醉人的景观和浪漫的氛围，这个"离天堂最近的地方"，成为许多人梦寐以求的度假天堂。

二、大西洋群岛

一系列重要的火山岛是北半球邮轮航线的一部分。这些岛屿或群岛包括加纳利群岛、马德拉群岛和亚速尔群岛等。尽管加纳利群岛的特尼里弗、兰萨罗特、大加纳利、富埃特文图拉是西班牙管辖的岛屿，但它们在欧盟（EU）的司法管辖权之外，这就意味着在欧盟注册的邮轮在此有机会售卖免税酒。在欧盟注册的邮轮，如果其航线中的目的地或港口属于欧盟成员国，则不能销售免税酒。马德拉群岛和亚速尔群岛是葡萄牙的海岛，其中，加纳利群岛相对靠近北非海岸线，全年气候温和；马德拉群岛的气候与加纳利群岛相似，是颇受邮轮游客欢迎的邮轮目的地，在这里，游客可以享受青翠葱郁的风景和其首府丰沙尔的魅力。亚速尔群岛则具有不同于上述二者的风格，宁静而相对偏远。对于横渡大西洋的邮轮来说，这些岛屿曾经是很便利的停靠点，但是现在由于后勤保障能力的提高，大大降低了对这些岛屿的依赖，因而停靠这些岛屿的频率也降低了不少。

三、其他热点地区

(一) 夏威夷

夏威夷（Hawaii）位于北太平洋中，距离美国本土 3700 千米，总面积 16633 平方千米，属于太平洋沿岸地区。夏威夷的州府是檀香山（Honolulu），为旅游胜地，最吸引人的地方是威基基海滩（Waikiki Beach）。全年风和日丽、水蓝天青，宜游泳、冲浪，可以荡舟，也可以捕鱼，每年进出檀香山的船舶约 2000 艘。夏威夷主要有 8 个大岛和 120 多个小岛，自东南向西北斜跨北回归线，延伸 2400 多千米，即从东南端的夏威夷岛到西北端的库雷岛。主要的 8 个岛屿在北回归线南侧，相当于狭义的夏威夷群岛，即夏威夷岛、毛伊岛、卡胡鲁伊岛、拉奈岛、莫洛凯岛、瓦胡岛、可爱岛、尼豪岛。

夏威夷虽然地处热带，但气候温和宜人，拥有得天独厚的美丽环境，风光明媚、海滩迷人。草裙舞更是让观光者念念不忘的当地民俗，诗一般的气氛，如画的情调，令人陶醉。夏威夷是太平洋上一颗璀璨的明珠。夏威夷气候很特别，在这里可以经历到全球 15 个气候带中的 10 种气候特点。而从严格的意义上来说它属于有季风调节的海岛型气候，全年气温变化不大，平均气温在 24℃，在所谓的冬季气温不会低于 20℃，而即使是夏季，30℃ 也已经是炎热的上限了。如果去夏威夷旅游的话，2～3 月是这里最冷的时候，而温度最高的时候出现在 8～9 月。并且如前所述，这都是相对的。

(二) 阿拉斯加地区

阿拉斯加州位于北美大陆西北端太平洋沿岸，也是美国面积最大的州、世界最大的飞地地区。东与加拿大接壤，另三面环北冰洋、白令海和北太平洋。1867 年，美国国务卿西华德以 720 万美元从沙皇手里买下了 160 万平方千米的阿拉斯加，这一事件被称为史上最赚的买卖。随后，阿拉斯加逐渐发现金矿，又发现了丰富的石油。阿拉斯加坐拥全世界最多的冰河、峡湾，是北美野生动物的天堂，在这里可以同时感受万年冰川与荒野原林的壮美，成为了旅游爱好者心中的胜地。阿拉斯加是世界上最著名的邮轮旅行线路之一，邮轮是深入难以抵达的阿拉斯加的最佳旅游方式。在阿拉斯加邮轮旅行中，可以体验冰川、巍峨绝岭、古代森林的壮丽景致，以及观赏数之不尽的野生动物。旅途中，邮轮航游于壮观的哈伯（Hubbard）冰川及梭亚（Sawyer）冰川，穿越内航道（Inside Passage），并造访多个阿拉斯加历史港口，如史凯威（Skagway）、朱诺（Juneau）、西特加（Sitka）及科奇坎。

阿拉斯加邮轮旅游适合的季节：在白令地区，每年 5 月 10 日太阳升起后，在随后的 3 个月里将不再落下；而每年 11 月 18 日日落之后，当地居民将有 2 个多月看不见太阳冉冉升起。所以每年的 5～9 月是阿拉斯加邮轮旅游最适合的季节，也正是观看野生动物的好时机，狼、麋鹿、海豹、海象、北极熊等只能在电视上看到的动物，在邮轮旅行的过程中，都有机会看到。

（三）南极洲地区

南极洲位于地球的最南端，因绝大部分地处南极圈而得名，又称"第七大陆"，是围绕南极的大陆，是地球上最后一个被发现、唯一没有土著人居住的大陆。因为它是一片冰雪世界，所以也被称为"冰雪南极洲"。在南极圈内暖季有连续的极昼，寒季则有连续的极夜，并有绚丽的弧形极光出现。整个南极大陆被一个巨大的冰盖所覆盖，气候严寒的南极，植物难以生长，偶能见到一些苔藓、地衣等植物。海岸和岛屿附近有鸟类和海兽，鸟类以企鹅为多。夏天，企鹅常聚集在沿海一带，构成有代表性的南极景象。南极洲的动物有企鹅、海象、海狮、信天翁等。全洲无定居居民，只有来自世界各地的科学考察人员和捕鲸队。南极大陆是人类最后到达的大陆。各国在南极洲已建有 60 多个观测站和 100 多个考察基地。

南极航线是银海邮轮的经典航线，旗下的银云探险号是可以远征南极的，它的套房中有 85% 的阳台房，游客可以随时在房间内看鲸鱼出没，欣赏南极冰川峡湾美景。所有房型均配有免费的专属私人管家。在享受极致奢华的同时，顶级探险家将带着游客领略南极的冰雪风光。乘坐邮轮前往南极洲探险已经不再是一个遥不可及的梦。

12 月至次年的 2 月，最适合南极邮轮旅行。不建议 11 月初去，那时风浪较大，船晃得厉害。特别像德雷克海峡这些地方，风浪一天行船会不方便。12 月之后的天气状况会好一些。

第五节　中国航游目的地文化

中国的港口数量非常庞大，表 5-1 列举了近几年中国一些主要邮轮接待港的运营情况。目前中国的邮轮接待港可以分为五大主要港口群，正在形成各自的旅游目的地区域文化。

表 5 - 1 　2016～2019 年中国大陆邮轮接待港概况

港口	接待国际邮轮（艘次）				接待国际邮轮出境游客（万人次）			
	2016 年	2017 年	2018 年	2019 年	2016 年	2017 年	2018 年	2019 年
上海吴淞口国际邮轮港	513	512	403	105	289.45	298.58	275.29	237309
天津国际邮轮母港	142	175	116	31	71.47	94.21	68.39	72000
广州港国际邮轮母港	104	122	94	32	32.60	40.35	48.12	22000
深圳蛇口太子湾邮轮母港	12	109	89	104	2.23	18.91	36.46	213981
厦门国际邮轮中心	79	77	96	11	19.09	16.18	32.48	12572
大连国际邮轮中心	27	31	34	17	6.48	6.91	8.45	46616
青岛邮轮母港	52	63	44	21	8.95	10.94	11.00	33601
三亚凤凰岛国际邮轮港	25	12	20	35	9.65	4.00	2.01	68970
海口秀英港	—	32	54	28	—	2.61	5.12	13861
温州国际邮轮港	—	1	6	—		0.5	1.47	24284
舟山群岛国际邮轮港	13	15	1	—	1.78	3.06	0.04	—

资料来源：《中国邮轮年度报告》。

一、长三角地区

长江三角洲地区港口群依托上海国际航运中心，以上海、宁波、连云港港为主。长三角城市有着丰厚的人文、历史资源积淀，又有秀丽的自然风光，为江南锦绣之地。旅游资源十分丰富，以湖光水色、城市风光、古典园林、吴越文化遗迹为特色，同时也兼具大都市的便利和舒适。这块区域都可以体验南京民国文化、中国茶都——杭州茶文化、苏州小桥流水人家市井生活文化和上海万国博览等。古镇水乡风情、世界遗产文化历史、佛国文化在这一块区域都可以领略到。同时，上海作为国际邮轮母港和停靠港，每年可以吸引大量游客前来体验其独特的海派文化。

二、珠三角地区

珠江三角洲地区港口群由粤东和珠江三角洲地区港口组成，以广州、深圳、珠海、汕头港为主。珠三角文化旅游形象策划以历史文化遗产为依托，以岭南文化、古越文化为主题，以"古、人、文、江、湖、花"为主线，将岭南传统民居区、历史文化遗产汇集区等景点有机结合，不同地区以不同物质载体表现其地域文化特色。如佛山"龙"民俗文化、肇庆"包公"府衙文化、广州"百越人"文化、中山"伟人"故乡文化、顺德"瓷窑"遗迹文化等。珠三角地区致力于打造"动态邮轮文化"项目，增加游客的参与性，塑造珠三角现代文明与历史文化并重的文化旅游区域形象。

三、环渤海地区

渤海地区港口群由辽宁、津冀和山东沿海港口群组成。其中，辽宁沿海港口群以大连东北亚国际航运中心和营口港为主，津冀沿海港口群以天津北方国际航运中心和秦皇岛港为主，山东沿海港口群以青岛、烟台、日照港为主。环渤海地区优越的地理环境和悠久的历史文化孕育了丰富的自然和人文旅游资源。其中，有 8 个中国优秀旅游城市、3 个历史文化名城；58 个国家 AAAA 级旅游区（点）。在旅游资源开发上各地各具特色，互补性很强。

特别是 2014 年"中华泰山号"催生了烟台旅游的新时尚。"中华泰山号"邮轮是我国第一艘全资、自主经营、自主管理的国际豪华邮轮。它的投入营运，成功推动了烟台的山海资源转化为烟台旅游经济新的增长点，使日渐式微的滨海旅游产业迎来了新生，提升了烟威地区旅游业的整体层次。

四、海南岛地区

早在 20 世纪 90 年代，海南便已成为国际邮轮停靠港。海南的三亚被称为"东方的夏威夷"，中国唯一的热海海滨城市，适合全年通航，良好的空气质量以及独具特色的海滨风情吸引了国内外的游客。2011 年 11 月，丽星邮轮"宝瓶星号"豪华邮轮开始以三亚为母港，开通三条国际航线，成为首艘以三亚为母港的国际邮轮。2012 年 9 月宣布成立的海航旅业邮轮游艇管理有限公司是中国第一家本土邮轮公司。海航旅业从 P&O 澳大利亚购得 47700 吨的邮轮海娜号，于2013 年初投入运营。作为热带岛屿省份，海南长夏无冬，是开展邮轮活动的天堂。海南紧邻港澳台和珠江三角洲，与东盟国家毗邻，是中国通往世界的海上交通要道，位于中国对外开放的前沿要塞。海南省管辖我国 2/3 的"蓝色国土"，环岛遍布为数众多的旅游资源，高星级酒店云集，为邮轮产业发展提供了良好的配套服务条件。

五、内河区域

全球内河邮轮旅游产业主要有四大市场：欧洲的莱茵河、多瑙河，埃及的尼罗河，美国的密西西比河和中国的长江。长江的内河邮轮发展前景是非常好的。目前，内河邮轮旅游主要集中在长江上。长江邮轮所经区域有14个世界遗产、69个国家级风景名胜区、37个国家级历史文化名城、22个国家首批AAAAA景区。长江不仅拥有壮丽的山水画廊，而且也是丰富的文化宝库，其中邮轮文化资源类型多样、品位很高，有着巨大的开发价值。

本章阅读案例：

三亚拟开辟"海上丝绸之路"邮轮线[①]

《三亚市邮轮旅游发展专项规划（2012—2022）》指出，邮轮旅游已成为中国休闲旅游新业态和新需求之一，未来海南三亚邮轮旅游方面的乘客80%都将是国内乘客，我国邮轮乘客平均年龄是39岁，远低于国际邮轮市场49岁的平均年龄。除此之外，规划将我国中等收入阶层作为邮轮的消费群体，将白领作为邮轮行业重点培育的市场目标。

《三亚市邮轮旅游发展专项规划（2012—2022）》拟开辟"海上丝绸之路"邮轮航线，设定了"海上丝绸之路"邮轮航线10～20天的航程。路线设计为：由三亚出发，到达广东省的雷州半岛、越南岘港、马来西亚的马六甲、斯里兰卡、印度的孟买、阿曼的马斯喀特、阿拉伯半岛的亚丁、埃及的陶菲克港，然后经新加坡返航至三亚。

2012～2015年为第一阶段，以提升港口，完善出入境服务为突破口，加快三亚凤凰岛国际邮轮母港二期工程建设，使港口泊船承载能力达到国际一流水平，进一步推进餐饮、住宿、休闲、娱乐、养生、购物，以及生活物资补给和生活垃圾回收等配套设施建设；依托母港，与东部沿海地区、中国香港、东南亚地

---

① 资料来源：《中国旅游报》。

区的合作与交流，开通以三亚为邮轮母港和停靠港的国际、国内精品线路；在宏观上出台支持邮轮旅游发展的规划和政策，统一快速便捷的出入境检查程序，形成成熟的国际大型邮轮的检查模式，建立符合国际惯例的通关模式和口岸检查协调机制。

2016～2020年着重优化功能，打造邮轮母港城市。根据邮轮母港城市的要求，加快三亚构建以邮轮港口为中心的立体交通体系，建立面向全球的更加发达的航线系统；发展可容纳大流量旅客的大型购物、餐饮与宾馆设施，建成一批附属商业、餐饮、旅游、休闲、娱乐以及航运文化等综合服务配套设施；进一步提升组织能力，实现港城互动，延伸岸上消费。

在提升完善三亚邮轮母港城市功能的基础上，加快培育邮轮相关产业，延伸产业链条，大力促进邮轮旅游业与其他产业融合发展，形成大产业发展的格局，构建三亚邮轮经济体系。把三亚打造成世界一流邮轮母港基地、国际知名邮轮旅游目的地、我国邮轮旅游发展试验区。

到2020年，三亚邮轮旅游客运量达到100万人次，年平均增长率为10.7%，其中从三亚出发到中国沿海地区的航线客运量为30.5万人次，港澳台地区的航线客运量为36万人次，新加坡、越南、泰国、印度尼西亚等亚太地区的航线客运量为32万人次，其他国家航线客运量1.5万人次，直接带动就业1.5万人。

思考题： 各个海港城市应该如何发展提升邮轮文化，发展邮轮产业？

第六章 邮轮企业文化

导入案例：

歌诗达贩卖"梦想"

一、对服务业来说，创新更应该成为命脉和灵魂

随着国内旅游业的蓬勃发展，在欧美风靡多年的邮轮产业成为中国旅游经济的新亮点。2006 年，歌诗达瞅准这一时机进入中国，开辟了以上海、天津和香港三大港口为母港的不同航线，成为进入中国市场的首家跨国顶级邮轮公司，一路培育市场，开疆拓土。这家总部位于热那亚的意大利企业共经营三个独立品牌：AIDA Cruises、Iberocruceros 和 Costa Cruises，投入运营的共有 16 艘邮轮，另有 7 艘邮轮在建。数据显示，多年来，歌诗达全球的客户满意度达 98%；短短两年，在中国的客户满意度也达到 98.28%。秘诀何在？

二、旅游产品也需不断创新

在歌诗达看来，这种创新，既包括新的航线，也包括新的创意和理念，以及新的服务手段及推广方式。

让消费者购买梦想，而非产品。尽管歌诗达在全球已有 60 年的经营历史，但邮轮这种产品在许多国家，仍然是一种全新的旅游产品，在消费者和旅行社眼

里也不过是个全新的概念，甚至存在不少认识上的误区。"在很多消费者看来，轮船似乎只是个交通工具，把人从一个目的地带到另一个目的地；也有些消费者，甚至把邮轮等同于赌船，这是邮轮产业发展实实在在的挑战。但歌诗达对产品的理解远非如此。"在接受《经理人》采访时，歌诗达邮轮公司亚太区副总裁马司模（Massimo Brancaleoni）先生说，"船上承载了太多的内涵，我们的想法是，买了邮轮的船票，就等于让消费者购买一个梦想"。马司模所说的这种梦想，既包括对众多历史古城和度假胜地的尽情饱览，也包括对浪漫的欧陆风情和精美的意大利美食的尽情享受，以及丰富多彩的娱乐项目，当然，还包括夕阳下的惊喜邂逅、良朋欢聚、蜜月旅行、天伦之乐。"我们在产品设计上努力为消费者圆梦，宣传中也努力彰显典型的意大利风格。"

不重防卫，重战略。这是歌诗达在航线研发和服务手段创新等方面的重要指导方针。目前，在中国市场，歌诗达已有丽星邮轮和加勒比邮轮两个重要的竞争对手，歌诗达在地中海一线具有绝对优势。"在线路设计和市场推广过程中，我们不仅仅考虑中国，更是着眼全球。"马司模说。来到中国的第一年，由于消费者对这种产品的生疏，歌诗达的运营困难重重，他们主要做了两个方面的努力：一是与100多家国内知名旅行社结盟，通过各种方式让它们尽可能多地了解产品，帮助歌诗达销售邮轮度假游产品；二是对消费者的推广，通过电视广告、平面广告和网络互动广告以及各种体验营销的方式，对消费者进行宣传，让他们认识邮轮度假的好处，提高品牌的认知度。"现在，我们在中国市场立足已经两年了，是在中国推出全球航线的时候了。2008年，歌诗达在中国共推出8款各具特色的地中海邮轮度假产品。"马司模说："尽管我们已经有竞争对手，并可能有越来越多的竞争对手加入，但是我们不惧竞争，我们非常欢迎竞争者一起来开拓中国市场，做大邮轮旅游市场的蛋糕。"

创新，再创新。"创新是歌诗达的命脉和灵魂。"马司模说，"歌诗达的发展史，就是一部邮轮服务业的创新史。"1948年转型邮轮服务业至今，歌诗达缔造了诸多业内首创：首创"飞机＋邮轮"的旅行模式；首创将艺术真品引入邮轮的艺术空间；首创用私人露台形式改变邮轮建造结构；首创地中海冬季航线；首创"先定先赢"的策略，改变消费者的度假方式和预定习惯。"我们每天都在问自己，歌诗达进步了吗？歌诗达还能为消费者提供哪些独特的东西？是哪方面服务的改进，是食物、红酒，还是某项娱乐？"马司模说。

旅客评估表。每个航程在结束前，旅客们都会收到一份邮轮服务评估表，歌诗达根据反馈回来的意见，不断地改进服务，完善产品。"我们的客户来自全球120多个国家和地区，这要求我们的服务、娱乐项目和管理技巧都要维持在很高的水平，我们一直在根据他们的需求不断进行调整和完善，在尽量保留意大利特色的基础上满足各国消费者的口味。"马司模说。

三、让客户满意成为每位员工的DNA

"只有员工是快乐的，消费者才是快乐的、满意的。"马司模说，"歌诗达对员工的要求非常高，总体上都是大学学历，尤其是酒店行业及服务行业的毕业生。经过初选后，歌诗达会对入职员工进行培训，对有工作经验和无工作经验的员工，安排的培训时间不同。然后，就是在船上的最初6个月是实习期，我能保证在这个过程中职员们都工作得很快乐，因为他们的薪资很高，我们以欧元结算薪水，所有的职员都很快乐。我们的目标，就是通过员工满意，让客户满意成为每位员工的DNA。"

歌诗达在员工培训方面耗资巨大。"歌诗达的培训方式与其他邮轮公司有所不同，其他邮轮公司都是在船上对员工进行培训，这种在职培训的方式尽管成本低廉，但很难保持持续性。"马司模说。歌诗达在意大利、印度尼西亚、印度、菲律宾等国共建了8所专门的培训学校，向员工们教授专业的客户服务技巧，而且随着产品线向全球的不断延伸，每年都有新的培训学校在全球各地诞生。只有经过严格的训练，掌握娴熟的服务技巧之后，员工才能上船工作。目前，歌诗达在中国仍处于贴钱培育市场的阶段，与欧洲动辄数万元的高昂价格相比，在中国几千元的价格显然非常低廉。但是，马司模仍对邮轮产业在中国的发展充满信心。"整个亚洲的邮轮旅游当前大概只占到全球的不到5%，在中国也只是刚刚开始，上升空间无可限量。随着经济的发展和国家政策的扶持，越来越多的中国消费者将会成为邮轮旅游的潜在客户。因此，未来几年，歌诗达会继续加大在亚洲和中国的投资，将增加第二艘邮轮常驻亚洲，并继续向中国消费者展示歌诗达的邮轮旅游概念和品牌实力。"

思考题：国际邮轮公司发展的成功之道是什么？

第一节 邮轮企业文化形成与发展

邮轮公司的文化包括邮轮公司的历史、邮轮公司的船队及船队文化和邮轮风格、邮轮公司的经营理念及市场定位和邮轮公司的运营线路。回顾邮轮旅游起步阶段各家邮轮公司的公司文化，它们都有自己的特色及偏向性：如卡纳德邮轮公司在 20 世纪中前期过于注重速度，而白星邮轮公司则是极其重视内部的装饰和乘船的舒适感等。

在经营方式上，邮轮旅游基本采用国际化运作模式：各主要邮轮公司的总部基本聚集于美国、欧洲，但各大邮轮公司及其船只的注册地主要位于巴拿马、利比里亚、巴哈马群岛以及百慕大群岛；邮轮公司通常在全球范围内进行其人力资源的招聘和组合；邮轮公司充分挖掘各地的旅游资源，在全球地理范围内开发最有利可图的航线并部署生产要素。在时间分布上，邮轮公司的经营也力争终年无季节波动性。

一、邮轮企业文化内涵与功能

（一）邮轮企业文化的定义

邮轮企业文化是指邮轮企业在长期为游客服务的经营活动中逐步形成的，带有本企业特色的价值取向、行为方式、经营作风、企业精神、道德规范、发展目标和思想意识等因素的总和。概括来讲，邮轮企业文化就是邮轮企业主客体相互作用产生的物质财富和精神财富的混合体。它包含表层的物质文化、里层的行为文化、中层的制度文化和核心的精神文化四个层面。其中，邮轮企业物质文化是指邮轮企业通过可视的客观实体表达和折射出来的文化特点和内涵；邮轮企业行为文化是指邮轮企业员工在生产经营、学习娱乐中产生的文化，包括企业经营、教育宣传、人际关系活动和文体娱乐活动中产生的文化现象；邮轮企业制度文化是人与物、人与企业运营制度的结合部分，是人的意志和观念形态的反映，又是由一定物的形式构成的，如邮轮企业领导制度、组织结构和管理制度等；邮轮企业精神文化是邮轮企业在生产经营实践中受一定的社会文化背景、时代精神氛围长期影响形成的一种精神成果和文化观念，如经营哲学、道德、价值观、经营作风等。

（二）邮轮企业文化的内容

1. 邮轮企业的最高目标或宗旨

优秀的邮轮企业大多以为社会、为游客、为员工服务作为企业的最高目标或宗旨。

2. 共同的价值观（或核心理念）

价值观是邮轮企业文化的核心与基石。不同的邮轮企业往往具有不同的主导价值观，如利润价值观、服务价值观、人才价值观、育人价值观、效率价值观、公平价值观等。优秀邮轮企业的价值观一般包括如下具体内容：游客至上、人本管理、团队精神、鼓励创新、追求卓越、诚实守信。一个优秀的邮轮企业应该有一个持续的核心理念和为这种核心理念而奋斗献身的员工队伍。

3. 工作作风及传统习惯

企业文化从本质上讲是员工的共识与群体意识，这种共识与群体意识与企业长期形成的工作作风及传统习惯关系极大。

4. 行为规范和规章制度

相对上述的宗旨、价值观、作风等软件部分而言，它是企业文化中的硬件部分。

5. 反映企业价值观的物质载体

诸如邮轮企业的建筑设施、办公设备、标徽标识、服饰、歌曲、环境、产品包装及宣传广告、纪念物，它属于邮轮企业文化中的硬件中的主体部分。优秀的邮轮企业文化的物质载体风格一般与该企业的价值观比较吻合。

（三）邮轮企业文化的一般特征

邮轮企业是企业的一部分，因此，邮轮企业文化具有一般企业文化的特征。

1. 无形性

企业文化作为一个群体心理定式及氛围存在于员工之中，是一种信念力量、道德力量、心理力量，其作用是潜移默化的。有人曾说："企业文化是一条看不见的河流，它永远泊着企业的命运。"企业文化虽然是无形的，但却是通过企业中有形的载体（如员工、产品、设施）表现出来的。

2. 软约束性

企业文化主要是靠核心价值观对员工熏陶、感染和诱导，使企业员工产生认同感，从而自觉地按照组织的共同价值观念及行为准则去工作。企业文化对员工有规范和约束作用，而这种约束作用总体来看是一种软约束。

3. 相对稳定性和历史的连续性

企业文化形成后能对该企业产生长久的影响，它不以领导人的更换和环境的变化而变化。任何一个企业所形成的组织文化，总是与该企业长期发展的历史相联系的，是一个逐步形成和发展的过程，具有历史的连续性。

4. 个性（独特性）

由于民族文化和所处的地域环境不同，行业、经营特点及发展历史的不同，邮轮企业文化在很大方面可以说是一个企业区别于其他企业的特色。特色可以说是企业文化的活力与生命力。每个企业的文化，只能根据自身的特点塑造和形成，绝不能相互抄袭和照搬。

5. 创新性

创新的思想意识是组织行为的理想所在。企业文化要随着企业内外经营环境的变化而不断地变革和创新。及时更新、充实、完善企业文化，是企业活力的重要保证。也只有创新，才能使企业文化具有自己的特色与生命力。

（四）邮轮企业文化的个性特征

不同行业的企业文化特点是不一样的。邮轮企业和工商管理企业在产品性质、市场环境、经营管理过程、顾客群等基本条件上存在明显的差异，因而邮轮企业文化必然带有明显的行业特点。邮轮企业文化具有以下三个明显的个性特征。

1. 服务性是邮轮企业文化的基本特征

邮轮企业与工商企业不同，它所提供的商品不是一件具体的商品，而是满足游客多方面需要的商品（包括有形商品和无形商品），但邮轮企业的主要特点还是出售无形的商品——服务。服务是邮轮企业的本质。邮轮企业要为游客提供食、住、行、游、购、娱等多种项目的服务，旅游服务项目的综合性要求邮轮企业之间相互协调、共同配合，如果某一种服务项目不能满足游客的需要，就会直接损害旅游者的消费利益，也会直接影响企业的旅游服务的整体水平。

邮轮企业文化有着明显的行业特点，即服务意识是旅游企业文化的基本特征。对于邮轮企业来讲，就是要求宾客至上、热心为客人服务。邮轮企业文化的服务性特征，决定着邮轮旅游服务必须重视细节。邮轮旅游服务中往往因一个细节不到位，导致功亏一篑。因此有人说旅游服务是"100 - 1 = C"。"细节决定成败"特别适合旅游行业。不重视细节的人是做不好旅游服务工作的。旅游服务应注意把每一个简单的事情做到位。关注小事，成就大事，应该成为邮轮企业文化理念的重要组成部分。塑造优秀的邮轮企业文化能够帮助员工牢固地树立服务意识，以良好的精神面貌做好旅游服务工作。

2. 文化性是邮轮企业文化的固有特征

我国著名经济学家于光远先生曾经指出："旅游是带有很强文化性的经济事业，也是带有很强经济性的文化产业。"感受和体验异地的文化是大多数旅游者出游的主要目的。旅游经营只有体现出不同的文化特色才能吸引游客，从而提高邮轮企业的经济效益。一定意义上，文化是旅游业的灵魂。正因为旅游的文化属性，要求邮轮企业要具备浓厚的文化意识。一方面，邮轮企业为游客提供具有一定文化品位的旅游产品。实践证明，旅游产品的文化性越强，文化品位越浓，就越受旅游消费者欢迎，社会经济效益也就越好。例如，饭店本来是提供游客吃、住、娱的场所，主要是保证良好的服务设施和高质量的服务。但现在的旅游饭店，不仅在建筑设计、装修和各种设施上下功夫，体现自己的文化特色和民族风格，而且在餐饮和整个服务过程中表现出文化艺术品位，形成自己的特色品牌。大型游船也是一样，纷纷用文化包装自己（如长江三峡的"三国号"游船等），彰显特色。另一方面，邮轮企业形象塑造要体现文化内涵。良好的企业形象是邮轮企业发展的生命线。邮轮企业的形象不仅表现为有形的、看得见的外显事物，而且体现为无形的内在素质，是邮轮企业的实物要素和情感要素留给社会公众的总体形象。虽然邮轮企业形象的构成要素是多方面综合的，但从这些要素的本质属性看，无一不是文化内涵的反映。因此，塑造邮轮企业的良好形象，必须注重深化文化内涵。

3. 涉外性是邮轮企业文化的重要特征

随着国际旅游市场的形成，世界各国之间的文化交流更为广泛，邮轮企业文化的发展趋势是世界文化一体化（主要是指管理文化方面）。旅游组织的等级化、国际性大饭店的发展、旅游信用卡在世界范围的通用等，都是其世界性的体现。在我国所有的行业中，旅游行业是最早与国际接轨的行业之一。但应该看到，邮轮企业文化的涉外性或世界性，使邮轮企业文化营销（面向市场介绍、传播、树立企业的良好形象）更为困难。由于邮轮企业的行业特殊性，邮轮企业面对的是来自世界各地的旅游者，文化环境的差异导致旅游者在语言文字、审美情趣、价值取向、思维方式、道德风俗等方面存在着巨大的差异。邮轮企业要想在经营活动中满足各国旅游者的需求，就必须树立开放意识和全球意识，善于进行文化的综合分析，培养跨文化交流的能力，根据各国文化的差异性判断各国旅游者需求的差异性，为游客提供有针对性的服务。

（五）邮轮企业文化的功能

1. 导向功能

邮轮企业文化能有效地把邮轮企业整体及企业员工个人的价值取向及行为引导到企业所确定的目标上来。俗话说，"不怕众人心不齐，只怕没人打大旗"，邮轮企业文化就是引导员工统一行动的旗帜，一种集结众人才智的精神动力。它使邮轮企业的广大员工不仅愿意为自己和企业的共同目标不懈努力，而且往往会为此做出奉献和利益上的牺牲。

2. 激励功能

企业文化的核心是价值观念，而其着眼点又是"以人为本"。在奋发向上的价值观念的引导下，在一个"人人受到重视、人人受到尊重"的旅游企业文化氛围中，往往会形成一种激励作用，良好的文化氛围能产生激励机制，使个体处于情绪高昂、发奋进取、乐观向上的状态，从而为实现自我价值和旅游企业发展目标而勇于献身、不断进取。比如，皇家加勒比邮轮公司的口号是"持续改进"。

3. 凝聚功能

邮轮企业文化是旅游企业组织全体成员共同创造的群体意识，是一种认同和氛围，是一种黏合剂，能把全体员工团结起来，产生一种凝聚力，使企业发挥出巨大的整体优势。

4. 规范或约束功能

邮轮企业文化是一个邮轮企业内部上下员工必须共同遵守的一种行为规范和思想道德准绳，是用一种无形的思想上的约束力量，形成一种自我约束或软约束，制约员工行为，以此来弥补规章制度的不足，并诱导多数员工认同和自觉遵守规章制度。

5. 调节功能

邮轮企业文化通过管理与被管理的统一、约束与自由的统一，自动地对企业活动进行着方向性调节和行为性调节；文化本身就蕴含着一种情感机制，可减少成员之间的摩擦，如同良好的润滑剂，对人际关系进行着调节；邮轮企业文化的建立还实现了工作与生活的统一，在致力于组织价值目标实现的同时，还关注着职工的业余文化生活，通过健康的文体活动释放工作的紧张，丰富生活内容，调节员工的心理。

6. 辐射功能

旅游和旅游业是社会文明的窗口。邮轮产业是旅游业的一部分，旅游企业文化是整个社会文化的一个子系统，邮轮企业文化也是社会文化的一个子系统，与社会文化息息相关。邮轮企业文化的这种开放性特征决定它具有全方位辐射的功能，对内有强烈的感染力量，同时可以向企业外部传播，对社会文化产生积极的影响。良好的邮轮企业文化以自己独特的文化精神、优良的"自我形象"、充满活力的社会行为发挥了巨大的"示范效应"，带动着社会文化的优化和发展，从而成为时代新文化的生长点。

7. 创新功能

邮轮企业文化注重开拓适当的环境，赋予全体成员创新动机，提高成员的创造素质，引导创新行为，开发独特的旅游产品，开展有特色有文化新意的邮轮服务。

8. 效率功能

邮轮企业文化一方面试图通过提高个体活力，来提高旅游企业整体活力；另一方面要求以开放型的体制代替传统僵硬的、封闭式的体制，以提高邮轮企业运作效率。

9. 阻抑功能

邮轮企业文化也有负面的影响与作用：①对变革的影响（根深蒂固的邮轮企业文化有时容易束缚组织变革的手脚）；②对个性的影响（邮轮企业文化强调统一的价值观、生活方式和服从等，不利于组织成员自身个性多样化和创新能力的发展）；③对邮轮企业兼并、收购、整合的影响（定式的企业文化可以产生文化融合、沟通的难题，新的文化与原有文化出现摩擦、碰撞，有可能导致兼并、收购、整合的失败）。有人曾高度概括了邮轮企业文化的功能：①铸邮轮企业之魂；②育邮轮企业之本（注重以人为本的管理，培育爱岗敬业的精神，创造内外和谐的环境）；③塑邮轮企业之形（内聚人心，外塑形象）。

二、邮轮企业文化的构建

（一）邮轮企业文化建设的内涵

邮轮企业文化建设是指企业成员有意识地培育优良文化、克服不良文化的过程。主要内容有：①培育具有优良取向的价值观念，塑造杰出的邮轮企业精神；②坚持以人为中心全面提高邮轮企业员工素质；③提倡先进的管理制度和行为规范；④加强礼仪建设，促进邮轮企业文化的习俗化；⑤改善物化环境，塑造邮轮企业的良好形象。

（二）邮轮企业文化的评价标准

1. 民族性标准

邮轮企业文化作为一种亚文化，应该深深扎根于民族文化的土壤之中。中国未来邮轮企业文化建设应该吸取中华民族传统文化的精华（如勤劳节俭、自尊自强、重视名节、仁爱、和谐等观念），同时也应扬弃一些消极的东西（如人际关系中的内耗、讲排场、比阔气、图虚名以及中庸之道等）。

2. 时代性标准

邮轮企业文化的建设应与发展变化着的时代协调一致，紧跟时代步伐，如树立科学的旅游发展观和人本意识、创新意识、信誉意识、全球经营意识以及效率观念、市场观念、信息观念、竞争观念等。

3. 个异性标准

每个邮轮企业都有自己独特的历史传统和与众不同的内外环境，因此其企业文化应该有自己的个性，有个性才有吸引力与生命力。

（三）邮轮企业形象的塑造

企业形象塑造即 CIS 策划（或企业形象识别战略，或企业识别系统），它是邮轮企业文化建设的重要内容，也是邮轮企业竞争战略和邮轮企业核心竞争力的重要组成部分，其包括三个层次。

1. 理念识别

理念识别（MI）主要包括邮轮企业文化的精神层面的设计与塑造，如企业目标和宗旨、经营哲学、基本信念、企业精神、企业道德等。

2. 行为识别

行为识别（BI）主要包括邮轮企业文化的制度与行为层面的设计与塑造，对内有组织管理、规章制度、培训教育、企业礼仪和风尚、工作作风等；对外有市场调研、产品推广、服务态度与技巧、公共关系活动等。

3. 视觉识别

视觉识别（VI）主要包括邮轮企业文化的物质层面的设计与塑造，如名称标志、标准色、标准字、手册、产品特色及其包装、宣传广告，招牌与旗帜、工作服饰、吉祥物等。

上述三个层次与文化的三个层次（观念层、制度层、器物层）相对应，三者犹如心、手、脸的关系。旅游形象塑造或做旅游 CIS 策划是为了使邮轮企业的心、手、脸有机统一，高度识别。

（四）邮轮企业文化建设应遵循的原则

1. 人本原则

"以人为本"的管理理念是旅游企业最成功的经验，一切从人出发，以人为根本，采用一切行之有效的手段和方法，深入发掘人的潜能，充分调动人的主动性、积极性和创造性，引导员工实现企业利益目标，实现企业与员工的"双赢"方针，即"员工为企业创造效益""企业让员工得到发展"。

2. 创新原则

创新是邮轮企业文化建设的灵魂。邮轮企业在企业文化建设中应具有创新意识和创新精神。在企业价值观念创新的同时，开展一系列有特色和有吸引力、有影响力的活动，开发独特的旅游产品，开展有特色的旅游服务，使企业文化富有长久的生命力。

3. 独特原则

邮轮企业在企业文化建设中要遵循独特性原则，根据自己的行业特点和本企业的实际，在形象塑造的理念识别、行为识别、视觉识别各个层面都要保持特色和个性，使之具有吸引力、感召力和竞争力。

（五）邮轮企业文化建设的关键环节或主要方法

1. 领导垂范法

邮轮企业的领导是邮轮企业文化的倡导者和塑造者，更是邮轮企业文化的实施者。邮轮企业主要领导要重视企业文化建设，并在组织机构的建设上落实。在实际工作中，一方面，领导通过归纳提炼，将邮轮企业文化升华，并通过宣传鼓励，使企业文化精神在本企业得以落实；另一方面，邮轮企业领导以自己的作风、行为在邮轮企业文化建设过程中起着潜移默化、率先垂范的作用。皇家加勒比游轮公司全球高级副总裁、中国和北亚区总裁刘淄楠博士，一直致力于中国邮轮文化的推广与宣传。他通过精准的市场定位和有效的市场营销，树立公司品牌，帮助公司突破各种外部环境条件，依靠出色的运营和市场表现，超越竞争对手成长为中国邮轮行业当之无愧的领导品牌。

2. 楷模带头法

在塑造优秀邮轮企业文化的过程中，英雄模范人物是"排头兵"，起着带头引导作用、骨干作用和示范促进作用。英雄模范人物是邮轮企业文化的生动体现，他们为全体员工提供了角色模式，建立了行为标准。通过他们，向外界展示了邮轮企业的精神风貌，也给全体员工提供了学习的榜样（如湖南湘潭市新天地旅行社导游文花枝的英雄事迹等）。英雄模范往往成为一个邮轮企业文化的具体象征。在建设邮轮企业文化中，要特别注意发现典型，培养、宣传企业自己的英雄模范人物。

3．利用事件法

邮轮企业价值观的揭示、行为规范的形成、企业成员间相互理解的产生，往往是通过一些关键事件。例如，当邮轮企业面临危机时，领导处理危机的方式、企业员工的反应，往往会导致新的判断准则、行为规范和工作程序的产生，并且由此显示企业最重要的基本价值观念。实践表明，不失时机地抓住关键事件，对于邮轮企业文化的塑造和传播有着非常重要的作用。

2013 年，海航旅业邮轮游艇管理有限公司的"海娜号"邮轮原定于当地时间 9 月 13 日 16 时由济州开往仁川，但在离港时，被济州地方法院扣留。此时船上有旅客 1659 人及员工 650 人。随后沙钢船务 15 日凌晨就海娜号邮轮在韩被扣事件做出说明。此时事件虽然造成了很不好的影响，但是从另一个侧面让国人了解了海航旗下的海娜号，也算是不失时机地做了一次宣传。

此外，邮轮企业文化建设还应突出民族特色（文化越是民族的，就越具有世界性，就越具有国际竞争力）、时代特色（与时俱进，保持旺盛的活力，以体现时代前进方向的文化内容作为自己的特征），坚持先进性（按先进文化需求建设企业文化），特别是以人为本，因为从现代经营的观点看，邮轮企业文化不仅把邮轮企业看成人们谋生的场所，而且把邮轮企业看成是职工实现自己的抱负、社会责任感和社会历史使命的组织。人是邮轮企业的中心，一切为了人，一切关心人，一切尊重人，一切引导人，一切塑造人，应是现代邮轮企业文化的基本理念。

第二节　世界著名邮轮企业文化巡礼

一、嘉年华

（一）集团介绍

嘉年华邮轮以"Fun Ship"（快乐邮轮）作为主要的产品诉求来区别丽星邮

轮等竞争对手,现在已经发展成为全球第一的超级豪华邮轮公司,拥有 28000 名船员和 5000 名员工,被业界誉为"邮轮之王"。作为美国上市公司(代码 CCL),嘉年华邮轮集团为世界各地的游客提供最好的服务。

(二)旗下邮轮

嘉年华下属公主邮轮(Princess Cruises)、荷美邮轮(Holland America)、歌诗达邮轮(Costa Cruise Line)、冠达邮轮(Cunard Line 其前身白星邮轮拥有泰坦尼克号邮轮)、世朋邮轮以及风之颂邮轮等。嘉年华邮轮集团现有 24 艘 8 万 ~ 12 万吨大型豪华邮轮,这也是现今为止最庞大的豪华邮轮船队。

歌诗达邮轮公司隶属于全球邮轮业翘楚嘉年华集团,起源于 1854 年的歌诗达家族,有着悠久而辉煌的历史。歌诗达邮轮公司以"意大利风情"为品牌定位,现已成为意大利及欧洲最大和最先进的邮轮公司。歌诗达的邮轮从内到外都有一股浓郁的意大利的浪漫风情,通常船队采用艳黄色的烟囱,航行在蔚蓝的大海上时璀璨、惊艳,烟囱上有公司的标识英文字母"C"。歌诗达邮轮遵照意大利的设计传统,建造的船只就像是海上漂浮的宫殿,船上的设施齐全、方便,人们可以尽情享受航行的美好。同时邮轮上的艺术品也是花费巨资打造,包括各种艺术品,如雕塑、绘画、壁饰和手工家具。船上的房间宽敞明亮,其中大部分房间可以观赏海景,为游客提供宾至如归的舒适感受。以"海上意大利"为品牌定位的歌诗达邮轮旗下船队包括 15 艘在役的邮轮,具体如表 6 - 1 所示。

表 6 - 1　歌诗达船队

名称		吨数	英文名
三万吨以下邮轮	海洋号邮轮	2.6	Costa Marina
	爱兰歌娜号邮轮	2.9	Costa Allegra
五万吨邮轮	欧洲号邮轮	5.3	Costa Europe
	浪漫号邮轮	5.3	Costa Romantica
	经典号邮轮	5.3	Costa Calssica
八万吨邮轮	地中海号邮轮	8.6	Costa Mediterranea
	大西洋号邮轮	8.6	Costa Atlantica
	维多利亚号邮轮	7.5	Costa Victory
十万吨邮轮	唯美号邮轮	9.26	Costa Deliziosa
	幸运号邮轮	10	Costa Fortuna
	炫目号邮轮	9.26	Costa Luminosa

续表

名称		吨数	英文名
十一万吨以上邮轮	太平洋号邮轮	11.45	Costa Pacifica
	赛琳娜号邮轮	11.45	Costa Serena
	协和号邮轮	11.45	Costa Concordia
	命运女神号邮轮	11.45	Costa Magica

（三）集团文化

嘉年华邮轮以快乐邮轮作为主要的产品诉求，以欢乐主体为标本，这是全球最大和最成功的邮轮航线，欢乐是航线的总理念，旗下的每条船还有各自的主题。嘉年华邮轮并不标榜豪华和高档，提供充满动感和舒适的服务，深受年轻人的喜爱。1996年，又推出"假期志愿者"计划，来帮助首次或没有接触过邮轮的游客来充分认识邮轮、使用邮轮和享受邮轮服务。

特别是旗下的歌诗达邮轮定位不是奢侈品而是一种适合大众的新生活方式。在歌诗达邮轮上，游客能够体验到与常规旅游不同的经历和享受，每个人都能找到适合自己的空间和体验。歌诗达邮轮十分注重安全和环保，已通过意大利船舶联合会BEST4系列认证，包括关于企业自觉遵守社会责任的最高标准的认证、环境认证、安全认证等。

（四）在中国的发展概况

歌诗达邮轮是第一家获得在中国运营资格的国际邮轮公司。2006年，中国邮轮市场还远未展露其潜力，此时的歌诗达就已经颇有远见地派遣了旗下一艘邮轮到上海。首次进入国人视野的这艘船，名为"爱兰歌娜号"（Allegra）。从爱兰歌娜号开始，歌诗达一共往中国母港派遣过8艘船，从2.8万吨到13.5万吨，这些船吨位上的进化，或多或少折射出中国战略地位的变化。歌诗达邮轮也是唯一一家同时在中国华南、华东及华北地区均有全年部署的国际邮轮公司。可见歌诗达邮轮对于中国这个巨大潜力市场的信心与决心。随着对中国邮轮市场和中国消费者不断地深入理解，2018年，歌诗达邮轮正式全面升级全新品牌形象，为中国家庭带来"海上好时光"意式邮轮假期，家庭出游将成为歌诗达邮轮在中国的重要业务拓展方向。2019年，专为中国市场量身打造的全新邮轮——第一艘以经典名城为灵感，全面再现威尼斯场景与风情的歌诗达威尼斯号邮轮来到上海，船内原汁原味地呈现了水城威尼斯诸多的标志性景点，令中国游客为之兴奋。歌诗达邮轮不断加大投资并深耕于中国市场，为中国消费者带来纯正的意式邮轮体验，传递独特的意式风情和生活美学，为中国邮轮市场不断助力。

二、皇家加勒比

（一）集团介绍

全球领先的皇家加勒比邮轮有限公司（Royal Caribbean Cruises Ltd.）总部位于美国迈阿密，在全球范围内经营邮轮度假产品，旗下拥有皇家加勒比国际邮轮（Royal Caribbean International）、精致邮轮（Celebrity Cruises）、精钻会邮轮（Azamara Club Cruises）、普尔曼邮轮（Pullmantur）和 CDF（Croisieres de France）等邮轮品牌。皇家加勒比邮轮有限公司已于纽约证券交易所与奥斯陆证券交易所上市，代码为"RCL"。2018 年 6 月，皇家加勒比邮轮公司宣布收购银海邮轮，这次收购标志着皇家加勒比正式进入超豪华邮轮领域。

（二）旗下邮轮

皇家加勒比邮轮有限公司旗下的皇家加勒比国际邮轮（Royal Caribbean International）是全球第一大邮轮品牌，共有绿洲、自由、航行者、灿烂、梦幻、量子、君主 7 个船系的 27 艘大型现代邮轮（见表 6 - 2），每年提供 200 多条精彩纷呈的度假航线，畅游全球近 300 个旅游目的地，遍及加勒比海、阿拉斯加、加拿大、欧洲、中东、亚洲、澳大利亚及新西兰等 70 多个国家和地区。

表 6 - 2　皇家加勒比船队

名称		吨数	英文名
君主系列	海洋帝王号邮轮	7.3	Majesty of the Seas
	海皇号邮轮	7.3	Manarch of the Seas
量子系列	海洋量子号邮轮	16.8	Quantum of the Seas
	海洋圣歌号邮轮	16.8	Anthem of the Seas
	海洋赞礼号邮轮	16.8	Ovation of the Seas
梦幻系列	海洋幻丽号邮轮	7	Enchantment of the Seas
	海洋荣光号邮轮	7	Splendour of the Seas
	海洋迎风号邮轮	7	Rhapsody of the Seas
	海洋神话号邮轮	7	Legend of the Seas
	海洋富丽号号邮轮	7	Grandeur of the Seas
	海洋梦幻号邮轮	7	Vision of the Seas

续表

名称		吨数	英文名
灿烂系列	海洋光辉号邮轮	9	Brilliance of the Seas
	海洋珠宝号邮轮	9	Jewel of the Seas
	海洋灿烂号邮轮	9	Radiance of the Seas
	海洋旋律号邮轮	9	Serenade of the Seas
航行者系列	海洋冒险者号邮轮	13.8	Adventure of the Seas
	海洋领航者号邮轮	13.8	Navigator of the Seas
	海洋探险者邮轮	13.8	Explorer of the Seas
	海洋航行者号邮轮	13.8	Voyager of the Seas
	海洋水手号邮轮	13.8	Mariner of the Seas
自由系列	海洋自由号邮轮	16	Freedom of the Seas
	海洋独立号邮轮	16	Independence of the Seas
	海洋自主号邮轮	16	Liberty of the Seas
绿洲系列	海洋绿洲号邮轮	22.5	Oasis of the Seas
	海洋魅力号邮轮	22.5	Allure of the Seas
	海洋和悦号邮轮	22.7	Harmony of the Seas
	海洋交响乐号邮轮	22.8	Symphony of the Seas

（三）集团文化

皇家加勒比邮轮公司的经营理念是致力于高端邮轮旅游服务，主要是以奢华的装潢设计和细致周到的管家式服务吸引高层次的消费群。皇家加勒比的公司文化是"快乐服务"。一位皇家的船上员工表示："提供最好的服务！提供快乐而不仅是专业服务，这是我们的宗旨。"一切答案皆在于此。专业服务可以有硬性标准，快乐服务却是由服务员的快乐情绪感染所致，每时每刻竭尽全力，让自己的服务对象感到快乐，这是认同公司文化的员工"外化"在他的服务行为上的公司形象。以快乐的员工为基础，皇家加勒比邮轮公司通过提供富有竞争力的产品和服务获得客户更高的满意度。

（四）在中国的发展概况

作为在中国发展迅猛的邮轮公司，自2009年开启第一条中国上海母港航线，皇家加勒比致力于中国邮轮产业的发展，率先在中国市场部署和经营世界级豪华邮轮，先后引进两艘吨位大、船龄新、设施先进的邮轮——"海洋航行者号"

及"海洋水手号",引领中国邮轮行业进入"大船时代"。随后,皇家加勒比于2015～2016年将全新制造、科技含量极高的邮轮"海洋量子号""海洋赞礼号"引入中国,将中国邮轮市场推入"新船时代"。2019年,皇家加勒比全新的超量子系列首艘邮轮"海洋光谱号"开启中国首航。超量子系列凝聚皇家加勒比多年在亚洲市场通过产品优化实践积累的经验和知识,对邮轮新船设计与建造的国际水准发起了又一次冲击,成为中国邮轮市场发展新的里程碑。

三、丽星

(一)集团介绍

丽星邮轮——亚太区的领导船队于1993年成立,以推动亚太区的国际邮轮旅游发展为目标。在短短13年间,丽星邮轮已成为世界第三大联盟邮轮公司,并荣获多个奖项及殊荣。今天,丽星邮轮是亚太区邮轮业的翘楚,现在亚洲区的旅客已视邮轮假期为精彩及物有所值的旅游选择。此外,北美、欧洲及澳大利亚的旅客亦逐渐受到吸引而流入区内,乘坐丽星邮轮欣赏亚太区多姿多彩的一面。

(二)旗下邮轮

丽星邮轮集团为世界第三大联盟邮轮公司,连同旗下挪威邮轮、NCL美国、东方邮轮及邮轮客运,集团正营运的邮轮共20艘,逾30000人的总载客量,另将有4艘全新邮轮加入,额外提供13000人的载客量。航线遍及亚太区、南北美洲、夏威夷、加勒比海、阿拉斯加、欧洲、地中海、百慕大及南极。

目前,丽星邮轮于亚太区营运的邮轮包括处女星号、宝瓶星号、双子星号、天秤星号及双鱼星号(见表6-3)。

表6-3 丽星邮轮亚太区船队

名称	吨数	英文名
处女星号邮轮	7.7	Super Star Virgo
宝瓶星号邮轮	5.1	Super Star Aquarius
双子星号邮轮	5.1	Super Star Gemini
天秤星号邮轮	4.3	Super Star Libra
双鱼星号邮轮	4	Super Star Pisces

(三)集团文化

丽星邮轮在成立之后短短20年间能拥有雄厚实力,发展成为世界第三大邮轮公司，很大程度上归功于其崭新的经营理念。丽星邮轮成立时，邮轮旅游业在亚洲尚未兴起，当时，丽星邮轮并没有引进北美或欧式的传统邮轮假期，而是特别为亚洲旅游者设计了一套新的旅游产品"自选海上假期"，设计并提供多元化的邮轮假期旅游产品。

丽星邮轮的"自选海上假期"不仅有适合亚洲人饮食及娱乐习惯的活动，包括充裕的观光时间、购物及品尝当地美食等，同时还配上国际级的服务以及短程的邮轮航线。过去豪华邮轮的目标客户以 50 岁以上的富裕人群为主，随着邮轮旅游的大众化，原先的定位已经不能满足消费者的需求，丽星邮轮最早意识到这一点，成功建立了老少皆宜的旅游品牌。此外，丽星邮轮的船上也设有各类会议设备，适合各类团体开展会议旅游之用。

在业务网络方面，丽星邮轮实施中、长线市场经营策略，在新加坡、马来西亚巴生港、中国香港和泰国曼谷等地建立了自己的邮轮中心，并将新加坡和中国香港发展为海陆空立体辐射的旅客集散枢纽。丽星邮轮集团重点经营亚洲地区的邮轮航线，以新加坡和中国香港为基本港，在澳大利亚、中国、德国、泰国、英国等全球 20 多个国家的地区设有办事处，航线遍及亚洲、北美、加勒比海、地中海及欧洲地区。

四、迪士尼

（一）公司介绍

迪士尼邮轮公司（Disney Cruise Line，DCL）隶属于迪士尼公司，总部位于佛罗里达庆祝镇，母港为奥兰多卡拉维拉尔港，早在 1994 年迪士尼邮轮公司就依靠自己主题公园的经验和管理进军邮轮业，并在 1998 年 7 月 30 日正式宣告成立迪士尼邮轮。迪士尼邮轮公司提供的豪华邮轮游览服务开始于 1998 年，是华特迪士尼主题乐园及度假区最具增长性、表现最好的一项业务。

迪士尼邮轮（Disney Cruise Line）是世界上唯一一艘由迪士尼设计建造的邮轮，将迪士尼世界和海上巡游完美结合起来，是迪士尼公司从 1998 年开始提供的豪华邮轮游览服务。迪士尼邮轮以船上的丰富的活动为卖点，以鼓舞和娱乐所有家庭成员，知名的服务和质量在迪士尼的世界让你魔法般地在每个角落都可以感受得到。迪士尼邮轮是第一个专门针对儿童和青少年专属特性来设计整个邮轮的公司。迪士尼邮轮是迪士尼主题乐园及度假区最具增长性、表现最好的一项业务。

（二）集团文化

迪士尼以卡通人物构造的童话世界为载体，向人们宣扬了一种欢乐的文化信息。人们的生活并不都是快乐的；但是到了迪士尼，置身于美妙、梦幻的童话世界，人们忘却了烦恼。这里只有欢笑。正是这种体验，给大众以梦想，焕发人们心底固有的童趣与纯真。而迪士尼则通过征服观众形成稳定永久的市场，尤其是通过形成一种影响美国乃至世界的文化，来永久地占有观众。迪士尼的这种文化使它在美国本土甚至在全世界已经形成了自己制胜的根基，成为它自身不断发展壮大的生命力。正是凭借其文化，迪士尼感染了世界各地不同年龄的人，也使它在激烈的市场竞争中取得了不断发展的竞争优势，创造了一个令人瞩目的企业成长奇迹。

早在 20 世纪 80 年代，迪士尼公司就已经有了邮轮业的一手体验，和高级邮轮线公司（Premier Cruise Line）合作，利用其船只销售迪士尼的度假体验。并且在巴哈马岛国拥有一个专属小岛——卡斯塔维湾（Castaway Cay）。迪士尼邮轮除了船上五彩缤纷的邮轮节目，它的梦幻航程更为人津津乐道。迪士尼邮轮公司提供往返于美国东海岸的佛罗里达，包括巴哈马海域、加勒比海、美国西海岸—墨西哥蔚蓝海岸和地中海地区的多日航海度假产品，并航行于阿拉斯加、墨西哥或巴拿马运河等路线。如今迪士尼邮轮更是跨越大西洋来到欧洲、亚洲等地，给游客带来一个梦幻般的邮轮假期。

通过表 6-4 可以看到，迪士尼邮轮都为中型船舶。比如，迪士尼魔幻号和迪士尼奇迹号吃水都在 83000 吨级，长 294 米，宽 32 米，11 层客舱，最快速度 24 节（44 千米/小时）。总之，迪士尼邮轮是一艘真正以孩子为中心，努力去实现孩子梦想的亲子邮轮，把各式各样的奇思妙想，与邮轮巡航结合在了一起，幻化成一段段充满故事的神奇旅程，并于 2015 年与 2016 年获得《美国新闻与世界报》"最佳亲子邮轮"及"最佳加勒比地区邮轮"第一名。

表 6-4　迪士尼邮轮船队

名称	吨数	英文名
迪士尼梦想号邮轮	12.8	Disney Dream
迪士尼幻想号邮轮	12.8	Disney Fantasy
迪士尼魔幻号邮轮	8.3	Disney Magic
迪士尼奇迹号邮轮	8.3	Disney Wonder

五、银海

（一）集团介绍

在 20 世纪 90 年代初，罗马的 Lefebvre 家族组织创办了具有创新意义的邮轮公司，表示将兴建最优质豪华的游船，为客人提供一种私人的卓越环球航海旅行。银海邮轮公司（Silversea Cruises）是专门从事超豪华和探险巡航的邮轮公司，为迎合国际旅客分别在美国、英国、澳大利亚和新加坡设有分公司，公司总部设在摩纳哥。银海邮轮公司被誉为"邮轮界的劳斯莱斯"，连续 12 年被"Condé Nast Traveller"评为"最佳小型邮轮"。2020 年，全球第二大邮轮公司皇家加勒比邮轮公司收购银海邮轮剩余股份，收购后银海邮轮将成为其全资子公司。

（二）旗下邮轮

和动辄四五千人的大众邮轮不同，即使是银海最大的船只也只能容纳 608 名客人，而最小的船只能容纳 100 人。银海邮轮是所有豪华邮轮中人均空间比最高的邮轮之一，每个套房都经过精心布置并以海景为特色，提供大多数带有私人阳台以及露天餐台的全海景套房给客人。这些精致的邮轮是专门为少数的客人度身设计的，邮轮上意大利和欧洲的员工为客人提供了最高级别的私人化服务，同时客人也拥有更大的私密空间。但银海邮轮更独一无二的是，它配备了人们在邮轮上能找到所有自己最喜欢的娱乐设施。作为奢华邮轮旅游的先行者，银海通过其一价全包的价格以及邮轮上由全球最知名的奢华品牌提供的无与伦比的产品服务，很快成为了现代富有旅行者的不二选择。旗下邮轮如表 6-5 所示。

表 6-5　银海邮轮船队

名称		吨数	英文名
经典邮轮系列	银海女神号邮轮	4.1	Silver Muse
	银海明月号邮轮	4.1	Silver Mcon
	银海晨号	4.1	Silver Dawn
	银海幻影号	2.8	Silver Shadow
	银海诗语号	2.8	Silver Whisper
	银海心灵号邮轮	3.6	Silver Sprit
探险邮轮系列	银风号邮轮	1.7	Silver Wind
	银云号邮轮	1.7	Silver Clcud

名称		吨数	英文名
探险邮轮系列	银海探索号邮轮	0.6	Silver Explorer
	银海发现号邮轮	0.5	Silver Discover
	银海加拉帕戈号邮轮	0.4	Silver Galapagos
	银海源原号	0.5	Silver Origin

（三）集团文化

银海邮轮旅行的艺术——是优质生活的艺术。命名为"银海"，意味着高品质和豪华，以及捕捉浪漫气氛。伊莎贝拉·罗西里尼是银海邮轮理想的品牌形象大使，她代表了银海独有的精致、品味、雅致的品牌标准。作为一名瑞士和意大利混血儿，伊莎贝拉·罗西里尼居住在时尚都市纽约，她正是能代表银海邮轮国际高端品位和意大利人传统情节的恰恰人选。银海的成功缘于以下几个因素：私人定制化、互补，以及迎合每一个客人独一无二的需求。

银海邮轮素来被公认为豪华邮轮界的创新者，为宾客呈献大型邮轮度假体验。银海邮轮特别强调极致的奢华体验。邮轮上任何触手可及的物品都是世界顶级品牌，不少旅客声称银海邮轮留给他们最舒适豪华的邮轮旅行经历。2008 年，由总部设在纽约的 Luxury Institute 开展的巡航路线豪华品牌地位指数调查中，银海邮轮被消费者评为"第一豪华邮轮"，超过 19 家知名的邮轮公司，包括所有的传统探险和内河游船公司。此外，银海邮轮公司获得了多项国际大奖。包括 2009 年由意大利 Innovazione Marketing Oggi Awards 颁发的"最佳产品和服务创新"奖、2007 年 World Travel Awards 颁发的"世界领先的豪华邮轮"奖等。

第三节　邮轮企业经营文化

目前，全球已经有近百家邮轮企业，其中在国际邮轮协会登记的有 56 家。每家邮轮公司中，各公司拥有的邮轮数量和载客能力差距很大。大的邮轮公司拥有数十艘邮轮，而小的邮轮公司可能只有一艘邮轮。在邮轮企业不断的竞争过程中，各邮轮公司的收购重组从未停止过。目前，全球最大的三家邮轮公司——嘉年华、皇家加勒比以及丽星控制了全球超过 80% 的市场供给。但是，三家邮轮公司的经营模式却差异很大。

一、嘉年华集团经营文化

（一）持续不断的全球并购扩张

嘉年华邮轮自 1987 年上市以来，先后收购了荷美航运、熙邦、歌诗达、冠达、阿依达、铁行等多家著名邮轮公司。其中荷美邮轮是世界上历史最悠久的邮轮公司之一，歌诗达邮轮是意大利最大的邮轮公司，冠达邮轮曾是英国最大的邮轮公司，阿依达曾是德国最大的邮轮公司，铁行邮轮是当时世界第三大邮轮公司。并购以后，嘉年华成为全球最大的邮轮船队，集团旗下子品牌众多（共有 11 个邮轮品牌），运营船只 122 艘，拥有全球邮轮市场大约 45% 的市场份额。

（二）准确的市场及品牌定位

嘉年华邮轮作为全球第一大邮轮公司，旗下品牌众多，但是公司保持着非常准确的市场和品牌地位。尽管北美市场仍是公司传统的和最重要的市场区，但近年来，嘉年华一直致力于潜在市场区域的培育和发展。对于欧洲市场，由于近年来一直保持着高速增长的势头，市场前景较为明朗，嘉年华市场开拓的主要方式是增加运力配置，增加运营的新邮轮。对于亚太市场，嘉年华采取的仍是较谨慎的扩张方式，主要依靠逐步增加运力的调配而不是在该区域投入新船，这样可以减少运营风险，并按照市场热点进行合理甄选。

嘉年华邮轮母公司以欢乐为主题，子品牌则保留各自的经营特色。例如，歌诗达邮轮保持纯正的意大利风格；冠达邮轮以英伦风格提供王宫贵族服务；阿依达邮轮主要为德国年轻人设计等。因为邮轮旅游的重游率非常高，所以游客乘坐一艘满意的邮轮后，可能会选择同一艘邮轮再次乘坐，而不一定会轻易选择其他品牌。所以，嘉年华邮轮不仅能依靠众多的品牌吸引不同理念的游客，还能挽留住大部分的重游人士，这是其经营模式中的一大特点。

（三）集团性、统一化的成本控制

嘉年华邮轮在经营过程中虽然保持旗下各品牌的经营特色，但是对集团化经营容易出现的成本浪费进行了严格的控制。各子公司负责人由总部统一选派，一般都是子公司当地的管理者，熟悉本地市场环境。每位负责人都具有高度的责任心，像管理家族企业一样竭尽全力，这在如此大的集团内部是很难能可贵的。对于新邮轮的设计和建造，嘉年华实施标准化管理，通过联合采购，集团每年可以节省约 1 亿美元的资金。对于产品的销售和营销,嘉年华采用统一的预定网站,让游客通过条件筛选选择心仪的航线、邮轮和船期。为了进一步降低成本,嘉年华还考虑将旗下的营销部门进一步整合,获得最大限度的规模效益。

作为全球最大和经济实力最强的邮轮公司,以及全球最盈利的邮轮公司之一,嘉年华近 5 年来邮轮数量及运量不断增加。营业收入和净利润也保持整体上升趋势。邮轮旅游受经济、政治、文化等因素影响较大。受到 2020 年全球"新冠"疫情的影响,嘉年华集团最新财报数据显示,嘉年华集团营业收入 55.95 亿美元,同比减少 73.13%;净亏损 102.36 亿美元(约 663 亿元人民币),而 2019 财年盈利为 29.9 亿美元。同时,并预计 2021 财年一季度和全年度仍将出现亏损。整个旅游行业都受到疫情的影响而停摆,这将是邮轮企业面临的一大考验和难关。

二、皇家加勒比集团经营文化

(一)清晰的经营理念和品牌定位

皇家加勒比邮轮主要以奢华的邮轮设计和细致周到的管家式服务吸引高层次的消费群体。公司自 1969 年成立以来,虽然通过不断的合作收购,走集团化市场垄断道路,但是,与嘉年华相比,其能一直占领国际邮轮市场第二位的角色,主要取决于其高端化的市场定位。通过在豪华邮轮基础上提供人性化的贴身服务,使游客真正得到尊贵的享受。由于公司市场定位高端,比较符合美国人的邮轮消费观念,因此,其 50% 以上的市场份额都在美国本土。2020 年更是全面收购银海邮轮,增加皇家加勒比产品组合的多样性,扩大皇家加勒比远航探险服务等。目前,旗下拥有六大全球性或区域性子品牌,在北美、欧洲、澳大利亚和亚洲等全球 200 多个邮轮目的地运营 64 艘邮轮,占据全球邮轮市场份额的 20%。

(二)不断追求技术和服务创新

皇家加勒比对技术和服务创新的追求可谓不遗余力。从 1969 年成立至今,皇家加勒比在全球邮轮历史上留下了光辉灿烂的足迹,旗下多艘大型邮轮凭借史无前例的吨位、大胆创新的设计屡屡打破世界邮轮纪录。2009 年 12 月和 2010 年 12 月,公司旗下的两艘邮轮海洋绿洲号和海洋魅力号先后投入运营。这两艘姊妹船的排水量均为 22.5 万吨,是世界最大、最具创意的邮轮。这两艘邮轮还将社区理念引入进来,把邮轮空间划分为不同的主题区域,以满足不同游客的需求。海洋光谱号 2019 年 6 月于上海首航,是皇家加勒比国际邮轮最新的超量子号船系船只，公司在新一代邮轮的设计中，凝聚了现有邮轮中最出色的创意，并在此基础上增加新的活动和娱乐理念。在服务方面，公司不断推出新的船上娱乐项目，为游客创造更加丰富多彩的船上活动。

（三）重视健康、安全和环保理念

皇家加勒比致力于保护游客和雇员的健康、安全，同时，通过高效地使用资源把对环境的负面影响降到最低。作为该目标的一部分，公司建立了一个统一的内部部门来监测全球安全、海事安全、医疗和公共健康，以及环架安全。该部门由不同领域的、致力于提高公司应急响应的技术专家构成。皇家加勒比还在邮轮上安装了技术先进的废水处理装置。公司开展的拯救波浪行动，聚焦于环境影响的最小化，并且公司还在不断地投资新技术，例如，安装在邮轮公共场所的摄像机以及在最新的邮轮上使用太阳能。

作为全球第二大邮轮公司，皇家加勒比近几年来一直保持着相对较好的经营绩效，营业收入和净利润整体保持上升趋势。然而，受到"新冠"疫情影响，财报显示，截至 2020 年 12 月 31 日，皇家加勒比总收入 22.09 亿美元，同比减少79.83%，净亏损 58 亿美元，合每股亏损 27.05 美元。尽管其大部分业务仍处于关闭状态，但皇家加勒比集团仍在努力复航，将以分阶段的方式重新开始其全球邮轮业务，主要可以减少乘客数量，修改部分行程并增强健康和安全规程的方式。

三、云顶香港集团经营文化

（一）差异化的市场定位

丽星邮轮成立于 1993 年，其成立之初邮轮旅游在亚洲尚未兴起。当时，丽星邮轮并没有效仿市场上大部分邮轮公司的设计建造或租赁北美或欧式邮轮，而是特别为亚洲邮轮游客设计了一整套崭新的旅游产品。这套旅游产品不仅有适合亚洲人饮食及娱乐习惯的活动，包括充裕的观光时间、购物及品尝地方美食等，同时还配上国际级的服务以及短程的邮轮航线，并一改通常认为邮轮旅游只适合老年人的概念，成功建立了老少皆宜的邮轮旅游品牌，在当时邮轮旅游业中是一大创新和突破。后来丽星邮轮的发展证明了，其差异化的市场地位（主要针对亚洲市场游客）以及优质精致的服务赢得了亚太地区服务业最高标准的荣誉，同时丽星邮轮业逐渐发展壮大，占据亚洲邮轮市场领导者的地位。

（二）崭新的邮轮经营理念

丽星邮轮在成立不到 20 年的时间里就能跃居全球第三大邮轮公司，应该归功于其崭新的经营理念，避免了与嘉年华和皇家加勒比之间的正面竞争。丽星邮轮特别为亚洲游客创立了自选海上假期概念，设计并提供多元化的邮轮假期旅游产品。丽星邮轮并没有引进美国或欧洲式的传统邮轮假期，而是在邮轮的设计中针对亚洲游客的需要。另外，在业务网络方面，丽星邮轮实施中、长线市场发展战略，在新加坡、马来西亚巴生港、中国香港和泰国曼谷等地建立了自己的邮轮中心，并将新加坡和中国香港发展成为海陆空立体辐射的旅客集疏枢纽，以期在亚洲市场上保持领导者的地位。

（三）多元化的经营业务

丽星邮轮于 2009 年 10 月更名为云顶香港有限公司，此次更名不仅是公司名称的简单更改，更主要的是配合公司的经营策略。云顶香港除目前经营邮轮及相关的主营业务外，多元化发展陆上综合度假胜地及娱乐业务，以创造世界级的娱乐和休闲体验为使命。云顶香港首个进军陆上的项目云顶世界在首个全面运营年取得总收益 3.56 亿美元，与丽星邮轮 3.89 亿美元的收益相当，可见陆上产业在公司占有重要的地位。另外，近几年邮轮博彩收入约占邮轮总收入的 60%，远高于嘉年华和皇家加勒比邮轮博彩收入占邮轮总收入的比重。丽星邮轮有几位高管具有博彩管理经验，公司还在澳门等地投资了设有赌场的精品式酒店，可见邮轮博彩业务在公司内部具有非常重要的地位。

同样，受"新冠"疫情影响，云顶香港近日发布财报，截至 2020 年 12 月 31 日的 2020 财年净亏损扩大到 17.16 亿美元，高于 2019 年的亏损 1.59 亿美元。同样，旗下船厂多艘邮轮已经暂停建造。

第四节　中国本土邮轮公司的探索与发展

一、深圳中达集团开启假日号邮轮

深圳中达集团的假日号邮轮是国内第一艘由国内企业完全经营的邮轮，在 2001 年国庆当天从深圳的蛇口港起程，拉开了中国企业经营邮轮的新时代。假日号是由一艘行走于上海和温州的客货两用船"百灵号"改装而成。2000年，国际邮轮市场发展异常繁荣，深圳毗邻香港和澳门，经济繁荣发展，港澳和深圳之间交流日益繁荣，因此有着得天独厚的市场潜力，中达公司利用这一机会，决定介入邮轮市场，做第一个吃螃蟹的中国企业。公司一共投入1亿元人民币对原来的商船进行了大量的改造，费时三年终于竣工。改造之后的假日号有配套完善的总统套房、行政套房等各类客房，有电影院、游泳池等高级康乐设施，还有会议厅、会议室、商务中心等配套设施，可同时容纳400多人的旅游居家度假。旅游者可以在旅途中欣赏香港、澳门和珠海的夜景，以及观赏船上的表演。邮轮的市场定位是白领阶层和商务人士，初期接待了很多散客，以会务活动居多，但是后来逐渐亏损，一年之后就撤出市场，中国的第一次邮轮的本土化经营尝试以失败而告终。

假日号停运之后，新成立的上海万邦邮轮有限公司花费巨资将假日号接手过来，并于2003年10月4日开通了业务航线。其航程是从上海公平路码头起航前往普陀山，过一晚后返航。同时也经营浦江游的航线和其他海上旅游航线，以实现邮轮的最大化利用。但是三年之后，假日号再次退出市场。

二、海航集团海娜号邮轮

海航旅业作为海航集团的六大产业集团之一，是海航集团三大战略业态中航空旅游业的核心企业，多年来一直以创新商业模式，搭建旅游产业链服务网络，网聚并释放购买力资源，打造现代旅游资源新经济体为宗旨。在此背景下，海航集团引进海娜号邮轮，并于2012年正式成立海航旅业邮轮游艇管理有限公司，率先投入国内邮轮旅游市场。海娜号邮轮计划，2011年底从美国嘉年华邮轮集团引入，2013年初在三亚凤凰岛国际邮轮港首航。2013年试营业期间，海娜号运营航线有四条：三亚—越南、天津—韩国、上海—台湾、海口—越南。邮轮消费分很多层次，而海航邮轮目前定位是大众时尚体验型产品，价格政策能够更亲民、产品体验能够更放松，力图打造专为中国人量身定制的"海上移动度假基地"。

中国元素"加分"：邮轮产品本身也是一个海上旅游平台，集合餐饮、住宿、娱乐、观光形成一个完整的运作体系，海航作为本土首家邮轮管理公司，国内游客将是最大的消费群体，所以更多的是针对国人的消费理念、消费行为进行分析来设计航线、组合产品。比如对于船员的比重上有杠杆性要求，保证一定比例的中国籍船员和会讲中文的船员。此外，考虑到中国游客没有给小费的消费习惯，取消了国外公司的这一"常规"收费项目，不向游客收取小费。除了小费的处理之外，相比欧美邮轮公司的邮轮，海娜号最大的特色在于，提供的服务内容和服务方式更符合国人的消费习惯。据了解，在海娜号邮轮服务台，预订船长晚宴、报名各项娱乐活动、办理 WiFi 上网……客人一系列需求都可以用中文与服务生交流。

2015 年 11 月 12 日 15：30，海娜号邮轮驶离上海港国际客运中心码头，前往下一港——日本。作为 2015 年最后一个航次，海娜号结束了以上海为母港的日韩航线，不再承担载运旅客的商业用途。自 2013 年 9 月 28 日首航以来，海娜号以上海为母港共运营近 70 航次，载运出入境人员 26 万余人次。海航旅业邮轮游艇管理有限公司以成为中国第一家本土邮轮公司、第一个邮轮品牌、第一艘自有邮轮为目标，进一步推动国内邮轮旅游产业的发展。

三、渤海轮渡中华泰山号邮轮

中华泰山号邮轮，由德国建造，总长 180.45 米，宽 25.5 米，总吨 2.45 万吨。游客定员 927 个客位。邮轮各种配套设施非常完善，备有 400 多间欧式风格、装修精良、设备齐全的客房，有浪漫豪华的露天套房、海景套房、迷你套房供游客选择。有 1 个剧院、1 个大型娱乐场、5 家免税店、1 个钢琴休闲中心、1 个迪斯科舞厅、1 个游泳池、2 个温泉池、1 个 SPA 会馆（包含水疗、桑拿、按摩、美容美发）、4 个日光浴场、各式餐厅、6 个酒吧、1 个棋牌室、1 个儿童护幼中心、1 个健身房、1 家医院等，可以满足船上乘客各项生活和娱乐需求。

邮轮名称彰显东方文化，蕴含发展邮轮产业的决心。中华泰山蕴含"和谐中华，稳如泰山"。经过改装的中华泰山号邮轮更接地气、更具中国特色。邮轮外部装饰为茉莉花五线谱，彰显中国传统文化特色。2014 年 8 月 16 日，中国第一艘全资、自主经营、自主管理的豪华邮轮——中华泰山号，从烟台起航，首航韩国首尔、济州岛，从而拉开烟台邮轮产业的大幕。中华泰山号于 2014 年投入运营，先后开辟了中国至韩国、中国至日本、中国至俄罗斯、中国至菲律宾、中国至越南等共 30 多条航线，填补了多项国内空白，累计运送旅客近 20 万人次。

四、星旅远洋鼓浪屿号邮轮

2019 年，由中国旅游集团和中国远洋海运集团联手打造的星旅远洋旗下首艘，也是中国第一艘自主运营的豪华邮轮正式命名为鼓浪屿号。鼓浪屿号前身是 P&O 品牌邮轮旗下的 Oriana 号邮轮，经过升级改造后，其总吨数约为 7 万吨，邮轮长度为 260 米，宽度为 32.2 米，最大航速 24 节；共有 13 层甲板，941 间客房，可载客 1880 人。船身以蓝白为主色调，包容的蔚蓝与纯净的白色融合为海天的颜色，象征着"以天为被，以海为床"的广阔梦想。邮轮采用柚木甲板和分层鸭尾经典设计，内部设施都极尽贴心地将中国元素和国民旅游理念融汇其中，以亲切温暖的服务诠释"更懂中国人的邮轮品牌"的理念。

关于邮轮以"鼓浪屿"起名，原因有三：一是星旅远洋邮轮公司的运营总部设在厦门，是厦门招商引资的重要成果；二是鼓浪屿作为世界文化遗产，国际知名度高，是厦门知名的旅游品牌，国际邮轮使用这一船名，有利于双方品牌共同推广；三是鼓浪屿岛屿上的住宅社区，代表了东西方文化的融合。

鼓浪屿号，在餐饮、休闲、娱乐等每一个环节，都将中国元素和国民旅游理念融入其中。在住宿服务方面，鼓浪屿号有着舒适温馨的客房体验，船上共有 941 间客房，其中超过六成的客房有着可观赏海景的窗户或者私人阳台，阳台的面积占比远超其他邮轮，套房客人也有着专属的私人管家、专属值船柜台及优先登离船服务、登船纪念礼品以及登船日星旅行政酒廊特别欢迎鸡尾酒会等尊享服务。

在餐饮方面，船上的餐饮美食是被誉为"国货之光"的主要原因之一，目前体验过的客人无不对鼓浪屿号的餐饮表示满意；中国人的心更懂中国人的胃，作为国产邮轮，鼓浪屿号对于美食的追求可谓下了一番功夫，船上的免费餐厅有三个——半岛餐厅 496 个座位 914 平方米，东方餐厅 522 个座位 800 平方米，丽都餐厅近 500 个座位，足以满足客人的需要。在这里可以品尝到最经典最正宗的中式菜肴，并且在主餐厅每餐都配有经典美味的汤品，这是在其他邮轮从未有过的。鼓浪屿号邮轮可以说是中国母港出发的最高性价比的邮轮之一。

在娱乐方面，船上设有不同规模大小剧院共 3 个、图书馆及棋牌室各 1 个、3 个泳池及 4 个按摩池。船上设有室内健身房、甲板跑道、篮球场及美容美发沙龙。其中健身房设有 1 个操房、1 间桑拿房、1 个蒸汽浴室及公共淋浴间，并连接 7 个独立的 SPA 房。船上免税商店云集世界各大奢侈精品品牌，纵享全球。

鼓浪屿号以厦门、深圳、上海为母港，主营东南亚、东北亚邮轮航线。鼓浪屿号为中国游客带来"中国心、国际范"的独特产品和服务，去过的旅客大都非常认可鼓浪屿号的服务与品质，认为性价比非常高，可以用相对划算的价格体验一次邮轮之旅。

由此可见，目前在中国运营的邮轮企业由两大部分——国际著名邮轮企业和正在成长中的中国本土邮轮企业共同组成，而且国外邮轮企业无论是船只的数量、规模、历史、经验、影响和市场占有率都远远高于中国本土邮轮企业，因此，从游客感知的角度出发，"中国的邮轮企业文化"实际上是"中国游客感知的国际著名邮轮企业文化"，中国本土邮轮企业文化的形象和影响，还需要很长一段时间，才能与国际著名邮轮企业的文化形成平起平坐的格局。国际著名邮轮公司以其强大的市场营销力、产品研发力、形象创新力和服务竞争力，在进入中国市场的过程中不断优化设施、改进产品与服务，努力营造中国人适应和舒适的邮轮环境，形成既具有西方特点的邮轮文化积淀，又能在一定程度上满足中国游客消费偏好的邮轮环境，构建了一个"准中国化的邮轮文化"，为中国本土邮轮实现突破和成长设置了一个很大的屏障。如何形成由中国运营和服务的"中国文化主导的邮轮企业文化"，还需要走过一个相当长的时期。

本章阅读案例：

皇家加勒比邮轮上的快乐员工[①]

核心提示：企业文化是一种价值观，是企业的一种表现，是客户的一种感受，尤其是你的服务对象从你身上感受到的一种感觉。可能在两个不同的企业里，你会有截然不同的感受，因为他们的文化是不一样的。当你的客户从你的员工带有"文化特征"的行为中感觉和认同了你的文化，文化就成为了你的核心竞争力。

随着航空、铁路、公路运输的飞速发展及高速公路的全面崛起，水上轮船客运就萎缩了，作为一种交通工具，水路客运正逐渐退出历史舞台。

但以游览为目的的国际豪华邮轮业务却方兴未艾，随着富裕起来的中国人旅游热情的高涨，许多国际邮轮公司大举挺进中国、抢滩上海。

---

① 资料来源：http://blog.sina.com.cn/s/blog_ 5405431c0101iuw7.html。

在嘉年华、皇家加勒比、歌诗达、丽星等众多邮轮公司中，笔者选择了皇家加勒比邮轮，因为它宣称："我不是最大的，但我的服务是最好的。在每个竞争市场，每个细分市场我们都提供质量最好的产品。"皇家加勒比邮轮公司（Royal Caribbean Cruises）的董事长兼 CEO 理查德·费恩（Richard Fain）说："皇家加勒比的口号是'持续改进'。"

既然号称"豪华邮轮"，这些被称为"海上豪华移动酒店"的船舶，其硬件设施应该是相差不大的，比拼的就是服务，或者是更高层次的企业文化。

一、渗透在服务细节中的快乐感觉可不是多此一举

笔者一行是在温哥华上船的，还没进房间，行李已经先期到达，放在每位客人房间的门外。刚进房间坐下，就听有人轻轻叩响房门，"请进！"进来一位头发卷曲的黑人小伙子："尊敬的女士，你们好！我是本舱的服务员阿里，这里有两块牌子，我将在你们外出活动时清扫房间，如果方便进入，请挂这块牌子；如果暂时不方便我进入，请挂另一块牌子。这是今天船上所有活动的清单。有事可以找我，很高兴能为你们服务！"他友好地微笑着，露出一口白牙。阿里出去后，笔者对同室的室友讲："听得懂英语的嘛，这两块牌子上简单的英语也能看明白；连这简单的英语也看不懂的嘛，他进来说也是鸡同鸭讲。"以前住宾馆，这牌子不就挂在门上的吗？所以这一番告白，有点多此一举，后来笔者才明白阿里为什么要进屋来做这看似多余的事：我们在舱房里时，确实没有碰到过阿里，但是因为有了这么一次照面，我们在走道上就经常能注意到他在辛勤地工作，每次相遇大家都会友好地打招呼，我们在异国他乡，身处外国人中间，也没有了身在异乡的陌生感觉。回想以往没少住宾馆，在走廊上也经常和服务员擦肩而过，但除非有事，否则彼此从不打招呼。

后来发现，热情友好的不仅是阿里，所有的服务员在和客人迎面相遇时，都会主动打招呼，所以这就不是阿里特别机灵，而是一种共同的行为规范了。别看这么点小事，感觉还真有点不一样。

虽然只是一个小小的服务细节，却涉及公司服务规范的设计：至于为什么要这样设计，源头应该来自公司的服务理念，亦即公司的文化。立马感觉出和国内服务业的差异，引起笔者深究的极大兴趣。

二、创造快乐感受，与客人心灵互动

上船后的第一项活动是逃生练习，虽然船上 GPS 导航设备优良，几乎没有像泰坦尼克号那样和冰山相撞的可能，但在"旅客生命高于一切"的理念指导下，演习仍然进行得十分认真且有条不紊。

回房休息准备进入下一项活动。"哎，你看，这是什么？"顺着室友手指的方向，看见床上赫然安卧着一只小兔，再仔细一看，原来是用浴巾折叠成的，活灵活现。"好可爱的小兔，来来来，给它照个相。"一阵忙乱，我拿出相机对好距离，室友把一副墨镜架到小兔鼻子上，看来此举还真让我们开心了一回。

第二天是一头憨憨的牛，第三天是一条阿拉斯加大比目鱼……以后每天回房第一件事，就是看看今天折的是个什么新鲜玩意儿……"咦，今天怎么没有啊？"望着空空的床铺，笔者居然倍感失落，"这儿，这儿！"室友高兴地大叫："是只猴子耶！"果然，那猴子双臂抓着衣架悬在半空。

专业的客房服务，包括整理房间、铺床叠被，卫生间的消毒、除臭、加香，房间内部设施的整理和摆放、确认等工作。

查遍百度和谷歌，客房服务规范中并无要求每天为客人折个此类"浴巾作品"的，但这浴巾折叠的小动物确实已经成为我们邮轮旅游生活不可或缺的一部分，并为我们增添了很多的快乐。

每天仔细把一只只小动物摄入我的相机，"可惜我们只住七天，又不好意思一个个闯入同伴们的舱房去拍照，有点遗憾！"

船方好像有心灵感应，在中央厅举办了一次"浴巾艺术秀"。这下可好，船上有 3000 名游客，对此感兴趣的不在少数，瞬间人头攒动，把厅外的走廊都挤满了。两个服务生在台上"秀"技艺，一个主持人和看客沟通互动，台上台下热闹非凡。那两个小伙打起了擂台轮番上阵："企鹅！""狗熊！""羊！""猴子！"，每折好一只，观众席上就是一片掌声和喝彩声，笑声不绝，快乐之至。最后，两个小伙子一人折了一只天鹅，那天鹅弯弯的曲颈拼出一个美丽的心形，"浴巾秀"至此落下帷幕，但看客们兴致不减，霎时涌上台去，闪光灯亮个不停。笔者也顾不得什么风度优雅，使劲挤上前去，把所有的造型一并收进相机。大伙着实快乐了一把。

笔者主讲"创新"类管理课程，在诠释管理创新途径时，有重要的一条是"客户体验创新"，而"客户体验创新"的灵感从何触发呢？应该是出自"快乐

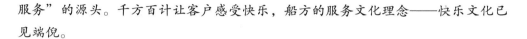

服务"的源头。千方百计让客户感受快乐，船方的服务文化理念——快乐文化已见端倪。

三、体贴入微，针对每一位宾客的特殊快乐服务

船上提供美食是邮轮的一大卖点，所谓"享受尊贵、品味奢华、饕餮盛宴、始于邮轮"，同行的伙伴神秘地说："邮轮上的正餐是不能错过的，号称'汇聚中西丰盛美食'，每一餐在外面西餐馆都得一二百元。还有上船第一天的'船长晚宴'和下船前的'告别宴会'，得穿正装出席，很正规的！"

晚上的"船长晚宴"，男宾们西装革履，女宾们珠光宝气、典雅高贵，认识或不认识的人都相互点头招呼问候，餐厅里一派欢乐祥和的气氛。

笔者一行找到自己的餐桌，一个年轻的服务生随即上前招呼："女士们、先生们，我是本桌的服务员，今后七天将由我为各位提供服务，这是我的助手。"他指着身后的黑人小伙儿说。为每位女士拉出椅子，安排落座后，他开始做自我介绍："各位，我是马来西亚人，可我是不是比那边那位纯种马来西亚小伙子更帅些？那是因为我的爷爷是中国人哦！"他的手在发际做着梳理的动作，表现出很"酷"的样子，大伙都被他逗笑了。暂且不去考证他说的是否属实，然而就"我爷爷是中国人哦"这一下，让我们感到心头热乎乎的，很熨帖——好一个机灵、专业的服务生，懂得如何和客人拉近距离。

不一会儿，他就和大家熟稔了，跑前跑后地为男女宾客点菜，什么是最昂贵的、什么是最可口的，什么是阿拉斯加特产，其他地方不易寻觅，根据各人的喜好，很贴心地为每个人出谋划策。开胃菜、正餐、餐后甜点，真的非常正规。笔者自述有糖尿病，小伙告知有低糖的和无糖的两种可以选择。"是吗？"笔者有些吃惊，"我们会照顾到每一位客人的特殊需求，无论你喜欢素食、无糖、低钠或低脂，我们都能为你提供！"这就令笔者大大吃惊了！

晚宴开始了，船长举着酒杯致辞："欢迎来到海洋灿烂号，希望各位能在船上度过快乐的七天时光。当你们下船的时候，你们觉得：'啊，服务太好了！唯一的遗憾就是时间太快。'如果是这样，那就是对我们最大的褒奖，我们全体工作人员愿意为大家提供最好的服务！提供快乐而不仅是专业服务，这是我们的宗旨。"

服务的标准完全超出想象，虽然菜肴价格不菲，但如果你尚未尽兴，还可以再要一份；如果你觉得不对胃口，可以另点一份。

169

在此真实感受到了文化不同带来的服务差异："提供最好的服务！提供快乐而不仅是专业服务，这是我们的宗旨。"一切答案皆在于此。专业服务可以有硬性标准，快乐服务却是由服务员的快乐情绪感染所致，每时每刻竭尽全力，让自己的服务对象感到快乐，这是认同公司文化的员工"外化"在他的服务行为上的公司形象。文化的力量由此可见。

四、感觉"持续改进"

笔者一行是全船客人中唯一来自大陆的旅游团队，邮轮公关部的高级经理特地到餐厅来看望。"很高兴你们来到海洋灿烂号，希望将来有更多来自中国的客人，"她指指胸前的铭牌，"我会五种语言，现在我要尽快掌握第六种语言，那就是中文，以便更好地和我的中国客人沟通。"你可以说这只是一种商业行为，但是他们确实是把它作为一种工作的"持续改进"，公正地说，这种对客人的欢迎举动，还真不是纯粹的客套，因为第二天晚餐时，她请在现场服务的运营总监带来一瓶上好的红酒（酒是唯一要自费的，很贵），以示她的衷心的欢迎。

同时，自助餐厅的菜牌上增加了中文说明，你真的无法不为他们的细致服务感动。文化的渗透力无处不在，这不是用管理制度所能完全覆盖的。

五、"快乐服务"文化探源

（一）快乐的员工才有快乐的服务

有两次记忆深刻的餐厅活动。一次是客人感谢为他们提供服务的工作人员，所有的服务生列队从入口处进入，走到餐厅中央的楼梯处。掌声响起，当每个服务生走过他负责的餐桌时，热情的客人高声喊叫他们的名字，使劲跺脚鼓掌，拍打桌面，有的甚至敲击空的碗碟，总之，几天来客人和服务生结下的友情在此刻得到了最大程度的释放，员工把快乐带给了客人，他们也是由衷快乐的，客人们的掌声是最好的奖励。另一次是"告别晚宴"之后，请出的是七天来在厨房挥汗烹调的大厨们，当身穿白色工作服，头戴厨师高帽的大厨们现身的时候，高潮再次出现。这两次活动都是船方组织的客人和工作人员的互动，让工作人员享受工作带来的愉悦，快乐的员工才有快乐的服务！

公司对员工贡献的高度认同，使员工充分感受到自身的价值，也激发起员工为客户提供优质服务的热情和创造性，那些从细节转化而来的服务规范，都源于员工自发的创造。

（二）快乐服务的背后是文化

皇家加勒比邮轮公司董事长兼CEO理查德·费恩接受采访时说："我们有约45000名日复一日工作的员工，工作时间很长，很辛苦，但他们肯定地表示他们非常愉快，他们喜欢工作，并在工作中取得成功。"以快乐的员工为基础，皇家加勒比邮轮公司通过提供富有竞争力的产品和服务获得客户更高的满意度。

"窥一斑而见全豹"，邮轮七天七夜的感受并非这区区几千字所能描述，笔者作为一个长期从事企业管理咨询的特殊客人，以自己的切身体验感觉到：企业高层的一个管理理念，若能传达到每一个员工，内化成他们自己的观念，外化成每个人自觉的行动，那将是多么巨大的竞争力量。

结语：皇家加勒比邮轮给予的启迪是：文化竞争力在什么情况下才得以体现呢？那就是它完全被员工所认同，并外化成员工的行为，形成鲜明的"组织人"特征，使所有接触该企业的客户、股东和社会人能够识别和高度认同，从而极大提升该企业的"美誉度"，到这个时候，企业文化就真正成为了该企业的"核心竞争力"。

思考题：我国的邮轮企业如何贯彻快乐文化？

第七章 邮轮礼仪文化

导入案例：

邮轮圆桌会议专家直言国人缺乏邮轮礼仪认知①

【新民网·独家报道】今天（2013 年 5 月 23 日）下午，作为首届上海邮轮旅游节的组成活动——2013"邮轮旅游与区域发展"圆桌会议在宝山区举行。邮轮旅游正成为促进上海建设世界著名旅游城市的重要标志，借此契机带动区域发展和产业转型，成为了主管部门和专家学者的共识。

从 2006 年进入上海的第一艘邮轮歌诗达爱兰歌娜号算起至今，到目前也只有不到 7 年时间，但全球邮轮市场规模迅速扩张、邮轮市场重心不断东移，2012 年 13.8 万吨的海洋航行者号将吴淞口作为母港，2013 年另一艘 13.8 万吨的海上巨轮海洋水手号下月又将以吴淞口作为母港，中国邮轮经济进入了大船时代。

中国交通运输协会邮轮游艇分会秘书长郑炜航建议，面对飞速发展的邮轮经济以及越来越多的消费纠纷，中国应借鉴导游证的做法，对邮轮销售人员进行认证，上海可以在这方面先行先试。

郑炜航同时指出，虽然已有越来越多的国人消费了邮轮旅游，但这些乘客中的大多数仍缺少邮轮文化和礼仪方面的认知，要做到更文明、更体面地搭乘邮

---

① 资料来源：新民网。

轮，有必要出台文明公约进行宣传和规范。

宝山区副区长夏雨则提出，目前全球邮轮经济带来的就业人口约有 50 万，且未来 5 年仍将以 15% 的速度增长，国内对于这方面人才也有非常高的需求量，上海本地可以有针对性地加强人才培训，由此促进本地青年就业。

与会领导和专家一致认为，上海应当进一步完善邮轮产业功能配套、规范邮轮旅游市场、加强邮轮专业人才培养，促进邮轮旅游事业的健康发展，大力推进国际邮轮枢纽港建设，力争把上海建设成为世界一流的国际邮轮枢纽港、国际知名的邮轮旅游目的地、亚太地区国际邮轮营运中心和具有全球竞争力的邮轮产业集聚地。

思考题： 如何提升国人的邮轮礼仪？

邮轮文化是一种国际交往及国际礼仪文化。不仅邮轮经济具有跨国经营的特点，邮轮上的旅客一般也来自不同的国家，说不同的语言，使用不同的货币。又由于邮轮业起源于贵族的休闲传统文化，其所有相关的服务、休闲娱乐、消费等都体现出奢华的特点，所以说邮轮文化发展承袭了皇家传统文化的特征，这就需要陆上相关从业人员、邮轮船员、邮轮上的旅客学习和掌握相关国际交往知识、国际礼仪知识。随着人们经济水平的提高，越来越多的人有条件选择邮轮旅游。在这个经济层次，普通百姓乘船出游也将成为时尚，所以邮轮礼仪文化的发展将越来越大众化。

第一节　礼仪文化

由于邮轮旅游起源于贵族的休闲传统文化，其所有相关的服务、休闲娱乐、消费等都体现出奢华的特点，这就需要相关从业人员以及游客了解相关国际交往和礼仪知识。

一、何为礼仪

礼仪是人与人之间交流的规则，是一种语言，也是一种工具。由于形成礼仪的重要根源——宗教信仰的不同，因此世界上信仰不同宗教的人们遵守着各不相同的礼仪。

（一）礼仪的概念

礼仪是指人们在社会交往中，由于受历史传统、风俗习惯、宗教信仰、时代潮流等因素的影响而形成，既为人们所认同，又为人们所遵守，以建立和谐关系为目的的各种符合礼的精神及要求的行为准则或规范的总和。

由于礼仪是社会、道德、习俗、宗教等方面人们行为的规范，所以它是人们文明程度和道德修养的一种外在表现形式。礼仪对个人而言，是一个人思想水平、文化修养、交际能力的外在表现。礼仪也是人类文明的结晶，是现代文明的重要组成部分。它体现的宗旨是尊重，既是对人也是对己的尊重，这种尊重总是同人们的生活方式有机地、自然地、和谐地、毫不勉强地融合在一起，成为人们日常生活、工作中的行为规范。这种行为规范包含着个人的文明素养，也体现出人们的品行修养。

（二）礼仪的特点

1. 普遍认同性

所谓认同性是全社会的约定俗成，是全社会共同认可、普遍遵守的准则。一般来说，礼仪代表一个国家、一个民族、一个地区的文化习俗特征。但我们也看到不少礼仪是全世界通用的，具有全人类的共同性。例如，问候、打招呼、礼貌用语、各种庆典仪式等，大体是世界通用的。

礼仪的普遍认同性主要源于共同的经济生活和文化生活。经济的共同性必然导致礼仪的变化。比如现代经济的快节奏、高效率使现代礼仪向简洁、务实方向发展。共同的文化涵育了共同的礼仪。礼仪的普遍认同性表明，社会中的规范和准则必须得到全社会的认同，才能在全社会中通用。

2. 规范性

所谓规范性，主要是指它对具体的交际行为具有规范性和制约性。这种规范性本身所反映的实质是一种被广泛认同的社会价值取向和对他人的态度。无论是具体言行还是具体的姿态，均可反映出行为主体的包括思想、道德等内在品质和外在的行为标准。

3. 广泛性

所谓广泛性，主要是指礼仪在整个人类社会的发展过程中普遍存在，并被人们广泛认同。礼仪无处不在，礼仪无时不在。

4. 沿习性

所谓礼仪的沿习性特点，是指礼仪的形成本身是个动态发展过程，是在风俗和传统变化中形成的行为规范。礼仪一旦形成，就有一种相对独立性。我们今天的礼仪形式就是从昨天的历史中继承下来的，有不少优秀的还要继续传承下去。而那些封建糟粕，则会逐渐被抛弃。所以交际礼仪的沿袭和继承是个不断扬弃的社会进步的过程。

世界上任何事物都是发展变化的，礼仪虽然有较强的相对独立性和稳定性，但它也毫不例外地随着时代的发展而发展变化。

二、中西方礼仪的差异与融合

社交礼仪作为一种文化，是人们在生活中处理人际关系时，用来与人表达友谊情感的符号。然而，因为文化不同引起的信息误解，甚至伤害对方的现象屡见不鲜。因此，如何面对文化差异并进行跨文化交际已是现在不可忽视的问题。随着我国经济发展的步伐日益加快，跨国交际日益增多，中西方礼仪文化的差异更是越发显露，这种差异带来的影响也是不容忽视的，我们必须在跨文化交际前了解这些礼仪的差异。

（一）餐饮礼仪的差异

中国人有句话叫"民以食为天"，由此可见饮食在中国人心目中的地位。中国菜注重菜肴色、香、味、形、意俱全，甚至超过了对营养的注重，既要好吃又要好看，营养反而显得不重要了。西方的饮食比较讲究营养的搭配和吸收，是一种科学的饮食观念。西方人多注重食物的营养而忽略了食物的色、香、味、形、意如何，他们的饮食多是为了生存和健康，似乎不讲究味的享受。

在餐饮氛围方面，中国人在吃饭时都喜欢热闹，很多人围在一起吃吃喝喝、说说笑笑，大家在一起营造一种热闹温暖的用餐氛围。除非是在很正式的宴会上，中国人在餐桌上并没有什么很特别的礼仪。而西方人在用餐时，都喜欢幽雅、安静的环境，他们认为在餐桌上一定要注意自己的礼仪，不可以失去礼节，比如在进餐时不能发出很难听的声音。

中西方宴请礼仪也各具特色。在中国，从古至今大多都以左为尊，在宴请客人时，要将地位很尊贵的客人安排在左边的上座，然后依次安排。在西方则是以右为尊，男女间隔而座，夫妇也分开而座，女宾客的席位比男宾客的席位稍高，男士要替位于自己右边的女宾客拉开椅子，以示对女士的尊重。另外，西方人用餐时要坐正，认为弯腰，低头，用嘴凑上去吃很不礼貌，但是这恰恰是中国人通常吃饭的方式。吃西餐的时候，主人不提倡大肆地饮酒，中国的餐桌上酒是必备之物，以酒助兴，有时为了表示对对方的尊重，喝酒的时候都是一杯一杯地喝。

（二）服饰礼仪的差异

西方男士在正式社交场合通常穿保守式样的西装，内穿白衬衫，打领带。他们喜欢黑色，因此一般穿黑色的皮鞋。西方女士在正式场合要穿礼服套装。另外，女士外出有戴耳环的习俗。西方国家，尤其是在美国，平时人们喜欢穿着休闲装，如 T 恤加牛仔服。

当今中国人穿着打扮日趋西化，传统的中山装、旗袍等已退出历史舞台。正式场合男女着装已与西方并无二异。在平时的市井生活中，倒会看到不少人穿着背心、短裤、拖鞋等不合礼仪的服饰。

（三）中西方礼仪的融合

礼仪是一种文化，是文化就有纵向的传承和横向的借鉴与融合。随着世界全球化不断加快步伐，经济、文化高速碰撞融合的大背景下，西方文化大量涌进中国，中国传统礼仪也不断受到西方礼仪文化的冲击。如何保护中华民族传统礼仪，并去其糟粕，与西方礼仪进行合理有效的融合，成为人们不断思考和探讨的话题。越来越多的人认识到中西礼仪文化必将会互相渗透，不断发展。

在中西礼仪文化的融合过程中，中国人未免盲目热衷于西方，不自觉陷入两个误区：一是拿西方的礼仪取代我们中华民族的传统礼仪。礼仪是一个民族最具代表性的东西。比如在青年中，举行外国式婚礼、过西方节日等，都是不容忽视的倾向。对西洋礼仪只是作为民俗知识了解一下无可厚非，如果趋之若鹜，就失去了民族的自尊，本民族的传统礼仪也会被淹没。二是把礼仪教育的重点集中在操作层面，比如鞠躬要弯多少度，握手要停几秒钟等。这些问题不是不可以讲，但如果只做表面文章，礼仪就成了空洞的形式主义。

不可否认，当今国际通行的礼仪基本上是西方礼仪。这种现象的原因并不仅仅是西方的实力强大，深层的原因在于西方人价值观的统一，在于西方人对自身文化的高度认同和深刻觉悟。这一切与基督教的社会基础密切相关，因为礼仪是宗教的重要活动方式，由于对宗教的虔诚信仰，西方人从小就接受这种礼仪的教育与熏陶，使礼仪能够自然地表现在人的行为之中。精神与物质、政治与文化的高度契合，使人们获得高度的自信与优越感，正是西方人的自信与优越感赋予了西方文化强大的感染力，使其礼仪文化被视为世界标准。

中西方礼仪文化的融合，在我们今日中国，更多的还是借鉴西方。但无论是借鉴西方的礼仪，还是我们自创一套自己的礼仪系统，这在形式上都不难。难的是我们也能有一个完整的价值体系，有对自身文化的高度认同和深刻觉悟。借鉴西方礼仪，不仅仅是要借鉴它的形式，更应当借鉴其内在灵魂，只有这样我们才能建立起自己的自信和优越感，才能确立我们的感染力。民族的复兴不仅是实力的复兴，更是一种文化的复兴。只有别人也认同我们的文化，才能真正使我们的礼仪行于世界。

人无礼则不立，事无礼则不成，国无礼则不宁。一个礼仪缺乏的社会，往往是不成熟的社会。而一个礼仪标准不太统一甚至互相矛盾的社会，往往是一个不和谐的社会。礼仪，是整个社会文明的基础，是社会文明最直接最全面的表现方式。创建和谐社会，必须先从礼仪开始。中国今天面临前所未有的挑战，无论是物质、精神、文化各个方面，都急迫地需要一套完整而合理的价值观进行统一。而礼仪文化无疑是这种统一的"先行军"，只有认清中西礼仪文化的差异，将二者合理有效地融合，方能建立适合中国当代社会的礼仪文化体系，达到和谐社会。

第二节　邮轮基本礼仪

一、邮轮礼仪惯例

不仅邮轮经济具有跨国经营的特点，邮轮上的游客一般也来自不同的国家，说不同的语言，使用不同的货币。海外邮轮是很典型的一个"国际小社会"，遵守秩序、轻声交谈、礼貌用语、衣着规范并不是哪一国的习惯，而是国际社会公认的起码的社交修养，也是一个游客文明素质的具体体现。

（1）登船：登船时就如同有数百到数千位旅客，同时在同一个酒店或航空柜台办理"Check - in"手续一样。必须事先准备好所有的相关文件、报表、船票、信用卡等，行李亦要挂好船公司提供的不同颜色的行李牌，以方便登船手续的顺畅。

（2）付款：邮轮上的任何消费，除在赌场娱乐外一律以邮轮 ID 卡（Cruise ID Card）记账，通常不可以用现金交易，要等到航程结束前一晚或当天清晨才能结算总账。因此，乘客可以在登船时以"信用卡"登记作为全程消费方式，最后只需查看账单无误即可，而且可以避免排长队等候最后结账之苦。

（3）船图：登船手续完成并入房安顿后，宜立即利用船公司提供的"船舶甲板配置图"（Deck Plan），自行按图索骥以熟悉环境。

（4）演习：船舶在每航次起航同时，按照规定必须进行救生演习（Lifeboat Drill），旅客按照规定一律亲自参加，以便记住个人救生艇编号以及紧急集合点（Muster Station）。

（5）行李：行李于上船当天搬进各人客舱后，就不需要再搬上搬下。直到离船前一晚，切记取出次日准备穿着的"备用衣物"一套，并悬挂船公司提供的不同颜色行李牌，并于规定时间将行李摆出舱房门外，以利于深夜行李员的搬运。

（6）离船：船舶每次航程结束，数百到数千位旅客将按照不同颜色的行李牌，听候船公司广播指示离船。此刻，预定离船的乘客，均被安排在各公共场所安顿等候。尚未被广播通知离船之前，绝对不可以在各出入通道、楼梯口徘徊逗留，以免影响离船程序的顺畅。

二、邮轮一般礼仪

（1）微笑：在船内与其他乘客同搭电梯或出入与人擦肩而过时，切记保持微笑并大方地说声"Hi"，以展现泱泱大国的风范。

（2）排队：上下船舶、参加活动、进出夜总会或餐厅，尤其是在自助餐台轮流取食时，应耐心排队等候，切勿一拥而上，并注意循序渐进，多次少取。

（3）就餐座位：邮轮餐厅座次安排，通常会以"混合编组"方式，将熟悉与不熟悉的乘客凑合同桌，以增加乘客结交各国新朋友的机会。如遇到态度粗鲁或不投缘的乘客同桌时，则可以要求改善或换桌。

（4）拍照：船上附设"照相馆"（Photo Gallery）的摄影师，在乘客登轮或欢迎晚宴时，都会帮乘客拍照、冲洗并陈列在照相馆内，供乘客自由选购，买与不买均不勉强。因此，乘客应大方接受拍照，也是一种基本礼貌。

（5）观看表演：观赏演出表演时，因邮轮没有预先订位的规矩，不宜帮人占位。如遇岸上游程太过劳累时，千万不要坐在前排，哈欠连连会影响演出人员的士气。此外，由于版权问题，演出严禁摄影机或相机拍摄。

（6）船员区域：船上如有标有"Crew Quarter"（船员宿舍）或"Crew Only"（船员专区）之场所，乘客请勿擅入以免打扰船员的作息。

（7）访客：邮轮严格禁止闲杂人等无故登轮，即使是船员或旅客的至亲好友，通常也在禁止之列。

（8）电话：船上都备有卫星通信，收费比较昂贵。个人手机电话得在靠岸、近海或内海航行时，进行"国际漫游"通话才无障碍。

（9）小费：除非部分邮轮公司明确小费收费标准并直接入账，或者干脆明文规定不收小费者外，小费是对服务工作人员的肯定与犒赏，也是大多数殷勤服务的乘组船员的薪资来源。通常每一航次结束前一天，乘客即会收到船方发给的小费信封，一般惯例是以每日每位 8～10 美元，依客房服务生每日 3 美元、餐厅领班每日 1～2 美元、餐桌服务生每日 3 美元、餐桌助理服务生每日 1～2 美元等比率分配。

三、邮轮着装礼仪

（一）晚宴穿着礼仪

邮轮乘客于每晚享用晚宴时，船方都会提前提醒旅客，应如何穿着的礼仪惯例规定，一般称之为"着装代码"（Dress Code）。旅途中适宜大方得体的衣饰穿着表现，除了不至于在国际社交场合失礼之外，也可以增加邮轮旅游漫漫航程中的旅途乐趣。"着装代码"较为常见的晚宴穿着礼仪，有以下三种：

1. 正式服装（Formal）

传统上男性需要穿着"燕尾服"（Tuxedo）参与宴会，但如今已不再如此讲究。目前仅要求男士穿着深色西装外套（Dark Suit），配以浅色衬衫、打蝴蝶结或深色领带（Black Tie）为准。女士则以穿着"连身一件式"西式晚礼服（One Piece Evening Gown）或中式长旗袍为宜。至于鞋子的穿着，则男士以黑色或深咖啡色皮鞋，女士以穿着高跟鞋为准。

（1）西方女士所谓"连身一件式"晚礼服（One Piece Evening Gown），或称晚礼服，一般为低胸、无袖、露背、束腰、长裙拖地，再搭配炫目耀眼的饰物，极尽争奇斗艳之能事也是邮轮旅游奇景之一。

（2）男士西装依纽扣形式的排列，而有单排扣和双排扣的分别。单排扣西装多为"三件式"，即搭配一件背心（近年来已不一定要穿背心）、衬衫及领带。

179

至于双排扣西装则不必搭配背心，但应扣上扣子及暗扣。西裤则尽可能与西装同一色系，以突显穿着之权威感。

2. 半正式服装（Informal）

邮轮公司为顾及乘客的方便，目前要求上述的正式穿着已较为少见。半正式服装的规定反而较为常见，一般仅要求男士穿着西装、西裤、衬衫、打（或不打）领带为准。

（1）女士则以穿着过膝裙配上西装外套之套装为宜。至于鞋子的穿着，则男性仍宜穿着黑色或深咖啡色皮鞋，女性以矮跟鞋为准。

（2）男士穿着无论是单排扣或双排扣西装时，除了坐下用餐为了舒适可以解开扣子之外，均应随时扣上扣子以示庄重。

3. 轻便服装（Casual）

穿着尽量轻松，西装、套装全免。建议男士穿着运动服饰、Polo衫、休闲裤，女士则穿着休闲裤装即可。至于鞋子的穿着，除了拖鞋不适宜外，休闲鞋甚至于球鞋都不失礼数。

特别提醒：无论何时进入晚宴餐厅，男士、女士均不宜穿着拖鞋，也不宜穿着无领T恤衫（T-Shirt）或牛仔装（Blue Jeans）进场。

（二）其他穿着礼仪

1. 游泳

前往游泳池游泳或按摩浴池泡浴时，需要先于客舱房间内换穿泳装，唯在前往泳池的行进途中应披件外衣，以免有失礼数。回房前，则应于泳池畔的更衣室换装完毕，绝不可全身湿淋淋地四处走动。

2. 舞会

参加船上举办的"鸡尾酒会"或"舞会"活动时，除"迪斯科（Disco）舞会"可以便装穿着，其余场合仍宜按照上述半正式服装出席为佳。

3. 看戏

观赏演出表演时，因邮轮大都有分批分别用餐或观看表演的规定，故穿着礼仪可以完全按照晚宴服装的规定即可。例如，当晚规定"轻便服装"赴宴，则以便装进入夜总会观赏表演即可。

4. 其他

无论何时何处，均不宜穿着睡衣、拖鞋、热裤甚至打赤膊出入公共场所。

四、邮轮用餐礼仪

（一）晚宴礼仪

每艘邮轮都会有盛大的船长晚宴活动，这是邮轮上的一种风俗，由船长带领邮轮长官在大堂整体亮相，与来自世界各地的游客表达祝福。船长和船员们作为"主人家"，欢迎宾客们参加晚宴，见面以握手礼为主，同时船长会和来宾们亲切拍照留念。

1. 就席和落座

宴会座位安排是一男一女岔开坐，左右都是异性，这是为了可以让每位女士都可以得到身边男士的照顾。男士应该为女士把座椅拉开，当所有的女士都有座位后，男士们才入座。男士要留意身边女士的酒杯是否缺酒等，时刻准备着照顾女士们。

落座时最好从座椅的左侧入座，将椅子向外拉开，然后轻轻走到桌子前面，在身体几乎与桌子碰到的距离站直，等待领位者把椅子推进来到腿弯处，再落座即可。坐在座椅的1/3处，尽量保证端正笔直，最好不要用手托腮或将双臂肘放在桌上，不要靠椅背，椅背只起到装饰作用，同时为了方便侍者拉椅子。不可以用手托腮或将双肘放在餐桌上，脚应踏在本人座位下，不可以随意伸出，也不可以玩弄桌上酒杯、盘碗、刀叉等餐具。

2. 餐具礼仪

（1）热毛巾：用餐前服务员送上的热湿毛巾是用来擦嘴角与双手的，不可以用它来擦脸或别的部位。

（2）餐巾：必须等到大家坐定后，才可使用餐巾。餐巾主要防止弄脏衣服，兼做擦嘴及手上的油渍。餐巾不仅要摆在腿上，还应该注意要将其对折，并将折痕靠近自己。切勿系入腰带，或挂在西装领口。切忌用餐巾擦拭餐具。结束用餐离开宴席时，应将餐巾折放在桌面上。

（3）刀叉：左手持叉，右手持刀。切东西的左手拿叉按住食物，右手用刀将食物切成小块，然后用叉子送入口中。摆在盘子上方的叉勺是用来吃甜点的。叉背向上放表示"我还没吃完"，叉背向下则表示用餐完毕，若中途离席，刀叉要呈"八"字摆放。

（4）筷子：使用筷子应文雅，不能乱舞，不能用筷子指点人，或胡乱翻动菜肴。用餐中需要用到汤匙时，应先放下筷子。离席时，应将筷子轻放在餐碟边筷托上。

（二）自助餐厅礼仪

1．排队

自助餐厅无限量供应美味的食物是邮轮旅游的特色和吸引力之一，每个人都遵守用餐礼仪能让用餐环境变得更加愉快。因此，在自助餐厅取餐时不要插队，也不要从另一个方向进入，更不要边排队边吃。

2．取餐

要把用过的盘子都留在桌子上，用新盘子去拿自助餐，每盘食物都有自己的食物钳，不要图方便而混用。要考虑到如果后面的人是个素食主义者，可能会因为混用行为而无法获取自己的食物。

（三）其他用餐礼仪

（1）口内有食物，应避免说话。

（2）取菜舀汤，应使用公筷公匙，自用餐具不可伸入公用餐盘夹取菜肴。

（3）吃进口的东西，不能吐出来，如系滚烫的食物，可喝水或果汁冲凉。

（4）自己手上持刀叉，或他人在咀嚼食物时，均应避免跟人说话或敬酒。

（5）切忌用手指掏牙，应用牙签，并以手或手帕遮掩。

（6）如欲取用摆在同桌其他客人面前的调味品，应请邻座客人帮忙传递，不可伸手横越取物。

（7）如吃到不洁或有异味食物，不可吞入，应将入口食物轻巧地用拇指和食指取出，放入盘中。若发现盘中的菜肴有昆虫或碎石，不要大惊小怪，应待侍者走近，轻声告知侍者更换。

五、邮轮交际礼仪

（一）在邮轮上打招呼

在中国，打招呼时大多使用"吃了吗""上哪呢"等，这体现了人与人之间的一种亲切感。可对西方人来说，这种打招呼的方式会令对方感到突然、尴尬，甚至不快，因为西方人会把这种问话理解成为一种"盘问"，感到对方在询问他们的私生活。西方人见面打招呼是很自然的，即使相互不认识，他们打招呼的目的，并不是为了要跟你有进一步的交往，只是一种生活礼仪形式。其实不论任何人，面对有人微笑打招呼，都会受到感染，像是见到阳光心情跟着好起来一样，很自然会打招呼响应。因此，在邮轮上如果迎面而来的服务人员或西方游客跟我们打招呼，我们可以直接回应一声"Hello!"，或按时间来分，说声"Good morning!""Good afternoon!""Good evening!"。

（二）在邮轮上称呼陌生人

在汉语里，一般称呼陌生人为"叔叔""阿姨"。但在西方，他们一般用"夫人""先生""小姐"来称呼陌生人。因此，在邮轮上，可以用"Sir"和"Madam"来称呼不知其名的陌生人，对十几或二十几岁的女子可称呼"Miss"，结婚了的女性可称"Lady"或"Madam"。

（三）常用"Excuse me"

（1）当意识到自己失礼时，要用"Excuse me"表达歉意。比如在餐桌上打了个喷嚏后，要及时说"Excuse me"。

（2）在聚会或餐桌上有事需要中途离开，比如：在和西方游客聊天时，突然需要接个电话，这时要说"Excuse me"，表示"失陪一下"。

（3）在向陌生人求助时，比如向邮轮上的服务人员问路时，可以说"Excuse me. Could you please tell me how to get to the Star Cinema?"用"Excuse me"表示"打扰一下"。

（4）当没听清对方说的话，想让对方重复一遍的时候，可以说"Excuse me. I did not hear you clearly."

（5）当从别人旁边经过时，为了表示礼貌，可以用"Excuse me"表示"借过"。

第三节　邮轮场景礼仪

一、舱房礼仪

（1）财物：谨记"财不露白"的原则，除船上消费一律在登轮时以"信用卡"登记为全程消费方式外，其余时段应将个人的证照、贵重财物锁入客舱内个人保险箱中，以保证安全。

（2）卫生：一般邮轮设置卫生设备，通常采用与客运飞机相同规格的"强力抽吸式"消毒卫生系统，千万不可将卫生纸以外的异物投入马桶，以免造成堵塞与修护的困难。

（3）洗衣：船上客舱甲板大都附设自助洗衣机、烘干机及熨烫设备，供乘客付费或免费使用。如自行于房内洗衣，切记只能将湿衣服挂在浴室内的吊衣绳上，千万不可四处披挂于床铺、桌椅甚至于可能引发火警危险的床头柜灯罩上。

（4）善邻：请勿高声喧哗，以免影响邻居安宁。相对地，如果遇有吵闹不宁之恶邻时，也可以通知船方要求改善或换房。

二、餐厅礼仪

（1）如果与异性同去餐厅，男士应请女士坐在自己的右边，还得注意不可让她坐在人来人往的过道边。若只有一个靠墙的位置，应请女士就座，男士坐在她的对面。如果两位同性进餐，那么靠墙的位置应让给其中的年长者。每个人入座或离座，均应从座椅的左侧进出。

（2）女士入座后，通常会直接把手提包放在脚边的地板上。若是邻座没有人，也可以放置在椅子上，或挂在皮包架上。除了晚装的小手包，如果把手提包放在桌上，是很失礼的行为。

（3）餐巾暗示着宴会的开始和结束，西方有女士优先的原则，西餐宴会上女主人是第一顺序，女主人不坐，别人是不能坐的，女主人把餐巾铺在腿上就说明大家可以开动。反之，女主人要把餐巾放在桌子上了，是宴会结束的标志。餐巾可擦嘴不可擦汗。

（4）使用刀叉，应是右手持刀，左手拿叉，将食物切成小块，然后用叉送入口内。刀叉的摆放也是西餐里重要的礼仪。刀叉分开放大约呈三角形，表明还想继续用餐；将刀叉平行放在餐盘的同一侧，表明已经用完餐；刀叉分开放大约呈八字形，表明想添加饭菜，不过如果每道菜只有一盘的话，你没有必要把餐具放成这个样子。

（5）吃东西要文雅，闭着嘴嚼，喝汤时不要啜，吃东西不要发出声音。如汤菜太热，可稍待凉后再吃，切勿用嘴吹。嘴内的鱼刺、骨头不要直接外吐，用餐巾掩嘴，用手取出，或轻吐在叉上，放在菜盘内。如遇本人不能吃或不爱吃的菜肴，当服务员上菜时，不要打手势，不要拒绝，可取少量放在盘内，并表示"谢谢，够了"。对不合胃口的菜，勿显出难堪的表情。

三、剧院礼仪

为了丰富游客的旅行生活，邮轮上安排了大量的演出，在观赏时也有很多需要注意的事项。

（1）观赏演出表演时，因邮轮没有预先订位的规矩，不宜帮人占位，这也是对其他游客的尊重。

（2）演出通常节奏快速气氛火爆，需要观众也保持较大的热情。如遇岸上游程太过劳累时，千万不要坐在前排，哈欠连连会影响演出人员的士气。

（3）表演中会有很多互动环节，演员会邀请观众一起完成。如果被邀请到请尽量不要拒绝，这是对演员的尊重。如果对于互动兴趣不大可尽量挑选后排座位。

（4）邮轮上的演出都是邮轮公司演员自行编排的，所以都有自己的版权。如果不想被法律问题缠身，在演出时严禁摄影机或相机拍摄，更不提倡传播。

四、岸上游礼仪

（一）文明公约

（1）维护环境卫生。不随地吐痰和口香糖，不乱扔废弃物，不在禁烟场所吸烟。

（2）遵守公共秩序。不喧哗吵闹，排队遵守秩序，不并行挡道，不在公众场所高声交谈。

（3）保护生态环境。不踩踏绿地，不摘折花木和果实，不追逐、投打、乱喂动物。

（4）保护文物古迹。不在文物古迹上涂刻，不攀爬触摸文物，拍照摄像遵守规定。

（5）爱惜公共设施。不污损客房用品，不损坏公用设施，不贪占小便宜，节约用水用电，用餐不浪费。

（6）尊重别人权利。不强行和外宾合影，不对着别人打喷嚏，不长期占用公共设施，尊重服务人员的劳动，尊重各民族宗教习俗。

（7）讲究以礼待人。衣着整洁得体，不在公共场所袒胸赤膊；礼让老幼病残，礼让女士；不讲粗话。

（8）提倡健康娱乐。抵制封建迷信活动，拒绝黄、赌、毒。

（二）寺庙观光礼仪

（1）不能穿背心、打赤膊、穿拖鞋，着装得体，整洁朴素，女众进入寺院不得穿短裙及袒胸露背、穿无衣袖的衣服。

（2）遵守寺院规矩，言行有礼。

（3）当寺内举行宗教仪式时不能高声喧哗干扰。

（4）未经寺内职事人员允许不可随便进入僧人僧舍等地方。

（5）为了保持寺内的清净，严禁将一切荤腥烟酒及其制品带入寺院。

（6）珍惜福报，爱护寺院物品。惜福、惜劳，不损坏、浪费、侵损寺院财物。

（三）博物馆游览礼仪

（1）通常禁止携带打火机、火柴。

（2）切勿用手触摸展品，在允许拍照的情况下，可以拍照留念。

（3）在参观时，要看管好自己的孩子，不要让孩子到处乱跑、大声喧哗，更不要在楼梯或者展厅乱摸乱动，以防危险和影响他人的参观。

本章阅读案例：

上邮轮需带好四双鞋①

"记得带只大箱子！"我和堪帕斯行游俱乐部的江海中先生谈及即将开始的冠达邮轮维多利亚女王号地中海之旅时，这位经营过十几年邮轮旅游的老江湖如此告诫我。即便我没有在船上秀行头的打算，他依旧建议我在大行李箱中必带四双鞋：晚装鞋、拖鞋、便鞋、运动鞋——当然，还有与之配合的衣饰。江海中的心得是，有了这些鞋，船上的一切场合你都能应付得游刃有余。

一、正装皮鞋与船长晚宴

船长晚宴开始时，我甚至有点妒忌船上那几个印度女人，看上去，她们并没有怎么打扮，只是和平常一样，穿着鲜艳的纱丽，长及脚踝，这让我没机会检验她们是否和我一样穿着高跟鞋，但她们的确化了更仔细的妆容，在眉心都点上了迷人的吉祥痣，其中的一位被邀请坐在船长旁边，船长的另一侧是位老先生，看

---

① 资料来源：《悦游 Condé Nast Traveler》。

上去像是邮轮常客，他打着领结，穿深色西装，头发打理得一丝不苟。

事实上，赴宴的每位宾客打扮得都不含糊。我邻座的老先生从韩国釜山来，下午，我们还在甲板上聊过一会儿，现在，他和夫人穿着得体的礼服，频频举杯，享受着夜晚的美好。

任何一位船长都可以拒绝那些衣着不得体的客人参加他的晚宴。没有特立独行的人质疑船长的权威，每个人都仔细留意每天下午放在船舱中那封礼貌的着装建议信，它提醒客人晚餐时应该穿着什么样的衣服。船长晚宴前一天，船上的礼服租赁处生意格外好，那些忘记带西装和礼服裙的人会去那里以不低的价格租上一套，但是陌生洗涤剂的味道和陈旧的式样总不是什么值得回忆的经历。

当然，你也可以拒绝参加晚宴，如果独自一人，可以叫客房送餐——说实话，那天晚上，我的丝袜不小心被钩破的刹那，我有过这个邪恶的念头。第二天一早，我在甲板上遇到前天坐在船长身旁的那位老先生，他穿着短衣短裤在甲板上晨跑，我和他说起前夜晚宴，这位来自芬兰的老绅士奥拉维哈哈大笑，他说："我还有几次机会可以穿得这么体面了呢？"既然上了船，就应该在这仅有的一个晚上，穿得像位贵族，以此向这种流行于20世纪初的度假方式致敬。既来之，则安之。我想他是对的。但是我告诫自己，下次上船，除了这双正装皮鞋，我还要带上那件真丝旗袍，争取有机会坐在船长的另一侧。

二、拖鞋和运动鞋的甲板岁月

对这艘船，奥拉维没什么抱怨。"我可以每天早起跑步，吹海风。"他每次上船都会带上江海中提及的运动鞋，和在甲板上跑步相比，奥拉维并不热衷于船上设施齐备的健身中心："如果想待在室内，我干嘛还要来这儿，我可以每天都待在赫尔辛基的空调房里。"对于不喜欢运动的我来说，甲板生活和拖鞋关系更大，我穿着拖鞋在甲板上看书、发呆、晒太阳；有一天清晨，还和几位船友在这里练了一会儿瑜伽。去船上顶层的泳池，也穿着拖鞋，只不过，几位印度友人在泳池的表现就不如她们在船长晚宴上可爱，她们居然穿着纱丽下水，泳池旁的船员手忙脚乱地阻止了她们。邮轮的泳池有所有公共泳池的规矩；另外，如果你不想让别人看见自己身着泳衣在船舱走廊上穿梭，记得披件衬衫再去游泳。而且，"即便你的拖鞋是双闪闪发亮的Fendi，也别穿着它们去吃晚餐！"奥拉维离开甲板时，附在我的耳边悄悄地对我说。而我想对他说的是："提醒你隔壁船舱的那位母亲，请她嘱咐她的孩子轻声关门。"我知道，奥拉维先生虽然热爱运动，却不见得是个喜欢早起的人，他只是过于礼貌，舍不得责怪那些在甲板上跑来跑去的小捣蛋鬼们。

三、便鞋上岸

至于上岸，好似没有什么更多的嘱咐。那双轻便的休闲鞋就是为上岸准备的。唯一要切记的是：岸上好景色终有尽头，请记得按时返回船上。我们在罗马停靠七小时后上船，当时已经是夜里，邮轮的公共广播还在不停地播着几个客人的名字，一遍一遍……第二天早餐，大家聚在一起交流的话题之一就是："昨天晚上的那几个人回来了吗？"如果不想一夜成名，就务必记得上船的时间。便鞋还适用于船上的演出档期，你当然不能穿着踢踢踏踏的拖鞋走进去，也不好穿得像要登台表演般隆重，所以这双便鞋再合适不过。但是，如果你像我一样，白天在罗马玩得尽兴，就千万不要坐在前排观看——哈欠是对演员最大的不尊重。

YES：在邮轮上吃晚餐时，有一个不成文的规矩：如果你点了一瓶葡萄酒，不妨跟其他客人一起分享，这会给大家营造一种"以邮轮为家"的气氛。

NO：不要和船上的其他客人发生冲突，甚至大打出手。如果你坚持这样做，结果会是：被船长赶下船。

YES：船上服务人员收入的主要来源是小费。记得在邮轮上的最后一晚，按天数算好，把现金装入信封，你也可以让前台直接从你的账户里扣掉。

NO：搭乘邮轮是为了放松的；疯玩没什么错，但还是要节制一点儿，没有人会喜欢醉鬼。

四、小费支出

到底该给服务生多少小费？不同等级的邮轮，由于服务的不同，小费自然也不一样。如果你想事先有所了解，cruisetip. tpkeller. com 网站会给你一个参考。

思考题：我国游客在邮轮上出现穿着随便的现象，原因是什么，应该如何引导？

第八章 邮轮与跨文化交流

消费习惯、文化差异让欧洲误认为
中国旅游者不文明①

中国网旅游频道举办了主题为"提升中国公民道德素质，塑造良好出游形象"的专家、业界座谈会。会上，从意大利留学归来的旅友小毅结合自己在欧洲旅游的经历和与会专家分享了他对中国公民文明旅游的看法。

一、消费习惯——容易产生误解和偏见

"我之前在意大利待过一年，也去过欧洲其他国家游玩，特别是刚才提到的一些对警示中国游客文明旅游的一些标识，在很多重要的景点，都会有这样的标识。"小毅说。

他补充道："不过，在另一个地方，中文标识也是很多的、就是在奢侈品店。"小毅表示，在欧洲生活学习期间，有一点让他感触很深，那就是中国人在欧洲旅游的消费习惯。出境游的中国人一般经济条件都不错，所以经常买很多的

———————————

① 资料来源：旅游中国网（http://www.china.com.cn/travel/txt/2013-09/09/conten_ 29973754. htm）。

高档产品，但有些中国人购买奢侈品的风潮让外国人觉得不能理解，这对于一些欧洲人来讲，容易让他们产生一定的思维定式甚至是偏见。

"很多欧洲人都会觉得中国人只是有钱，没素质，中国人对艺术的关心，不如对奢侈品的热心。中国人只是暴发户，对公共环境、自然生态的事情毫不在意。"

"所以，对中国人的一些'不寻常'行为，外国人就会觉得很奇怪，用我们的话来说就是不文明。"他这样说道。

对此，小毅讲述了他自己的一段亲身经历。"当我在意大利西西里岛旅游的时候，刚好碰到当地的消防队员在处理一些老旧房屋的问题，见到我这个外国人，很好奇，就问我是从哪里来的，我回答中国，他们就提高语气说，中国人有钱啊！我有时候都不知道怎么回应他们了。"小毅进一步解释说："因为中国人很少会去西西里岛旅游，所以当地人对中国人的了解，大部分是来自其他人，或者是媒体，这就使中国人在外国人中眼里的形象很狭隘，永远都只是像暴发户一样。"

小毅指出，外国人还有专门的英语单词来形容中国人穿衣服只挑贵的，而没有自己的风格，虽然他们对此不以为然。

"他们的视野应该更广一些，在海外的中国人，不仅仅只有游客，遍布全球的华人对于当地社会的贡献怎么可以被忽视呢？"

"不过，从这倒也可以清楚地看到，中国人的形象有一部分是误解形成的，并不是所有游客都是暴发户，他们的行为也不都是不文明的。"

二、游客不文明行为——或因文化的差异

此外，小毅还认为国家间的文化差异仍然是导致中国游客让当地人感到不文明的重要原因。他表示，有些国人把国内旅游的旧思维与旧习惯带到国外，不了解外国的特殊的风俗习惯，引起当地人对中国人的反感。

这一点在欧洲的表现可能突出，产生了一些误会。对此，小毅向大家举了个例子，当他在荷兰阿姆斯特丹旅游时，发现有个中国游客对国外街头艺人拍完照后，不想给钱就走，结果，被街头艺人拦下来，对中国游客说，要么给钱，要么删照片，那位中国游客左手拿着相机，一边摆动着右手，示意不想给钱，这让那位艺人没办法。结果是既没给钱，也没删照片，游客就急匆匆地走了。"对于不习惯街头艺术表演的中国游客来说，这虽然只是一件小事，但足以反映出国人出

国游玩时不了解、不尊重对方国家的特殊风俗习惯。"小毅解释说："这会造成一定的误解，对整个国人的形象都会有所损害。"

三、相对的阶段——中国游客素质肯定会提高

不过，其实有些外国人还是比较理解中国游客。小毅就碰到过这样的人，当他在卢森堡游玩的时候，碰到一位来自南非教法语、意大利语、英语三门语言的女士。在和她聊天的过程中，他们很容易聊到了外国人对中国游客的看法。

"她认为，中国游客现在经历的事情都是以前西方国家所经历的。就是在中国经济发展这个阶段，文明素质是相对落后的一方面。但是她觉得随着中国的发展，游客的素质肯定会相对提高。"小毅表示他对此也报以乐观的态度。

思考题：如何看待国人在国外的不文明行为现象？

邮轮文化是由多种要素构成的。其中既有本土的，也有外来的；既有传统的，也有现代的；既有精神因素，也有物质成分。邮轮文化由于是兴起于欧洲，随着邮轮开放性的突出，邮轮文化不断融合不同地域的传统与现代文化要素，也不断产生物质与精神成果使之成为其跨文化中的一部分。

邮轮文化本身并不排斥异质文化，相反，在一定条件下它愿意吸收异质文化，正是吸收了相关文化的优秀成果，逐渐形成自己的多质性跨文化特点。邮轮文化的多质性与文化的多样性有关。不同的民族其主体的文化观念和行为模式是不同的。正是由于邮轮文化差异的存在，以及由此导致的邮轮跨文化交流的特质，邮轮旅游主体才会对邮轮旅游以及邮轮旅游目的地的风俗人情产生强烈的好奇，纷纷尝试在文化的反差中体验感受异质文化的独特韵味。

第一节　邮轮与跨文化交流

一、跨文化交流概述

跨文化交流是指不同文化背景的人们之间的交流。跨文化交流活动，作为一种学问来研究始于 20 世纪 60 年代。而作为一门独立学科的跨文化交流学则形成

于 20 世纪 70 年代的美国。根据跨文化交流学理论，不同人的文化、社会背景、生活方式、受教育情况、信仰、性别、年龄、政治、经济状况、爱好、性格等方面都存在着不同程度上的差异，这样，在交际时，说话人和受话人对信息的理解不可能达到 100% 的认同。从这个意义上讲，任何人际之间的交流都是跨文化交流，跨文化交流双方的文化背景，可能基本相似，也可能相去甚远。跨文化研究中按传统将文化分为主流文化和亚文化。主流文化是在社会上占主导地位的、为社会上大多数人所接受的文化。主流文化对社会上大多数成员的价值观、行为方式、思维方式影响很大。亚文化指仅为社会上一部分成员所接受的或为某一社会群体特有的文化。每个人由于所属的群体不同都有着各种亚文化或者说群体文化的痕迹，但我们需要分析的是其文化特点中所共有的主流文化部分。虽然每一个小群体之间也有着各种分歧，但总体说来，国家民族之间的差异更为明显，对人的决策和感知具有更多的决定性。故所强调的跨文化交流侧重于指不同国家、民族之间的交往。

邮轮经营者团体本身就包含多元文化。一个邮轮经营服务和管理团体，其成员来自世界不同国家。邮轮上的职员有千人以上，来自北美、欧洲、亚洲等多个国家，船员中大概有十多种语言。船员与游客之间必然在某种程度上也会发生文化交流和影响，邮轮将消费者团体（甲文化）带到靠港国家（乙文化）旅游，使消费者与靠港国家的民族和文化也发生了文化交流和影响。因此，邮轮旅游产品具有很高的文化交流价值，旅游的全过程就是一个跨文化交流的过程，消费者对异文化的体验经历是构成其对旅游产品评价的重要因素。

二、邮轮的跨文化交流

邮轮文化是一种不同文化交汇的多元文化。不仅邮轮经济具有跨国经营的特点，邮轮上的旅客包括邮轮上的工作人员一般也来自不同的国家。因此，从游客登上邮轮的时刻起，就开始了跨文化交流。邮轮的跨文化交流主要是源于邮轮旅游主体的文化差异，主要表现在民族性格、邮轮消费行为、邮轮审美习惯及邮轮服务感知诸方面。

（一）民族性格差异

不同民族的邮轮文化的表象和内涵是不同的，常常呈现出较大的民族差异。以邮轮旅游为主体的邮轮旅游性格为例，一般说来，多数中国邮轮旅游者较为内敛稳健，而多数西方邮轮旅游者则较为外向、好冒险；中国人重视邮轮旅游的内心体验，而西方人则钟情于邮轮旅游的外在观察；中国人倾心于邮轮旅游的道德塑造功能，富于人文情怀，而西方人则看重邮轮旅游的求知价值，充满科学精神。

中国是"静的文明"，在观念上的表现是追求安稳，在行为上的表现是喜静厌动。中国人在邮轮上的行为提倡适度，反对过于张扬和冒险，对邮轮活动中复杂性、多样性、刺激性的追求极为有限，形成了中国人稳健内敛的民族性格。西方是"动的文明"，"动"在观念上表现为积极进取精神，在行为上主要表现为喜动厌静，强烈的探索意识使他们不惜冒险，以满足个人征服自我、征服自然的成就感，体现个人的竞争能力，他们往往喜欢一些极具刺激性的邮轮项目，形成冒险、开拓、外张、行乐的民族性格。

（二）邮轮消费行为差异

由于中国人的集体主义倾向及深厚的家庭观念，中国旅游者在近程或假日旅游往往选择全家出游或亲友同游的方式，在远程或出国旅游中，多选择组团形式，较少单人单独出游。在邮轮上，中国人相互依赖、相互照顾，偏爱集体活动，如拍摄集体照、团体消费等。而西方人由于个人主义的传统，选择单独或伴侣乘坐邮轮的方式比较普遍，即使一起出游，人们极为强调独立、平等，希望有更多个人活动时间，群体内部的关系则比较松散。

在邮轮消费中，中国旅游者重视物质产品和饮食的消费，忽视劳务性消费，为维系"关系"、顾全"面子"而进行的购物支出在邮轮消费支出中所占的比重较大。西方文化下的旅游主体受到西方文化外向、开放氛围的熏陶，对旅游是一种追求的态度。同时由于西方经济发展，国民收入高，旅游发展也比较成熟，所以他们把旅游当作生活必不可少的组成部分，因此旅游消费支出也就成为生活必需品支出。在邮轮消费中，西方旅游者注重劳务性消费，重视个人休闲、度假的品质。

（三）邮轮审美习惯差异

旅游活动就是审美活动。同其他审美领域一样，邮轮审美的取向和结果常常因为主体的不同而有较大的差异。究其原因，除了旅游者个体差异因素外，文化差异也是导致旅游者的邮轮审美观产生差异的重要原因。旅游者不同的文化背景、价值体系使他们对邮轮审美对象的选择不一样，就是同一景观，他们的审美反应也有差异。中国人关注景观所附载的人文美，而西方人则关注景观本身的自然美；中国人的艺术审美受"天人合一"思想的影响集中于抒情的印象重现，西方人的艺术审美集中于风景的客观描写；中国人尚静，通过对静景的体悟达到陶冶性情、愉悦身心的审美目的，西方人尚动，注重体验和参与，在冒险和动态中得到美的满足和享受。具体来说，中西方游客在山水审美、园林审美、古建筑审美、饮食审美、雕塑审美、绘画审美、音乐审美等方面存在很大差异。

（四）邮轮服务感知差异

游客对邮轮的满意度依赖于服务的质量，在邮轮旅游中，关于服务好坏的理解也存在鲜明的跨文化特征。中国是一个以过去取向为主的社会，或者重视过去的社会。人们崇拜祖先，敬老尊师，重经验，重年龄，因为这些方面都与"过去"相关。在中国的传统社会中，等级观念较强，历来主张尊卑有别，长幼有序。大多数中国人随着年龄的增长，从心态上逐渐趋于平稳，他们对于"老"字心安理得地认可。因此，在邮轮活动中，年长的中国游客希望受到邮轮服务人员的特别关照和优待，年长者也因为受到尊重而对旅行持积极评价。而西方是崇尚个人主义和未来取向的社会，人们对年龄和经验并不十分尊重。因此在邮轮活动中，西方年长的旅游者独立意识强，不愿老，不服老，渴望被平等地对待，认为这才是他们应该得到的礼遇。如果邮轮服务人员对西方老年人嘘寒问暖、关怀备至地照顾会被理解为一种冒犯。邮轮服务人员不征得老年游客的同意对其提供额外服务如搀扶等是不受欢迎的。哥德堡号在广州停留期间，中方旅游部门针对老年游客的免票服务被瑞典方视为一种"特权"，就是一种典型的文化差异表现。

第二节　邮轮旅游跨文化交流中的障碍

在研究不同文化中各种因素对邮轮跨文化交流的影响时，价值观、社会规范、认知因素以及语言和种族中心主义、成见等文化心理等方面起着重要作用。虽然东西方文化都要求人们在与他人交往时有礼貌，遵守规则，合理表达，但不同的文化对人们应该在与人交往时的准则有着不同的要求。由于这种准则不同，在交往时如果缺乏对对方的了解，信息传输很容易出问题，使交流的另一方不理解或者发生误解。跨文化沟通的主要特点是它的差异性，来自不同文化背景的人把各自不同的感知、价值观、规范、信仰和心态带入沟通过程。文化的异同性是影响跨文化沟通的关键因素，从一种文化中传来的信息，总是按照自己的文化背景以及由这种文化背景所决定的方式加以理解。由于文化的差异性，不同文化背景的人在沟通时可能遭遇"文化休克"（Cultural Shock），又称为"文化震荡"或"文化冲突"。"文化休克"必然造成跨文化沟通的障碍。

一、价值观

价值观是"人们关于什么是最好的行为的一套持久的信念，或是依重要性程度而排列的一种信念体系"。它在一种文化中处于核心的地位，它决定了人们观念和行为的很多方面。交际中的不少规则就是由价值观决定的。东西方文化价值观念有着极大的差异，主要表现在谦虚、灵魂拯救、天命观、争先、集体责任感、尊重老人、耕地崇拜等方面。

本书选取人际关系取向讨论邮轮旅游跨文化交流中该差异引起的交流困难。中国文化的群体取向表现在两方面：群体取向和他人取向。群体取向表现在中国人凡事以集体利益为重，提倡把社会、国家、家庭等集体的利益放在前，个人利益其次。他人取向是群体取向的延伸，表现在考虑别人的想法和卑己尊人的礼貌方式。这样的结果在邮轮跨文化交际中便是中国人谦虚、合作、集体观念强等，同时也形成缺乏个人主见，易于从众、人云亦云等性格。个人主义是西方，尤其是美国文化十分重要的一部分。个人主义认为"个人的利益是或者应该是至高无上的；一切价值、权利和义务都来源于个人。它强调个人的能动性、独立、行动和利益"。美国人认为"作为一个人，就应该具有独立性、责任性和自尊心"。美国个人主义的价值观念包含着自力更生、尊重隐私、言论自由、尊重他人、平等和民主程序等。

中西方游客价值观取向的不同表现出来的是外国旅游者大多是"自助型"订购邮轮旅游产品，由于个人主义的传统，选择单独或伴侣乘坐邮轮的方式比较普遍，即使一起出游，人们极为强调独立、平等，希望有更多个人活动时间，群体内部的关系则比较松散。而中国旅游者则是"团队型"通过旅行社购买邮轮旅游产品。在邮轮上，中国人偏爱集体活动，如拍摄集体照、团体消费等。无论是唱歌、跳舞、看电影、洗桑拿等。

他人取向的结果是，中国人习惯看别人怎么想，面子成为社会关系的重要方面。西方人说话时更直率，而不会顾及太多的"面子"问题，可能伤害中国人；中国人的面子思想复杂，又让西方人感觉难以理解。他人取向还表现为要考虑他人的感受，说话要卑己尊人。称赞语在西方是交际的重要方面，具有增加感情的功能。西方人喜欢恰当地称赞人，如果听者懂得这一点，给予合适的反应，能使双方交谈深入，否则会使话题中断，也会使称赞者误解。中国人的谦虚观念却使自己在受到称赞时，习惯以否定的形式来表示谦虚，让西方人不知如何是好。在邮轮消费中，中国旅游者重视物质产品和饮食的消费，忽视劳务性消费，为维系"关系"、顾全"面子"而进行的购物支出在邮轮消费支出中所占的比重较大。西方文化下的旅游主体受到西方文化外向、开放氛围的熏陶，在邮轮消费中，西方旅游者注重劳务性消费，重视个人休闲、度假的品质。

二、社会规范

不同文化背景的人们在交际时，由于对同一交际行为的解释、赋义或判断所依据的社会行为规范不同，常产生误解甚至不快或者更坏的结果。行为规范是交际中非常重要的一个环节，是完成有效交际的重要保证。从交际角度来讲，行为规范就是恰当得体的交际模式；而如果从文化角度对个体行为进行评判来说，行为规范就是被社会接受的道德标准和行为准绳。应该指出，在一种文化中某一行为是合乎规范的，在另一种文化中可能就是被禁止的。

在邮轮的跨文化交际中，不同文化背景下游客的相遇可能是令人感到紧张的。他们不知道该对来自不同文化背景下的游客做何期盼，而他们自己的行为方式对其他旅游者而言也往往是奇怪的，甚至许多情景令人感到困惑，旅行也因此变得困难重重。由于这一缘故，邮轮跨文化背景下的游客更需要注意社会规范交际礼俗的差异。

在交际过程中，大多数人对别人说什么、怎么说比较敏感，而对非言语信息往往难以察觉。非言语交际包括时空利用、身体行为、声音行为和外表形态。邮轮上的非言语交际，主要表现在时空利用和身体行为方面。

西方人把时间看作一种可以人为地进行切分或组合的具有实体性的东西。他们习惯于一个单位时间内只做一件事，因此特别讲究计划的周密性。西方人在社交活动中提前预约和守时被视作必要的礼貌行为。最后一刻的通知（the last minute notice）会引起人的反感。因为这最后一刻通知会打乱原有的计划。而赴约迟到或失约就关系到团体或个人的信誉问题了。

空间的利用方式主要包括人际距离与身体接触两方面。西方人把空间看作具有某些形式的"地盘性独立存在体"，含有与空间的占有性或隶属性相关的意义。什么样的区域才算"个人领地"不容侵犯？不同的文化对其有不同的理解。

每个民族都有自己习惯的交际距离，打破人们的习惯距离，就意味着侵犯他人的"个人领地"，使人感到不自在。在邮轮旅游活动中，西方人稍微碰触别人一下，就急忙说对不起；中国人在这种情况下对人挤人的现象感觉很普通。要挤过人群，为了保持更大的个人领地，西方人用双手和肘部把别人挡开，对中国人用身体挤过人群，而又不说"对不起，请让路"的做法很反感。

同理，西方儿童也不喜欢别人在他们身上拍拍摸摸，而中国儿童心里都清楚这是大人的抚爱举动。中国人排队时，前后挨得紧紧的，而西方人排队时前后距离较大，甚至不惜以粗暴的举动阻止他人接触自己。交谈双方正视对方是西方人的习惯，在他们看来，这是正直与诚实的标志。英美人有句格言："不要相信不敢正视你的人（Never trust a person who can't look you in the eyes）。"中国人在交谈时，双方不一定要不时地正视对方，甚至有的人还有意避免不断的目光接触，以示谦恭、服从或尊敬。这也许是初次与中国游客交流感到中国游客不够热情友好的原因之一；同时也说明为什么西方人喜欢面对面的交谈，而中国人倾向于"促膝谈心"。

中国人的沉默为西方人所难以理解。中国人在交流中会有一些沉默的反应，含蓄的中国人相信沉默"既可以表示无言的赞许，也可以表示无声的抗议；既可以是欣然默认，也可以是保留己见；既可以是附和众议的表示，也可以是决心已定的标志。恰到好处的停顿能产生惊人的效果，具有'此时无声胜有声'的艺术魅力，因此有人称它为'默语'，认为它是超越语言力量的一种高超的传换方式"。而西方，尤其是美国对沉默的态度感到侮辱。在成人之间，哪怕如何文不对题，只要听清了问题就必须做出回答，因为听到提问后保持沉默，显然是对对方的蔑视。西方人在交谈中忌讳沉默不语，强调在任何情况下都以有声的反应为好。如果没听清、没听懂要提出，而不能以沉默应对。

此外，西方人对人体内发出的各种声音，如咳嗽、喷嚏、抽鼻子、清嗓子、吐痰、打嗝、放屁、肚子咕噜咕噜响等声音都极为忌讳。他们认为在与他人交往时要尽量避免这些声音，实在不能避免也要道歉，而大多数中国人对这些相对不太在意。正如梁启超所写"诚集百数十人以上华人于一会场，虽极肃穆毋哗，而必有四种声音：最多者为咳嗽声，为欠伸声，次为嚏声，次为拭鼻涕声。吾尝于演说时默听之，此四声音如连珠然，未尝断绝，又于西人演说场，剧场静听之，虽数千人不闻一声"。

三、认知因素

在邮轮上具有不同文化背景的游客在交流信息时，常常会在认知层面上造成跨文化沟通障碍，阻碍良好人际关系的建立。造成跨文化沟通障碍的认知因素主要有：①类我效应：从沟通的角度来说，即不同的游客们不管文化、情景如何，总是假定洽谈游客与自己有相似的思维与行为。这种常常以自己的文化规范和标准作为参照系，去评估另一种文化中的游客的思维方式与行为习惯的做法非常普遍。其实不同游客之间是存在差异的。②沟通主体无意识的先入为主：通常，人们通过大众传播媒介习得定型观念，形成认知。在信息不对称的条件下，使歧视性的大众传播媒介，极易导致跨文化沟通障碍，产生先入效应和晕轮效应，使不同文化的游客之间存在成见和错误的认知，严重影响沟通的质量，甚至阻碍沟通发生。

四、语言沟通

语言的差别是跨文化沟通相区别的显著标志之一，也是邮轮上跨文化沟通的最大障碍之一。有效的沟通不仅在于信息的传递，还在于信息传递渠道的畅通和所传递信息的意义为接受者所感知和理解。在邮轮跨文化沟通过程中，信息的发出者和接受者、编码和解码都受到文化的影响和制约。北美和北欧国家的游客包括英国、德国和瑞典等国家，他们的语言表达准确，基本上不用考虑这句话的环境背景；而日本、中国、法国、西班牙、意大利和其他一些非洲、亚洲、中东阿拉伯国家的游客，信息的传达不仅要看所听所写，还要看这句话的场合，离开了特定的环境背景，则一句话的意义可能完全不同。如果不了解不同国家文化背景和语言，就很难进行沟通和交流。

语言沟通的第一个问题就是沟通双方没有掌握彼此的语言。不同的文化背景会产生不同的语言，不同的语言拥有不同的文化内涵。在跨文化沟通中，语言的复杂性和多样性是造成沟通障碍的主要原因。词汇的差异、对话距离的差异、语言使用的差异都是语言跨文化差异的维度。这些维度都是语言障碍的主要原因。

沟通的第二个障碍表现为它对人们心理的影响。心理学的创始人沙皮尔和沃尔夫经过不断地研究，提出了"沙皮尔—沃尔夫假设"：跨文化的心理差异与其所对应的语言差异是一致的，也就是说，语言本身对人的思维、情绪和行动都有很大的指导或限制作用。

　　语言沟通的第三个障碍表现在它对表达方式的影响。在不同的文化中，其语言的表达方式有很大的差异。比如，中国人讲话的时候很谦虚，很多的场合我们习惯讲自己的缺点，当别人表扬时也会很自谦地表示自己没有别人说的那么好；而美国人则是相反的。

　　语言沟通的第四个障碍就是语言意义本身的理解。语言作为一种交流的工具，在交流的过程中由于语言结构、社会生活、文化、历史和习惯的差异，会导致它的意思被解读错误，给沟通带来障碍。

五、种族中心主义、成见等文化心理

　　种族中心主义是人们作为某一特定文化成员所表现出来的优越感。它是一种以自身的文化价值和标准去解释和判断其他文化环境中的群体的一种趋向。具有种族中心主义思想的游客，会认为只有自己民族文化的存在是正确的，很难考虑其他游客的价值观念和思想感受。比如，一个认为英语是最好的和最合乎逻辑的语言的游客，绝不会去学习他认为是"低级的"和"不符合逻辑的"外国语言；如果他认为自己的"非语言系统"是最文明的，那么他将会认为其他人的"非语言"系统是低级的。在这种情况下，种族中心主义对游客之间共感的形成将设置一个可怕的障碍，不仅会导致沟通的完全失败，而且还会导致双方的对抗和敌意。因此，在邮轮不可避免的跨文化沟通中，每位游客都需要注意克服种族中心主义思想的产生，把文化差异放在全球的范围内进行辨别和理解，促进邮轮上跨文化沟通的有效进行。

　　成见是指不考虑个体成员特征，根据对某一个群体先前已有的观念、态度和看法，形成对这个群体中某一个成员的认识。当我们突然进入一种很少有我们所熟悉的符号和行为的情境时，往往会经历令人烦恼不安的情境——文化冲击。在这种情况下，成见常常油然而生。成见是可避免的，但它常比模棱两可的状态容易接受得多。由于我们大多数人都很懒惰，不愿意去了解不同境遇中的其他人，我们就心安理得地根据错误的信息来减少模糊悬念状态所带来的不安和痛苦。在邮轮上有着各种不同文化的邮轮群体，为了使自己和他人都能有一次愉快的邮轮旅游，游客们一定要有包容和理解的心态，不能对某些特定群体的游客抱有成见。

第三节　实现有效跨文化沟通、消除跨文化沟通障碍

邮轮上文化的差异客观存在，难以改变，但游客可以通过一些方法来减少交流中的文化障碍。

一、合理预期，识别文化差异

正是由于邮轮文化差异的存在，以及由此导致的邮轮跨文化交流的特质，邮轮旅游主体才会对邮轮旅游以及邮轮旅游目的地的风俗人情产生强烈的好奇，纷纷尝试在文化的反差中体验感受异质文化的独特韵味。

在邮轮上的跨文化沟通中，各种文化之间的差异是客观存在的。为了有效地进行跨文化沟通，避免无谓的价值冲突、无效沟通或沟通误会，为了自己和他人都能有一次愉快的邮轮旅行，正确对待邮轮上的文化差异是一种基本要求，要正视差异，求同存异。要做到对其他文化的正确认知，对接触到的其他游客的文化背景有合理的预期，首先要加强自身学习，主要有语言学习和非语言学习。语言学习上要求要能流畅地运用其他文化的语言沟通，主要是英语，消除语言给沟通带来的障碍，因为目前来说邮轮上的通行语言主要还是英语；其次要学习该语言的语义和正确用法，了解在其他文化背景下所代表的特殊含义，只有这样才不会用错语境，避免错误的语义带来不必要的误解和损失。非语言的学习包括肢体语言以及国际商务的基本礼仪，要了解常用的问候方式，如握手、鞠躬、双手合十等的正确含义。除此之外，还要学习该民族的文化、历史、人文等社会知识，全方位了解其他文化的丰富内涵，只有这样，才能在其他的文化背景下应对自如地沟通。

二、做好交流前准备

中国封建社会常讲"非我族类，其心必异"。强调的是对外族的戒备，而今天这个开放的世界，再来看这句话，它也提醒着我们意识到民族间差异存在的必然性。对彼此的文化了解得越多，就越有利于有效的交流。

充分的了解是交流的基础，只有熟悉不同游客的文化才能预见并化解可能出

现的文化冲突。对于邮轮游客来说，事先了解其他国家的一些风俗禁忌，"入国问俗，入乡问禁"，能有效地避免触犯他国的禁忌。旅游从业人员了解客源国的文化背景，才能有效地运用各种技巧更好地与旅游者交流。邮轮企业作为邮轮旅游跨文化交流中的主要传播方，应该明确传播对象的文化背景，方能有的放矢。认识到文化间差异存在的必然性和差异的表现才能对交际做出预测，减少文化冲突，这正是学习异文化的意义所在。

三、发展共感，理解不同游客的文化

要发展共感，首先要承认不同的个体及不同的文化之间存在着许多差异。认识到这种差异的存在及其特性，才能为发展共感找到方向和入手处；其次要正确认识自己；消除优越感和种族中心主义的偏见，消除自我与环境相分离的状态；最后要站在其他游客的立场上看问题，要有一种"换位"意识，排除对异质文化的各种成见的干扰，设身处地地站在其他游客的角度去理解文化现象。只有客观、公正、全面地认识和理解异质文化，才能消除跨文化沟通过程中的种种文化因素障碍。

在邮轮上的跨文化交流中，文化冲突和矛盾是不可能完全避免的。旅游者和邮轮公司都应当具有跨文化的意识和应对意外情景的能力。在沟通过程中，应尽可能地采取灵活的沟通措施，要能够准确地找出沟通障碍，并且要尽可能地把原则性和灵活性统一起来。当文化冲突发生后，采取灵活的方式，以包容的心态，容忍文化差异引起的误解。或者提出疑惑，方能促进交流，并为日后的交流提供借鉴。固执的民族中心主义，或是带有强烈的定式或者偏见，则会使交流中的文化障碍更难以跨越。

四、采用合适的方式交流

认识到文化的差异性是交流活动的前提，邮轮上的跨文化沟通较之同文化背景下的人们之间的沟通来说有更大的复杂性和艰巨性，因此在邮轮上的跨文化交流中必须采用合适的交流方式。

（一）学习有效沟通的策略

一是认识沟通的客体。即将和谁进行沟通。邮轮游客可以根据选择的邮轮主题来确定邮轮乘客的主要类型。二是确定沟通的目的。对此可以针对参与的邮轮上的不同项目来制定。如邮轮晚宴的目的就是为了大家优雅风度地交流和沟通。

三是了解沟通的情境。所谓情境就是指沟通的地点和场合。也可以参考邮轮上设置的不同项目。四是选择适当的沟通方式。要根据情景选择适当的服饰和言谈举止。五是把握沟通的时效性。即什么时候可以进行沟通、什么时候不能进行沟通、什么时候沟通的效果最佳以及沟通所需的时间的多少等。

（二）强化文化敏感性

具有文化敏感性的人理解文化对人的行为举止的影响，具有把对文化的了解转化为与来自不同文化背景的人建立有效关系的能力。增强沟通中的文化敏感性：一是要了解别人的文化背景；二是要了解自己。因此在游客准备参加邮轮旅游的过程中就要适当地培养自己的文化敏感性，提醒自己邮轮跨文化的特点，保持较高的文化敏感性。

（三）学会积极倾听

有"说"就有"听"，能否积极倾听，对沟通效果至关重要。一项研究发现，经理人员一天用于沟通的时间约占70%，其中书写占9%、阅读占16%、谈话占30%、倾听占45%。可见，倾听在人际沟通中占有重要地位，它用去了人们用于沟通的时间的将近一半。积极倾听有利于我们接收信息和扩大信息量，它能使我们了解对方的想法和建议，减少沟通中的误会。同时，积极倾听也是对对方尊重的表示，有利于改善双方人际关系和冲突的解决。

邮轮文化是一种国际交往及国际礼仪文化。不仅邮轮经济具有跨国经营的特点，邮轮上的旅客包括邮轮上的工作人员一般也来自不同的国家。邮轮的跨文化性带来了邮轮的多样性，游客在跨文化的交流中会面对及其丰富多彩的交流内容，这时就要求游客除了要有对异质文化的好奇心之外，还要有良好的耐心和素养，在吸收的同时也要学会包容和尊重，学会积极地倾听。

（四）培养非语言的沟通技巧

非语言沟通在整个沟通活动中占90%，是跨文化沟通能否有效进行的一个重要因素。使用非语言沟通需要注意的有：①同样的非言语沟通方式在两种不同的文化中可能有不同的含义；②某种非言语因素在一种文化中可能毫无意义，但在另一种文化中却有意义；③某种非言语沟通方式在两种文化中可能有基本相同的含义，沟通能顺利进行而不产生误解；④各种非言语沟通方式没有好坏优劣之分，只是存在于不同文化背景中而已。

在邮轮上与不同文化背景下的游客进行沟通时，应该要留意对方的身体语言。我们可以借助观察对方的手势、面部表情等身体语言来了解他的意图；另外我们也要熟悉地使用身体语言，一方面可以运用身体语言更好地表达我们的意思弥补语言沟通的障碍，另一方面可以避免有歧义的身体语言的出现造成不必要的误会，例如手势。

总之，邮轮上的跨文化交流是个复杂的过程，不同文化的差异是巨大的，这些差异很容易导致游客之间的误解。花点时间积极参加跨文化知识和理论的培训与学习，在跟不同文化的游客沟通前，要考虑其文化背景、价值观及其对将涉及的问题所特有的心理期待。除了这些，正视文化差异，保持积极的沟通心态，寻找机会亲身体验不同文化的冲击，必将有助于邮轮上有效的跨文化交流。

👨 **本章阅读案例：**

邮轮上的文化冲突[①]

在美国旅游，曾坐了荷美邮轮公司的邮轮，游历东加勒比海。短短七天的时光，尽享邮轮自由休闲的生活。我们在船上逛商场、泡温泉、看表演、玩桌游、玩老虎机、唱卡拉OK、参观厨房、观摩厨艺、躺在泳池边发发呆，都是那么放松、愉悦。那供给无虞的美味餐饮、丰富多样的娱乐活动，特别是船员亲切的笑脸、热情的问候、良好的服务，让人找到当贵宾的感觉。下船前的告别鸡尾酒会和船长晚宴气氛令人感动，对着船员代表，游客们拍红了巴掌，长时间地鼓掌和欢呼。大家一遍遍说着感谢，说着再见，真的是依依不舍。尽管船上统一收取了给服务人员的小费，我们还是心甘情愿地另外给为我们服务了七天的一位来自印度尼西亚的餐桌服务员阿吉、一位来自菲律宾的客房服务员留下一个信封，放上二十美元小费，写上一句感谢的话语，表达发自内心的感激之情。这才是真正物有所值的美好旅行，留下的都是值得回味的记忆。

正因为邮轮之旅的美好记忆，回来后我们就策划着要陪我的老父亲也去坐一次邮轮（邮轮的慢节奏特别适合老年人）。因为父亲已经87岁高龄，我们选择了就在上海家门口出发的日韩邮轮之旅。2014年5月18日，我和姐姐、姐夫陪着

---

① 资料来源：悠闲时光博客（http://blog.sina.com.cn/yxsgxhx）。

父亲，两代四位退休老人兴致勃勃出发了。出发前女儿在网上对我说，你要有思想准备，国内坐邮轮感觉会不一样的。我想，一样是外国船，一样是外国服务员，能有啥不一样。一趟坐下来，还真是大有感慨啊！

我们坐的是意大利歌诗达公司的维多利亚号邮轮，维多利亚邮轮以前一直是在欧洲巡游，这次是首航亚洲，也是他们首次一下子接待 2000 多位中国游客。虽然船上考虑到了中国游客的需求，配备了一定数量的中国船员，餐厅也提供了一点炒米粉、炒年糕之类的中国餐，早上的冷牛奶也变成了热牛奶，房间里还提供一个小小的电茶壶，这些在国外邮轮上都是没有的。但是，邮轮显然对中国人、中国文化还很不了解，没有做好足够的功课，上船不久，问题一个个接踵而来。

船上和游客的所有沟通都是通过书面形式。每个房间门旁边都有一个信箱，船员每天把名为"Today"（今天）的印刷品送到信箱，上面除详细列举每天船上的各种活动以外，所有服务信息也应有尽有。西方人是习惯这种服务方式的，每天一阅读，所有事情一目了然，就可以自己选择活动了。可是国人出门旅游，习惯的是当甩手掌柜，既然花了钱跟了旅行团，什么事都应该是导游或领队帮自己办妥当，对这种每天还要学习"文件"的形式很不以为然。加上"文件"不知为啥字印得很小，我看起来都很吃力，别说一些七老八十的了，因此有些人根本不看。所以尽管"Today"已讲得清清楚楚，每天还是有大量的游人围在服务台前问这问那，邮轮人手远远不够，服务台从早到晚总是排长队，没有片刻清静。

船上的消费是不使用现金的，要求游客使用发给每人的歌诗达卡，游客可以绑定自己的信用卡，也可以在歌诗达卡里注入现金，但后者需找服务员人工操作，最后下船时还要根据账单，多退少补，比较耗时。绑定信用卡有自助机器，按照提示，不到两分钟就可完成绑定。但这种自己动手的 DIY 方式西方人适应，有些国人就不行。出门旅游就是花钱享受服务的，怎么还要我们学习琢磨费脑筋呢，不少人喷有烦言。还有像我父亲这把年纪的，至今存钱还是要存单，总觉得钱存在卡里看不见摸不着，不如手拿一张存单踏实。这样的老年游客（游客中比例很大），让他们操作自助机也根本不可能。所以很多游客还是选择在卡里注入现金，这使一直接待西方人的船员估计不足。到离船时，一边急急地要下船，一边是四队结账长龙，前面的怪后面挤，后面的怪前面慢，吵吵嚷嚷一片混乱。

船上有主题餐厅也有自助餐厅，供游客自由选择就餐。但在自助餐厅用餐不能穿短裤、背心，在主题餐厅用餐则要求着装"典雅"，这也是发源于欧洲的邮轮沿袭了欧洲宴会文化的一种要求。但很多中国人活了大半辈子也没有过一件晚礼服（包括我），对典雅的理解也很模糊。据我观察，虽有些人是换了衣服后去餐厅的，但更多的人是随意的穿着。有穿 T 恤的，穿拖鞋的，圆领汗衫牛仔裤的。最叫人跌眼镜的是，在自助餐厅，我见到一位仁兄是穿着游泳裤头、赤着膊、披一块浴巾来吃饭的。大家的心理一定是：出门旅游吃个饭还受拘束，就不买你典雅的账，怎么的？

中国人嗓门儿大，也是公认的。用餐时分，餐厅里高声呼朋唤友，谈天说地，完全不是西餐厅里那种轻声细语优雅的氛围，倒像个热热闹闹的大食堂。我右边一桌操着浙江口音，像是企业管理人员，正在大谈成本、物流，好像把课堂搬来餐厅，弄得我也被迫上一堂 MBA 课。左边是由两拨人组成的另一桌，一拨五人，高谈阔论占尽优势，另一拨三人，轻声细语嘀嘀咕咕。吃完后三人先撤，那五人中的一位义愤填膺骂骂咧咧："刚才他们嘀嘀咕咕嫌我们说话声大，我都听见了。哼！中国人就是这样说话的，你不想听就别坐过来。嫌我们讲话声大，你这种人就不该生在中国，你生错地方了！"

邮轮上一下上来 2000 多游客，使船上任何场所都充分体现了中国"人多"的国情特色。外国人习惯了两人以上就排队，并且得保持一定距离，避免身体接触。但中国人没这个习惯，且都比较性急，所以前台问询的人哄作一堆，自助餐取食物的队伍也有人加塞。弄得船员一次次喊：请排队！请排队！我亲眼见到有这么一家三口，母亲排在前台第一位，正在咨询什么事，父亲和女儿不知为了什么赶过来帮着和柜台里的船员交涉。那个船员是中国人，可能没搞清他们是一家，伸出手臂拦住父女俩，叫他们到后面排队。老父亲火气很大，见不得这种洋做派，脱口就骂那个船员"你是杂种！"意思是你少拿西方人那套来对付我们。我正好经过，看着这个小同胞，就因为在外国轮船上打一份工，就被骂杂种，就劝老人有话好好说不该骂人，谁知老人和他闺女转头就冲着我来了："你知道什么，他态度不好！""我爸是老人！"我说，老人也没权骂人杂种吧，说完赶紧闪了，但我兴致勃勃的游兴还是很受伤。第二天我发现需要排队的地方都竖了一块牌子："我们恳请您按秩序排队。"自助餐厅取食物的队伍也拉上了带子，防止加塞。我想这牌子和带子就是邮轮没有事先做好功课的订正吧，也算是对西方人的一次中国国情的教育。

如果说，排队这事应对还算及时有效，接下来的情景就越来越不妙了。航行的第二天，邮轮到达韩国济州岛。原定的是中午饭后下船，半天的游览。饭后，所有游客都集中在剧场等候下船。可是由于韩国海关清关速度很慢，广播里还一遍遍呼喊几位被抽签到的游客要去参加面谈。这些环节足足耽误了两个小时。如果在国外也许算不了什么，我在美国一次转机足足多等了六个小时，没有看到一个老外去问一声，只能佩服他们的好脾气。可是咱们国人哪一个不是惜时如金，哪一个不是"一万年太久只争朝夕"的，电梯上得慢一点都要顿足埋怨，电梯门一开，先把住门，等到搞清楚电梯是要上而自己是要下，才肯放手。这样的人，哪里经得住等两个小时？开始是一个人，后来是几个人，再后来是一大堆人跑到剧场舞台上，质问在场的船员，为什么还不能下船？我们的旅游时间减少了怎么办？船方承诺：不管什么时候下船，保证原定的四小时旅游时间，推迟晚上的晚餐和开船。又有游客提出，保证四小时也不行，天黑了看啥风景？不行，我们要退票！一位颇具领袖潜质的游客在台上振臂一呼："我们要退票！我们要说法！"台下一片欢呼"对！退票！要说法！"老外哪见过这阵势，都吓晕了！个个脸色铁青，呆若木鸡。要是有半点危机公关的本领，迅雷不及掩耳处理事故现场的本领，也不会弄成这局面。幸好两小时后清关总算结束，游客纷纷下船，一场风暴才算平息。

中国人的团队合作、拼抢意识也是西方人所料不及的。自助餐厅里，开饭时间，一些人坐在餐桌边占领位置，另一些人则去拿取食物。这样分工合作的团队精神可以保证自己人既尽快取到食物又能坐到座位。但是由于自助餐取食物的队伍是以龟速前行的，占领位置的人要应对已经拿到食物却没有位置坐下来的人一再地追问"这里有人吗？有人吗"，要保住座位，任务也很艰巨。所以包啊、帽子啊，甚至刀叉筷勺就成了占位的工具。两位上海女士在一边议论："有种上海人腔调真难看。"

其实我觉得也不能怪上海人或是中国人，谁让咱打小在起跑线上就培养了竞争意识呢。现在的人一出生就面临各种资源的紧张，不抢不拼，有限的资源你就占不到。马路资源紧张吧，你开车不抢，一个路口半天也过不去。好学校好幼儿园资源紧张吧，你不弄一堆证书、不托熟人就进不了。黄金周的火车票资源紧张，你排在窗口第一个，也不一定能买到票。食堂里的好菜也紧张，去晚了吃不上。我认识一个当爸爸的，是个不小的官，孩子小学毕业离家参加一个竞赛，爸爸别的没嘱咐，只嘱咐他吃饭要快，否则别人吃完了你吃不饱。竞赛结束孩子回家，吃成了个小胖子。我们恐惧落后，恐惧被落下，就像杰克·伦敦《热爱生命》中那个经历了极度饥饿的人，获救后在食物充裕的船上还是拼命储藏着面包。

想一想2000多名游客，碰上以意大利人为主导、来自40多个国家、大部分人汉语水平仅限于"你好""谢谢"的西方人船员，会是什么样的景象。

在日本福冈下船游览时要持护照复印件。本来，复印一个护照是小事，如果邮轮能有咱铁路人对待春运的1/10的未雨绸缪、超前预案，就啥事也没有了。但船方认为护照涉及个人信息，复印必须自己亲力亲为，不让别人插手。2000多份复印件啊，一个晚上要弄出来不把他们累得半死。也许还有意大利人的懒散粗疏，果然，这样一件没有技术含量的简单劳动，做得是差错百出。我们一家四人，拿到四张复印件，其中我的两张，而姐夫的则没有。我赶紧赶到服务台反映，发现同样找来的游客竟有百多人，有的一家三口一份也没收到，有的团队十个缺了三个。我找服务台时是早上五点半，到七点半下船姐夫还没拿到复印件。眼看一家子要下船，有一个人下不去，怎么不急，嗓门儿怎能不大？西方人太缺乏咱中国铁路人"一点不差、差一点不行""零缺陷、零差错"的精神了。

其实，这艘邮轮的游客全部来自上海多家旅行社，有50多个团队，也就有50多个领队。本来许多烦琐的服务完全可以交给各领队去做。船方面对2000多名游客和面对50多个从事旅游业有经验的领队，结果会完全不一样。可是西方人只会按规定办事，不懂发动群众，不懂灵活变通。看着他们的死板、愚笨，聪敏如我等，真是心里猴急，奈何不得。

我估计这一次首航之旅，给邮轮和游客双方都留下了难忘、深刻却并不美好的印象。看来，外国邮轮看上腰包鼓起来的中国游客，想到中国分一杯羹，还得好好研究中国文化，研究服务对象，这里说不定也是个文化沟通、交流、包容、适应的问题呢！

思考题：针对国人的行为特征，邮轮企业应该采取什么措施保障服务效率？

第九章 中国邮轮文化的培育与发展

导入案例：

本土邮轮企业发力角逐国际旅游业巨头[①]

导读：继海航集团的海娜号之后，越来越多的本土企业加入到了邮轮市场的"战国时代"。

继两次试航后，日前，700多名游客乘坐渤海轮渡旗下的中华泰山号邮轮，从烟台港出发，驶往韩国仁川港，这是中国本土邮轮中华泰山号首次正式航行。2014年9月3日，携程宣布与皇家加勒比邮轮公司签约购入精致世纪号邮轮，正式进军邮轮业。继海航集团的海娜号之后，越来越多的本土企业加入到了邮轮市场的"战国时代"。

一、邮轮出行渐获国人青睐

在国内客流"每逢佳节必骤增"的情况下，越来越多的游客选择出境游。

刚刚乘坐歌诗达邮轮从韩国返回杭州的白领沈小姐告诉记者，"本来我是打算中秋假期在国内旅游的，但后来想想，小长假里国内热门景点一定人挤人。乘邮轮出境玩，时间不长，船上娱乐项目多，游玩的节奏也很慢、很休闲"。

---

① 资料来源：《都市快报》（http://www.cnss.com.cn/html/2014/yl_0911/159406.html）。

省中青旅邮轮部工作人员介绍，"近年来，出境游产品中，邮轮越来越受到游客的青睐"。

在邮轮旅行的过程中，白天上岸观光，晚上起航，游客在休息时间就完成了地点的变换；与此同时，航行的过程也是游客们享受邮轮娱乐设施的过程，所以相对其他旅游产品而言，邮轮旅游的时间成本优势很大。

邮轮经济是极具发展潜力的朝阳产业，被称为"水道上的黄金产业"。据交通运输部发布的《关于促进我国邮轮运输业持续健康发展的指导意见》，2020年我国邮轮旅客数量将达到450万人，与2013年相比年均增长33%，成为亚太地区最具活力和最大的邮轮市场。

二、中国企业纷纷进军邮轮业

一直以来，世界邮轮市场被西方几大国际邮轮巨头垄断。

近年来，皇家加勒比、歌诗达等国际邮轮公司纷纷抢占中国市场。如皇家加勒比宣布在中国市场配置的大吨位邮轮将达3艘，最新豪华邮轮海洋量子号将从2015年夏季起在上海开启全年亚洲航线。歌诗达和公主邮轮目前在中国的船只吨位也在10万吨级，且两家公司均表示将在2015年做出进一步调整。

随着近几年市场的发展，中国邮轮企业也开始纷纷崛起。

中华泰山号邮轮船长刘仁才表示："中华泰山号是渤海轮渡股份有限公司2014年3月购买于欧洲，它的起航，标志着我国第一艘全资、自主运营、自主管理的邮轮正式投入运营。"

2014年8月至10月27日，中华泰山号邮轮主要航行于中国烟台至韩国首尔、济州岛，行程以短程为主。2014年11月以后，将转至南方航线，航行于上海至台湾航线。据了解，中华泰山号拥有927个客位。

2014年9月3日，携程宣布与皇家加勒比邮轮公司签约，购入可承载1814名乘客的精致世纪号邮轮，正式进军邮轮业。

海航集团的海娜号邮轮自2013年1月投入运营后，已经运营了4条航线，即三亚—越南、天津—韩国、上海—台湾、海口—越南。据悉，海娜号排水量为4.7万吨，最大载客数量为1965人。

与丽星、皇家加勒比等国际巨头相比，国内企业在运营经验、资金实力及全球资源等方面，还有比较大的差距，但本土邮轮的"中国元素"也加分不少。海航邮轮有限公司工作人员告诉记者，海娜号的700多名船员中，中国籍船员占了一定的比例；考虑到中国游客没有给小费的习惯，便取消了国际邮轮的这一"常规"收费项目。

思考题：如何看待中国邮轮市场和邮轮文化？

第一节　中国邮轮文化建设中的问题剖析

中国邮轮文化现象伴随着邮轮经济的出现而萌发，但中国邮轮文化的建设，不能仅仅依靠其自发生长和发育，需要有意识地培养和促进。就旅游者感知和体验的中国邮轮文化而言，要建设形成完整、鲜明、立体的中国邮轮文化形象需要付出很大努力、需要经过长期的探索和实践。

一、"中国邮轮文化感知主体"之病：动机不清晰、目标不明确

邮轮旅游是内涵丰富的体验过程，现代邮轮已经成为海上移动度假村和海上休闲目的地。但是目前绝大多数中国游客选择邮轮旅游的动机是猎奇：尝试邮轮旅游为何物，仅仅是把邮轮旅游作为"到此一游"的经历。

然而，与之不相适应的是，公众邮轮文化的缺失，导致争抢、拥挤、喧闹、服务争执、礼仪失范甚至"霸船"等冲突频繁发生。这些冲突使国人行为的负面影响在邮轮这个相对封闭性与天生跨国跨文化性并存的空间中产生了放大效应，严重降低了邮轮旅游者的体验满意度。

相当多的中国游客，上邮轮之前对邮轮的印象还停留在泰坦尼克号的想象中，绝大多数人在上邮轮之前没有机会和可能完整、认真地欣赏过一次百老汇、红磨坊的欧美歌舞表演，没有认真享受过在酒吧里与亲朋闲聊的美好时光。在感受了真实的邮轮生活、体验了邮轮上的文化之后，很多人改变了他们原有对于邮轮的看法，更多的人在邮轮的航行中学习到了很多，邮轮作为文化的载体，给人们带来的不仅是美的享受，更是精神层次的提升。

（一）选择邮轮为了猎奇，中国游客尚处于邮轮体验试水阶段

对邮轮文化的深刻感受需要游客积累，也需要宣传引导。对中国今天的普通大众而言，邮轮还是"新鲜事物"，邮轮到底意味着什么，因为没有切实的体验经验，所以选择邮轮旅游主要满足对新鲜事物的好奇。广大中国消费者并未把邮

轮当作是休闲度假方式和内容来考虑,而选择到邮轮上享受社交生活的游客少之又少。在国外被当作重要社交空间的邮轮,对中国邮轮游客而言,更多的是体验新奇的场合,换言之,中国游客并没有完全理解和体验邮轮生活的丰富性和深刻性。

毫无疑问,在大多数中国游客没有感受过邮轮生活的当前阶段,还需要有一个时期作为"邮轮文化感受试水期"或"邮轮大众旅游普通体验期"。不过,这个过渡期一定不会太长,中国游客的出国游热情和感受新兴旅游方式的热情,会使"邮轮大众旅游体验期"发展升级成为"邮轮小众多元化体验期",中国的邮轮游客前往邮轮旅游,不仅有邮轮品鲜客,更有邮轮社交客、邮轮文化客、邮轮休闲客等不同动机的邮轮游客。从中国邮轮文化建设系统的视角考虑,建设我国的邮轮文化必须要进行中国邮轮游客的动机与消费需求研究,即调查、分析中外邮轮游客对中国邮轮文化的期待,对中国邮轮文化感受的动机与需求,中外邮轮游客群体的社会学区分,分析和预测中外邮轮游客在邮轮旅游过程的消费偏好与消费习惯,适应和引导邮轮旅游消费的健康发展。

(二)邮轮回忆内容模糊,游客对邮轮文化体验主动性不强

根据对受访者邮轮旅游回来之后的回忆感知调查,大部分人都通过邮轮旅游感受到了积极的情绪体验,但是邮轮真正打动游客的事物,旅游者却很少清晰、明了地回忆。这里说明两点:一是邮轮旅游活动内容主题不鲜明;二是旅游者对邮轮旅游"应该"体验的内容没有明确的事先选择和事中的深度参与。

很显然,中国游客在享受邮轮生活的过程之后,没有形成清晰的印象,对形成深刻和强烈的幸福感体验是一个很大的遗憾和损失。要改变这种境况,需要做两方面的工作:一是加强邮轮旅游产品的主题化意识,通过旅行社的组织形成船上活动和岸上旅游的文化主线;二是通过旅游前期的宣传和引导,启发和激励游客形成对邮轮旅游的主观构想,有目的、有想法地主动探求或消费。将"普通邮轮大众旅游模糊体验"升级转变为"多元邮轮游客的邮轮旅游主题体验",将单纯的"邮轮出国游"转化为"邮轮社交游""邮轮文化游""邮轮体育游""邮轮商务游"……从提升中国邮轮文化感知主体的视角出发,建设我国的邮轮文化必须要提升中国邮轮游客的形象意识,即调查、分析中外邮轮游客对中国邮轮文化的消费偏好、集体记忆、文化互动,以及影响中国邮轮游客感知邮轮文化内容的社会因素与产品服务因素,预测和引导中国邮轮游客在上船前、航游中、下船后,积极系统地追求旅游目标,记忆旅游过程,强化邮轮旅游的幸福感。

二、"中国邮轮文化感知客体"之病：结构不完整、内容不鲜明

旅游者对中国邮轮文化内容的感知模糊。大多数被调查者几乎无法说明和表达中国邮轮文化包含的内容。在对刚刚从邮轮上旅游归来的游客进行访谈的过程中发现，游客们对什么是中国邮轮文化、中国邮轮文化的特点、中国邮轮文化的内容语焉不详，在进一步的访谈中，问到"您在邮轮旅游的过程中，最关心的邮轮旅游内容包含哪些方面"时，没有旅游者把国内上船出发地，也就是邮轮母港作为旅游的目的地加以考虑。旅游者不能完整、有效感知中国邮轮文化全貌和整体。

综合旅游者对中国邮轮文化感知的调查发现，游客对中国邮轮文化感知存在以下几个方面的问题：

（一）本土邮轮弱小，是中国邮轮文化感知客体的最大短板

邮轮文化感知和体验基本上都是在邮轮上实现的，船上生活是感受和体验邮轮生活的核心区域和核心时段。邮轮船上服务的内容和品质，直接导致游客对邮轮文化体验优劣的判定。邮轮船上的食、住、行、游、购、娱等活动的丰富程度、舒适度、价值感是邮轮文化识别与感知的关键内容。

由于中国本土邮轮队伍非常弱小，绝大多数旅游者体验到的邮轮文化是由国外著名邮轮公司提供的"欧美邮轮文化"，外国邮轮上的工作人员配备、装饰装潢、餐饮娱乐、文艺表演、活动形式都主要是按照其邮轮所在国的文化传统而来的，主要是为西方游客环游世界的需要而设计，尽管这些邮轮公司在来中国时，为了适应中国游客的历史、文化和传统的特点进行了改造和项目的重新设计，但是船上充分体现出来的"异国情调"仍然十分强烈，并深刻地占据每一个邮轮的空间和时间。

虽然在中国本土的邮轮船只不断增多，但是中国邮轮文化的构成还是显得十分不完整和不丰满。邮轮游客、中国游客和外国游客，无论是从邮轮硬件环境还是邮轮服务环境，都无法体验中国邮轮文化的意境，如果从邮轮是"海上的移动王国"的角度思考，建设我国的邮轮文化必须有我国的"海上王国文化"，即加速本土邮轮船舶建设应成为中国邮轮文化建设的重中之重。

（二）母港形象模糊，是中国邮轮文化感知客体的薄弱环节

旅游者感知邮轮文化，第一是在邮轮上进行，第二是在邮轮岸上展开。但是作为出发地的中国邮轮母港，还没有成为邮轮游客感知邮轮文化的热点和高地，反而成为薄弱环节，国内外游客普遍不将我国的出发港港区作为邮轮旅游的体验

对象。对港口的接待服务、接待内容、接待品质和接待形象存在很大的盲区。究其原因，主要是港口没有形成可供游客消费的内容：港口设施不配套，产品无吸引力，服务无文化，港口营销不完善，因此无法在游客心中形成中国邮轮母港的"存在"与"消费"意识，绝大多数旅游者无法形成对中国邮轮母港的"旅游期待"和"消费愿望"。

就中国邮轮产业链建设与发展的当前形势而言，中国本土邮轮公司还处于萌芽时期，中国邮轮产业大部分处于产业链的最末端，邮轮经济的最大价值链被国外邮轮企业控制和占有。如果游客对中国港口的存在没有兴趣、没有意识，就意味着我们在整个邮轮文化建设体系中的重头戏没有达到起码的预期。也因此，立即加强邮轮港口建设，提升邮轮母港在整个邮轮产业链和邮轮文化中的地位，树立丰富、美好的中国邮轮港口旅游形象势在必行，即加强邮轮港口旅游服务建设应成为中国邮轮文化建设的重要内容。

（三）岸上旅游不强，游客很难完整感知中国邮轮文化

旅游者选择邮轮产品，普遍关注邮轮停靠目的地的选择。岸上旅游，是旅游者对邮轮文化感知的最重要目的地，航线选择成为游客感知邮轮文化的重要依据，从中国起航的母港邮轮毫无疑问地只能选择国外的目的地，在此种情况下，游客理所当然地感知的是邮轮停靠目的地国家的自然地理、历史文化、风土人情。参加调查的受访者，都把邮轮品牌及其服务和邮轮停靠目的地看得同等重要，认为岸上游目的地极大地影响着其对邮轮旅游产品的选择。从中国母港出发的中国邮轮游客，在整个邮轮旅游的过程中，船上、岸上体验的都是"外国文化"，因而很难把"邮轮旅游"与"中国邮轮文化"进行直接和深刻的关联。

因此，对绝大多数中国邮轮游客而言，邮轮文化几乎是完完全全的"外国文化"：没有把中国的登船前旅游视为邮轮旅游的组成部分，没有感受到中国邮轮母港与邮轮文化的关系。从登上邮轮的那一刻起，就成为"上外国船、去外国游"的环境，游客自然而然地将邮轮视为"外国文化"。要形成完整全面的中国邮轮文化，就应该有大陆本土游，即加速中国大陆多港联动游应该是中国邮轮文化建设的必要组成部分。

三、"中国邮轮文化传播过程"之病：介体无动力、影响太弱小

（一）邮轮传播介体乏力，邮轮文化传播主渠道尚未形成

邮轮业界通常认为邮轮旅游的营销渠道中，口碑的地位和作用十分有效和强

大，相当多数的潜在客户都是由于受到口碑影响而参与邮轮旅游的。

但调查显示，游客在购买邮轮旅游产品时，传统媒介和网络媒介成为旅游者对中国邮轮文化感知的最重要途径；而在具体进行邮轮旅游线路选择时，旅行社的作用更为重要。口碑的作用更主要的体现在促进游客对邮轮旅游好感的形成。游客反馈显示，口碑传媒的特点是"真实"性和"情景"性强，但是缺乏细致和具体的指导与说明，尤其是需要选择具体产品的时候，口碑传播显然很不专业。

（二）邮轮旅游产品只能依靠媒介宣传和引导

就目前的境况来说，邮轮旅游的传播媒介系统远远没有形成。传播目标系统和组织系统都缺失，目前的传播组织系统中动力最强的有两类组织：一是邮轮公司与旅行社，其宣传的主体是各类邮轮船只及其航游线路、航游产品和服务；二是邮轮港口，其宣传的主体是各自的邮轮港口与旅游目的地系统。然而这两类组织和系统却缺乏有效的互动和连接，原因是各自的利益诉求和动力不同。在缺乏强大和有力的宣传组织系统的情况下，自然难以形成完整、全面、形象、生动、丰富和高效的宣传网络与综合宣传效果。因此，应促进和加强中国邮轮港口、邮轮旅游目的地与国外著名邮轮公司和国外邮轮旅游目的地的互动与联接，在此基础上形成一个邮轮文化形象传播大系统，即加强邮轮产业相关链的传播媒介组织的互动与协商是提升中国邮轮文化形象的必需组成内容。

（三）传播内容分歧，中国邮轮文化核心形象未确立

世界邮轮产业发展几十年，对世界旅游产业起到了极大的促进作用。然而迄今为止，业界和消费者对邮轮文化还未取得系统、全面的共同认识，所以尽管邮轮的产业地位日益受到港口城市和旅游产业界的积极认同，但邮轮在业界和公众心中的认知未必一致，邮轮的文化影响和文化地位缺乏共同的认可。因此，邮轮传播的内容是因时因地因人而异的，不同主体对邮轮宣传的重点和利益诉求皆不同，公众也就难以形成邮轮文化的统一和鲜明的记忆与感受。

相比世界邮轮产业的发展历程，中国邮轮旅游产业发展非常晚，至今也就是十多年，游客在购买和消费邮轮旅游产品时的主要信息来源是外国邮轮公司的传播，主要获得的内容都是邮轮公司围绕邮轮产品的介绍；这些宣传内容毫无疑问缺乏对中国邮轮产业、邮轮经济和邮轮文化的全面宣传和解释。游客调查显示，在接受邮轮产品时，主要是心动于邮轮上的"美食体验"、邮轮上的"美妙活动"和邮轮停靠国的"美丽景象"。这些"美景""美食""美丽"几乎都与中国境内的产品、服务和过程关系不太大。

就目前而言，业界尚无对中国邮轮文化核心内容、形象与传播方式和传播媒介系统的统一认识。各邮轮企业和邮轮利益主体在传播邮轮的过程中，传播的内容和目标都无法形成一个"中国邮轮文化"的系统形象。外国邮轮公司传播的中心内容是邮轮船舶上的产品与服务；旅行社传播的中心内容是其代理的邮轮公司产品；邮轮港口传播的中心内容在整个邮轮产业链中的影响则要轻微和薄弱得多。不过，国内也在积极做出探索，比如皇家加勒比赞助的影视剧《邮轮之城》，就是对国内邮轮文化的很好宣传与推广。

为了创立中国邮轮文化的形象，需要邮轮业界进行中国邮轮文化形象的商讨和磋商，在此基础上进行中国邮轮文化形象与核心内容的商讨和共识，进行中国邮轮文化的规划与宣传，即加强中国邮轮文化形象建立与中国邮轮文化核心内容的传播是中国邮轮产业发展的必然选择。

第二节　中国邮轮文化的过去、现在与未来

一、诞生于游客接待的过去邮轮文化

纵观全球邮轮旅游市场，虽然国际邮轮旅游市场主要集中在北美和欧洲，两地区的市场占全球 95% 的最大份额，但随着亚洲等新兴市场的快速启动，尤其是中国大陆市场的高速发展，亚太地区邮轮业发展迅速，增速已高于世界平均值。实际上世界不同地区的文化背景和自然风光的巨大差异，促进了世界邮轮文化发展的多元与灿烂。中国成为世界邮轮产业高度关注的新兴地区，也成为世界邮轮文化大厦的精彩空间。

中国以优越的地理位置、独具魅力的东方文化、丰富的旅游资源和潜力巨大的客源市场成为亚洲邮轮市场的核心组成部分，越来越受到邮轮公司的重视。作为世界邮轮产业新兴的目的地、客源地的中国，2003 年迎来了现代邮轮的初次见面。之后，随着国人消费观念的转变和可支配收入的不断增加，选择邮轮旅游也日趋普遍，邮轮旅游已经发展成为一种重要的旅游业态。

从宏观层面考察，中国邮轮文化建设是伴随中国旅游产业成长的，在邮轮接待、港口规划、设施建设以及市场培育等方面还处在起步阶段。国际邮轮经济和

邮轮文化发展的实践表明，邮轮文化总是伴随着邮轮经济的成长而成长，其发生发展必须具备：①国家和企业雄厚的综合经济实力；②完善的城市和旅游基础配套设施；③发达的对外交通网络；④丰富的旅游观光资源；⑤充足的邮轮旅游客源；⑥国际化的邮轮经济政策；⑦高水平的邮轮专业人才；⑧高品质的邮轮产业发展规划与布局。中国的邮轮文化发展，也正随着这八个方面的不断进步而不断成长。

从微观角度来看，中国邮轮文化的生发和提升是紧紧围绕邮轮产品与服务展开的，主要体现在两个方面：一是外国邮轮公司产品的中国化过程，自 2003 年外国邮轮公司正式进驻中国邮轮市场以来，市场从观望到热捧，中国的邮轮市场的潜力不断被挖掘，邮轮旅客的人数不断增加。二是邮轮产品作为出境游与休闲游相结合的一个特殊旅游产品，其本身具有异国文化价值特点，而邮轮旅游者消费时的文化诉求则在于其文化体验。鉴于东西方文化的天然差异，尤其是饮食习惯与群体活动时的心理活动差异，外国邮轮为了适应中国市场，在运营方式以及节目编排上做了一系列改变。以歌诗达维多利亚号为例，其主餐厅的餐单上，分别有中西餐两套，以及对于素食等菜品进行了详细的中英文说明，方便中国游客，尤其是有不同宗教信仰的乘客用餐；在娱乐安排方面，由于中国人含蓄的社交方式与天性，运营中国航线的邮轮会改变常规的娱乐节目单，保留秉承该公司风格文化的节目，并相应地添加受中国游客欢迎、拥有中国风情的节目，例如，考虑到中国人的社交角色，观赏性的节目安排增多，而热情互动性的节目比重则相应降低。中国邮轮产业不再满足于做下游产业链服务商，如港口及旅行社分销商，而是逐渐成立本土邮轮公司，探索中国邮轮向邮轮产业链的中游发展。海娜号是中国本土邮轮文化发展的一个最佳例子。中国本土邮轮品牌的崛起，表明中国邮轮文化的建设发展已经从单向全盘接收西方邮轮菜单向自己酿造和烹饪中式大餐转变。中国邮轮文化建设必将紧跟着中国邮轮市场的扩展与成熟、调整与完善，而更加深入人心。

在此种情形下培育旅游者邮轮文化素养的最佳方法和途径：一是宣传说明，所有的宣传媒介应该开足马力介绍和说明邮轮生活的氛围与要求，让国人认识到乘坐邮轮是享受和体验"欧洲贵族"生活的最佳方式，邮轮生活就是一段浪漫、热情、仪式的履历。二是制度约束，在邮轮旅游合同和船票告知中要明确船上的制度约束，遵守约束就是享受自觉的尊严。三是管理激励，邮轮公司应与旅行社有约，旅行社也必须学会提醒和引导游客，邮轮公司可以把旅行社发送游客的表现作为合同执行的打分内容，以此激励旅行社在上邮轮前对游客事前说明和告知。

二、突飞于母港建设的现在邮轮文化

就邮轮港口文化建设而言，中国在已经走过的 10 年中，建设起了一批邮轮港口，其硬件设施不断完善，特别是各地豪华气派、颇具现代感的候船大厅，塑造了中国邮轮母港气息，在游客心中初步建立起了邮轮"高大上"的心理定位。未来 10 年，中国邮轮母港文化的建设将把重心从硬件建设转向服务体系的优化，提升邮轮游客在港的体验感和文化感，提升邮轮上船前的旅游陈加值。由于我国的国情以及市场经济的特性，决定了我们未来的港口发展与建设不会走迈阿密、巴塞罗那等欧美港口"公司主导，市场调整"的路线，而会借鉴新加坡"政府为主导，企业同参与"的路线。在政府指导、企业发力的系统中不断提升港口服务标准、不断完善服务内容品质，提升软实力，积极地传播邮轮文化、引导客户感知体验，提升游客对于邮轮旅游产品的满意度以及对邮轮文化的认可度。

（1）邮轮经营主体引进阶段的邮轮文化建设。这是中国邮轮市场触摸邮轮旅游的学习阶段和本土邮轮产品萌芽阶段。2003～2012 年。中国的邮轮旅游市场基本上是国外著名邮轮公司的天下，环中国海上航行的皆是飘扬着国外歌声的邮轮，其中有美国皇家加勒比、意大利歌诗达、香港鑫鼎的丽星等邮轮。这个阶段，中国的本土邮轮是蛰伏阶段、规划和策划阶段。从国外邮轮公司的航行和产品服务中受到启发，从中构想本土邮轮的样式。这个阶段的中国邮轮公司尚在襁褓之中，中国邮轮公司文化也就只是畅想和设想阶段。

（2）邮轮经营主体模仿联营阶段的邮轮文化起步。邮轮旅游的模仿阶段，是中外邮轮企业联营阶段，也是中国联合邮轮、联合船队的试水阶段。从 2013 年起，中国本土邮轮开始试水运营邮轮管理，主要方式是与国外著名邮轮公司合资、联营或聘请国外邮轮公司管理。此时期，中国邮轮船队，将有航空、海运、旅游、交通、电商等不同的投资主体加入，在海航、渤海、携程、京东等现有邮轮的基础上，出现新的不同特征、不同层次、不同市场细分的邮轮。

三、兴旺于航游世界的未来邮轮文化

随着邮轮文化的普及，中国游客将对自身的邮轮旅游需求以及动机越来越明确、越来越强烈，对邮轮文化感知和体验越来越熟悉，更多元、更积极、更主动地参与邮轮活动，更真切、更细微地感知、品味乃至传播邮轮文化。作为邮轮文化感知客体的邮轮公司，其发展演变将会在两个方向上发送重大变迁：一方面，更多外国邮轮公司的邮轮船队进入中国市场，并加速完成本土化过程，以适应中国游客的需求，针对不同阶层游客的文化需求提供不同的产品，以对应细分市场的要求；另一方面，本土邮轮公司在可以预见的未来迅速发展壮大，随着政策的开放，发展内河邮轮以及公海邮轮、出境邮轮等多条路线，建设中国特色本土邮轮文化。从邮轮文化的传播媒介而言，利用大量的新媒体、自媒体等平台的运用以及邮轮相关文艺作品的传播，丰富其推广机制。开发更新奇以及更有针对性的邮轮产品，进一步提升游客邮轮文化感知的质量。相信随着中国游客数量的上升，必将由量变引起质变，邮轮文化随着其质变而同时变化，不断适应调整，全面普及并将带有中国特色。

与发达国家相比，我国邮轮休闲文化和邮轮休闲产业都存在较大差距，这就需要政府在调整邮轮休闲文化和邮轮休闲产业运行机制与结构的同时，重点拓展新型邮轮休闲项目和产业，拉长邮轮休闲产业链，倡导有品位的、科学的休闲生活方式，寻求邮轮休闲文化与邮轮休闲产业两者间合理的契合点。

邮轮产业需要一个较长的培育期，邮轮文化更需要一个循序渐进的过程才能形成。邮轮产业必须引进、消化、吸收、仿制、创新，逐步走向国产化、集群化、产业化的发展道路，避免"一窝蜂"、"遍地开花"、重复建设。在进一步建设、拓展国内旅游目的地的同时，学习、借鉴国外邮轮旅游目的地发展、创新的理论与经验，在不断进行产品创新、服务创新的同时缔造东方文化浓郁的大中华区邮轮文化目的地群，形成不同系列、不同品位、不同市场的邮轮文化区，以满足国内外邮轮游客对中国沿海、沿江生活文化深度体验的要求。

第三节　未来邮轮文化发展趋势

一、未来的邮轮文化将是"世界的"与"民族的"二者的统一

未来的世界将是发展到更高层次的工业化社会。以科技进步、信息网络化为推进器，世界市场将进一步扩大与深化，文化的世界性将纵深发展、各国各族人

民物质生活及精神生活的联系将日益增强。然而，文化的世界性并不意味着排斥、取消文化的民族性。世界文化的多样性要靠各民族文化特色的发扬去丰富。在文化发展的历史要求下，世界各国的旅游文化必须投身到世界旅游文化的大环境中，广采博纳外域英华，以谋求自身的兴盛。必须坚持文化的开放，坚持文化的交流，坚持"输入—吸收—输出"文化传播。将建设中的旅游文化纳入世界旅游文化的运行轨道之中。在这一过程中，还必须坚持旅游文化的民族特色。因为每个民族都有自己的风俗、传统和特色。如何更好地开发和利用这一丰富的旅游资源，在世界化的过程中保持自身的特色，将是世界各民族以后所要切实解决的问题。旅游文化健康有益的民族特征发展，正是对全人类旅游文化做出的一份宝贵贡献。在这一意义上，文化越是民族的，便越是全人类的。

未来的邮轮文化既不可能是本民族传统文化的原型推进，也不可能是外来文化的整体一致，而只能是两者的化合，是两者更高层次上的综合性再创造。世界各民族邮轮文化作为一个有机整体，将在世界在民族性的对立统一中阔步前进，描绘出新的华章异彩。

二、未来的邮轮文化将是"现代的"与"传统的"二者的统一

旅游文化是一个多质统一体。这里的多质，既有外来的，也有本土的；既有传统的，也有现代的。旅游文化的生命力是极其顽强的，它总是以各种形式对现代文化施加影响，想抹杀也抹杀不了，更不用说其中的精华还常常被人们有意继承；现代旅游文化是开放性文化，它既源于传统旅游文化，又要吸取传统旅游文化的精华。

未来的旅游文化也不例外。旅游文化已有几千年的历史，今天的旅游文化是在过去的旅游文化的基础上发展而来的，相对于今天，过去的是传统；未来旅游文化是今天旅游文化的继续，相对于未来，今天的亦将成为传统。今天的旅游文化是传统与现代的结合，未来的旅游文化也是传统与现代的结合。只是"传统"与"现代"的内涵会随着时代的发展而有所不同罢了，这是其一。其二，传统旅游文化与未来旅游文化的不解之缘，历久弥坚。传统旅游文化既是未来旅游文化的影响因素，又是未来旅游文化创造对象的重要组成部分。作为旅游文化客体的传统旅游文化，很早就成为吸引旅游者的要素之一。随着时间的推移，未来的人们可能对古老的传统旅游文化越来越感到陌生或越来越感到遥远，但越陌生也就越容易激发好奇心，越遥远也就越容易引发怀旧感。通过未来旅游者的争相观

览，传统旅游文化与未来旅游文化的关系反而越来越牢固了。其三，民族的不一定是传统的，而传统的却一定是民族的。未来的旅游文化既是世界的，又是民族的，因此，"传统"必将随"民族"一道统一于未来旅游文化之中。

可以断言，未来的旅游文化既不拘泥于传统，也离不开传统，它必将是一种依托传统又超越传统的更加现代化的文化。

三、未来的邮轮文化将在迎接生态环境挑战中前进

环境是旅游赖以生存和发展的前提条件，旅游在美化环境，也在破坏环境。既为自己开辟道路，也为自己制造障碍。旅游文化以旅游为基础，同样既影响环境，又受环境影响。

当今世界面临着严重的生态危机，生态破坏严重，资源日益贫乏。旅游的快速发展所带来的消极影响又使日益恶化的生态环境雪上加霜，恶化的旅游环境使旅游文化面临巨大压力和挑战。"生态旅游""绿色旅游""旅游业可持续发展"等观念的出现已经证明了这一点。令人担忧的是，生态危机似乎刚刚开始：已经造成的严重后果尚未充分显现，新的环境破坏还在加剧。这就注定了未来的旅游文化将长期笼罩在严重的生态危机之中。所幸的是，人们对生态危机给予了高度的关注，并采取种种措施挽救危机。随着环保意识的提高和科学技术的发展，持续的生态危机有望得到一定的遏制。尽管如此，未来的旅游文化将迎接生态危机的严峻挑战。如何改善旅游环境、推动旅游可持续发展，将作为未来旅游文化的核心问题之一。

四、未来的邮轮文化将由冷变热，充满生机和活力

旅游文化历史悠久，但同其他文化大潮相比，旅游文化一直是涓涓细流。即使在旅游发达的现代，旅游文化实际上也还处在为经济"搭台""牵线"的地位。这固然与旅游的发展阶段有关，更主要的却是人们重经济、轻文化的结果。现代旅游及现代旅游文化早在"二战"结束后即开始了，而对旅游文化的主系统研究却晚了30多年。根据文化的渐变积累和突变飞跃规律，旅游文化必然从渐变积累走向突变飞跃。旅游文化目前正处于渐变积累阶段，它的核心、灵魂地位总有一天要真正地凸显出来。这一天已经为时不远了。目前，对旅游文化的讨论和对旅游文化的建设的重视程度虽然还没有达到应有的高度，却也是空前的。这一切都预示着旅游文化正由冷变热。随着旅游的继续发展，人们的认识继续提

高，我们有理由相信：未来的旅游文化，将是充满生机与活力的旅游文化。

本章阅读案例：

国产邮轮产业扬帆起航①

2020 年 1 月 11 日，上海吴淞口国际邮轮码头迎来 85861 吨、载客 2210 人的歌诗达大西洋号。作为中船嘉年华邮轮有限公司旗下第一艘邮轮，歌诗达大西洋号的交付标志着公司已整装待发，蓄势开启中国邮轮发展的新篇章。

为落实习近平总书记见证签署的战略合作协议，全球最大的造船集团——中国船舶集团所属中船邮轮科技发展有限公司与世界最大邮轮公司——嘉年华集团于 2018 年合资成立了中船嘉年华邮轮有限公司。2018 年上海进博会期间，两大巨头签署了两艘在役邮轮的相关购买合同，包括昨天交付的歌诗达大西洋号，以及歌诗达地中海号。

作为一家中资控股的邮轮合资公司，中船嘉年华以打造中国邮轮的旗舰企业为使命，管理运营一支为中国游客打造的邮轮船队，在中国建立完善的邮轮生态系统，助力中国发展成为全球领先的邮轮市场。

"邮轮船队的建设是有一定周期的，除了船只购买和自行建造，还有队伍建设运营。"中船嘉年华邮轮有限公司董事长杨国兵告诉记者，歌诗达大西洋号的交付对中船嘉年华公司具有里程碑式的意义，它意味着中国船舶集团与嘉年华集团的合作正按计划稳步开展。

根据计划，载客 2114 人的歌诗达地中海号也将于 2020 年底加入船队。"这两艘经典成熟的邮轮将为国内锻炼出一支世界一流的经营、服务团队，为中国后续自建邮轮储备更多的经验和人才。"杨国兵透露。2019 年 10 月，中船嘉年华建造的 135500 总吨的首制船在上海外高桥造船厂开工；两艘在建的 VISTA 级（中大型邮轮）13.5 万吨邮轮和 4 艘优先订造 VISTA 级邮轮将从 2023 年起逐年加入中国船队，届时拥有 8 艘邮轮的中船嘉年华将成为中国最大的邮轮公司。

---

① 资料来源：人民网（http://sh.people.com.cn/n2/2020/0112/c134768－33709706.html）。

邮轮产业近年来已成为全球最蓬勃兴盛的行业之一。2019年，有近300万中国旅客选择搭乘邮轮出境旅行。过去10年，邮轮旅游在中国的渗透率从2009年的0.003%上升到2018年的0.16%，这样两个看似微小的数字背后，代表着中国邮轮旅客规模在过去10年以超过40%的年复合增长率飞速增长，中国已经是全球第二大邮轮消费国；这个数据也意味着，从此刻的0.16%开始，邮轮产业在国内仍然是一片充满生机的蓝海。

中船嘉年华邮轮有限公司董事总经理陈然峰表示，中船嘉年华的业务不仅将涵盖邮轮运营，同时还将不断地在中国订造新的邮轮，并以此促进邮轮经济在中国乃至全球的升级和进步

思考题：如何提升中国邮轮公司的企业文化？

参考文献

［1］张宣．中西文化差异对旅游跨文化交际的影响［J］．福建地理，2006
（2）：48－50．

［2］马静．旅游者跨文化旅游行为比较研究［D］．大连：东北财经大学，
2011．

［3］杜铮．歌诗达邮轮中国市场服务营销策略研究［D］．天津：天津大
学，2011．

［4］陈梅．基于旅游者需求的中外邮轮市场开发差异性对比研究［D］．北
京：北京第二外国语学院，2011．

［5］殷翔宇．国外邮轮企业经营模式比较研究［D］．大连：大连海事大
学，2012．

［6］沈懿．意大利歌诗达邮轮公司中国出发航线营销策略研究［D］．上
海：华东师范大学，2013．

［7］郑慧．基于中国旅游者需求的邮轮旅游产品开发对策研究［D］．青
岛：中国海洋大学，2009．

［8］王冠兰．嘉年华邮轮公司市场布局与经营效益研究［D］．上海：华东
师范大学，2009．

［9］邢皖宁．中国邮轮旅游体验式营销策略［J］．中国水运，2012（5）：
34－35．

［10］刘竞，李瑞．国内邮轮旅游消费市场特征分析及发展对策［J］．南阳
师范学院学报，2012（9）：60－65．

［11］宋丹瑛．青年客源群体邮轮旅游消费动机研究——以深圳为例［J］．
技术经济与管理研究，2019（12）：65－69．

肖罗雅．全球四大邮轮公司 2018 年运营情况对比 ［J］．中国港口，
（5）：34 – 36.

［13］胡顺利，高语来．中西邮轮旅游文化差异及对策建议 ［J］．文化产业，2020（30）：4 – 5.

［14］沈瑞光，闵德权．探悉邮轮文化 ［J］．水运科学研究，2007（1）：24 – 26.

［15］孙琳．国内邮轮旅游者消费行为与动机研究 ［J］．旅游纵览，2015（11）：218 – 220.

［16］邹本涛，曲玉．旅游文化史：内涵与分期的再探讨 ［J］．旅游学刊，2015（12）：109 – 120.

［17］张红升．邮轮旅游消费行为及应对措施分析 ［J］．中国管理信息化，2019（18）：147 – 148.

［18］衣博文，史达．文化适应与文化认同：基于中国邮轮游客的行为研究［J］．云南民族大学学报，2021（2）：19 – 29.

［19］邱羚，夏雪梅．中外邮轮游客消费行为比较研究 ［J］．交通与港航，2017（4）：17 – 22.

［20］孙晓东，倪荣鑫．中国邮轮游客的产品认知、情感表达与品牌形象感知——基于在线点评的内容分析 ［J］．地理研究，2018（6）：1159 – 1180.

［21］Hung K. , Petrick J. F. Why do you cruise? Exploring the motivations for taking cruise holidays, and the construction of a cruising motivation scale ［J］. Tourism Management, 2013（2）：386 – 393.